Rolf Arnold und Wiltrud Gieseke (Hrsg.)

Die Weiterbildungsgesellschaft – Band 1

D1676672

Jubiläumsjahr 1999
Von Profi zu Profi. Seit 75 Jahren.

Rolf Arnold und Wiltrud Gieseke (Hrsg.)

Die Weiterbildungsgesellschaft

Band 1

Bildungstheoretische Grundlagen
und Perspektiven

Luchterhand

Die Deutsche Bibliothek – CIP-Einheitsaufnahme
Die Weiterbildungsgesellschaft / Rolf Arnold; Wiltrud Gieseke
(Hrsg.). – Neuwied; Kriftel: Luchterhand
(Grundlagen der Weiterbildung)
Bd. 1. Bildungstheoretische Grundlagen und Perspektiven. – 1999
ISBN 3-472-03499-8

Umschlaggestaltung: arttec grafik Simon & Wagner, St. Goar.
Satz: Satz · Bild · Grafik Marohn, Dortmund.
Druck: Druckerei Kanters, Alblasserdam.
Papier: Permaplan von Arjo Wiggins Spezialpapiere, Ettlingen.
Printed in the Netherlands, August 1999.

∞Gedruckt auf säurefreiem, alterungsbeständigem und chlorfreiem Papier.

Inhalt

Inhalt

Einleitung:
Theorie und Praxis des lebenslangen Lernens

Rolf Arnold/Wiltrud Gieseke

Seit Mitte der neunziger Jahre wird auf eine neue Weise über anzustrebende Konzepte und Institutionalformen für die Weiterbildung diskutiert und gerade auch über mögliche Neuerungen und Reformen nachgedacht. Gleichzeitig boomt der Weiterbildungsmarkt mit einer bereits unübersichtlichen Institutionenvielfalt. So meldeten sich für Berlin 1997 355 Weiterbildungsanbieter innerhalb einer Umfrage des Weiterbildungsprogrammarchivs der Erwachsenenbildung/Weiterbildung der Humboldt-Universität (1998, S. 3). Die Dunkelziffer liegt aber weitaus höher, den unbeantworteten Anfragen nach kann man mit ca. 200 kleinen Anbietern über die erfaßte Zahl hinaus rechnen. In Freiburg stieg nach einer Analyse von Tippelt (1996, S. 53) die Zahl der Weiterbildungsanbieter zwischen 1969 und Juli 1995 von 45 auf 179.

Dabei haben wir es aber vor allem mit einem projektbezogenen Weiterbildungsmarkt zu tun, der weit über die Möglichkeiten der gesetzlichen Förderung hinausreicht. Arbeitsmarktpolitische, wirtschafts-, gesellschafts- und sozialpolitische Interessen transformieren über die Weiterbildung ihre Ziele, sie werden von den Weiterbildungsinstitutionen mit Konzepten und Angeboten beantwortet. In den nachfrage- und konzeptionsorientierten Angeboten zeigt sich aber weiterhin auch der Gestaltungsspielraum der Institutionen. Hier haben die Weiterbildungsinstitutionen eine Seismographenfunktion gegenüber den nachfragenden Teilnehmern und Teilnehmerinnen. Parallel dazu kündigt sich ein neues individualisiertes Lernen an. Die Nutzung von Internet, CD-ROM etc. bietet neue Möglichkeiten bzw. verlangt nach anderen Lernformen und setzt andere finanzielle Ressourcen voraus.

Die Institutionen und Projekte werden sich umstellen müssen, neue Kooperationen und Vernetzungen sind nötig.

Die Frage, wie der hohe Weiterbildungsstandard für die breite Bevölkerung gehalten werden kann, ja wie noch mehr Personen unter den Anforderungen lebenslangen Lernens für den beruflichen, den lebensweltlichen und gesellschaftlichen Bereich Kompetenzen erwerben können, wird auf sehr unterschiedliche Weise beantwortet. Unternehmerfreundliche Positionen, die eine Lohnsenkung und die stärkere Zunahme der billigen Dienstleistungsjobs befürworten, befürchten eher, daß mehr Weiterbildung nur höhere Ansprüche in der Bevölkerung unterstützen würde.

Neu kreiert wird hier das informelle Lernen und das Lernen aus den Erfahrungen im Umfeld, um sich innerhalb kleiner sozialer Gruppen mit Selbsthilfe über Wasser zu halten. Eine andere Position kritisiert die fehlenden Innovationen und die fehlende Risikobereitschaft der Unternehmen. Gewinne werden nicht in die Produktfindung investiert, betriebs-wirtschaftliche Rationalisierungen verhindern Kreativität, das Humankapital wird nicht ausreichend gefördert. Diese Positionen verlangen angesichts ihrer Kritik nach einer Weiterbildung auf einem neuen intellektuellen und kreativen Niveau.

Die Zeit für volontaristische bildungspolitische Konzepte ist vorbei, zu komplex sind die Entwicklungen in diesem mischfinanzierten, hochdifferenzierten System. Neben der bewertenden Evaluationsforschung wird ein neuer Typus von Grundlagenforschung über Bildungsverläufe und -entwicklungen in Institutionen, Projekten und bei den beteiligten Personen selbst immer wichtiger. Dabei muß gleichzeitig eine Perspektivenvielfalt sichergestellt werden. Die Beiträge zu den bildungspolitischen Tendenzen geben den aktuellen Diskurs wieder, machen die Stagnationen, aber auch die Wiederholung alter Diskurse deutlich.

Immer wieder muß ein sozialer Ausgleich in den Bildungschancen ausgehandelt werden. Auch in der Weiterbildung könnten wir hier vor neuen Herausforderungen stehen. Bemerkenswert ist, daß gerade die soziale Frage als nicht mehr modern gilt, unabhängig davon wie sehr sich Institutionen innovieren und entbürokratisieren. In philosophischen und gesellschaftsanalytischen Diskursen werden sowohl von Dahrendorf als auch von Sloterdijk Vorboten eines ökonomistischen neuen Feudalismus wahrgenommen.

Es entspricht nicht mehr der Zeit, daß Tendenzen nur ausgerufen werden. Andererseits hängt vieles davon ab, wer welche Tendenzen unterstützt und welche finanziellen Förderungen oder Unterlassungen das nach sich zieht. In dem gesamten Weiterbildungsbereich setzten spätestens seit Mitte der neunziger Jahre Rationalisierungstendenzen ein, Mittel wurden verknappt, Managementüberlegungen sollten für eine neue Optimierung sorgen, für viele flexibel angestellte MitarbeiterInnen verschlechterten sich die Angestelltenverträge. Gleichzeitig bemühten sich die Institutionen, die Qualitätsstandards zu halten und sie mit anderen Verfahren neu festzulegen und transparenter zu machen. Bildungspolitisch initiierte Evaluationen sollten diesen Prozeß unterstützen. Die Anforderungen an zukunftsweisende Institutionen, im Planungshandeln flexibel, schnell, markt- und bedürfnisorientiert zu sein, erfüllen die Weiterbildungsinstitutionen bereits, obwohl sie ihr Profil bisher nicht eindeutig nach den bildungspolitischen Vorgaben positionierten. Auch die Evaluationskommissionen konnten nicht umhin, die hohe Effizienz und die Motivation des

Personals hervorzuheben. Die Analysen der Professionalitätsentwicklungen dürfen diesen Fakt nicht übersehen.

Überdies steht Deutschland an erster Stelle betriebswirtschaftlicher Effizienz, auch die Weiterbildung ist und wird dieser Perspektive weiterhin unterzogen werden. Doch weitere Einsparungen verträgt das lebenslange Lernen in der Weiterbildung nicht, zumal wenn neben der Unterstützung beim lebenslangen Lernen auch neue individualisierte Lernformen und Konzepte entwickelt werden sollen. Es wird langfristig negative Auswirkungen haben, wenn unterbezahltes Personal angestellt werden muß. Das hier hervorstechende mangelnde oder nachlassende Interesse an Verantwortungsübernahme ist nach einigen Berichten auch in der Erstausbildung zu beobachten. Wenn diese Tendenzen sich tatsächlich realisieren würden und kein Widerstand und keine Einsicht dagegen Gehör findet, steuern wir nicht auf eine Weiterbildungsgesellschaft zu. Eher müssen wir mit einem Absinken des Qualifikationsniveaus für die breite Masse der Bevölkerung, bei gleichzeitigem Ansteigen der Anforderungen im Bereich der Hochqualifizierten, rechnen. Ein Konzept des selbstorganisierten lebenslangen Lernens könnte dann schnell in einen solchen Prozeß eingebunden werden.

Man kann den langsamen Ausstieg oder Umstieg aus der Erstausbildung aber auch als Anforderung an eine Umorganisation der beruflichen Ausbildung interpretieren. Lebenslanges Lernen als Ansatz bei rasch wechselnden Qualifikations- und Kompetenzerwartungen verlangt auch bei komplexen Unterstützungssystemen eine neue hochmotivierte durchgängige Selbstaktivität. Diese muß aber bereits in der Schule und in der Erstausbildung vorbereitet werden. Das kann weniger durch spezifisches berufliches Wissen als durch hohe Allgemeinbildung geschehen, die in mehreren wiederkehrenden Durchgängen innerhalb des Lebenslaufs auch für den neuen Typus der beruflichen Bildung flexibel anzubieten ist. Es ist in Zukunft viel Kreativität und diagnostische Kompetenz nötig, um ein Anschlußlernen für Versäumtes und noch nicht Erreichtes zu ermöglichen.

Bislang gibt es noch keine konzeptionellen Vorstellungen, die die Zusammenhänge zwischen allgemeiner und beruflicher Weiterbildung neu denken. Die bildungspolitische Programmatik bleibt noch unspezifisch, weil auch die Entwicklungen im europäischen Kontext keineswegs parallel zu aktuellen deutschen Vorschlägen laufen, auch wenn sich gerade die Überlegungen zur Selbstregulierungen überschneiden. Sie sind aber im europäischen Kontext nicht an Deregulierungsvorstellungen gebunden, sondern zielen auf Persönlichkeitsentwicklung, Leistungsfähigkeit und soziale Verantwortung ab.

Bei allen Trends scheint immer wieder die europäische Perspektive, die Sicherung einer hohen Bildung für alle, die Sicherung von Chancengleichheit im Lebenslauf für beide Geschlechter, durch. Bildung bleibt hier die wichtigste Wohlfahrt für ein demokratisches und sozial verantwortliches Europa. Die deutschen Positionen, das zeigen die Beiträge in den vorliegenden Analysen zur Weiterbildungsgesellschaft, müssen sich hier neu entwickeln. Dazu benötigen wir analytische empirische Fallanalysen, Programmanalysen, biographische Analysen, erwachsenenpädagogische Handlungsanalysen und Evaluationsstudien, die nicht nach dem kurzfristigen Erfolg fragen, sondern langfristige Bildungswirkungen suchen. Der Mensch darf nicht als »Durchlauferhitzer« im lebenslangen Lernen verstanden werden. Lernen braucht, gerade wenn es effizient sein will, mehr Muße. Die Eigengesetzlichkeiten von Bildungsprozessen sollten stärker beachtet werden. Vielleicht erbringen gerade die individualisierten Lernformen hier neue Erkenntnisse und Zugänge.

Rolf Arnold richtet zu Beginn des zweiten Bandes seinen Blick in die Zukunft der Weiterbildung im 21. Jahrhundert. Nach dem Paradigmenwechsel von einer moderaten Belehrungsdidaktik zu selbstbestimmteren, teilweise selbstgesteuerten Formen des Lernens in den neunziger Jahren (›autodidactic turn‹), müsse eine sich eine *neue Sachlichkeit* in der Weiterbildung entwickeln, die die Erwartungen an das informelle Lernen nicht überstrapaziert. Trotz raum-zeitlicher Entgrenzung, institutioneller Öffnung sowie einer methodologischen Diversifizierung der Weiterbildung sei ein gewisses Maß an Institutionalisierung, Didaktisierung und Professionalisierung notwendig, um durch die Gestaltung von Lernumgebungen die ›Ermöglichung‹ von Kompetenzentwicklung zu gewährleisten (›facilitative turn‹).

Ingrid Lisop rekonstruiert in ihrem kritischen Beitrag die Formierung gesellschaftlicher Leitvorstellungen zur Weiterbildung und Kompetenzentwicklung und wirbt für die These, daß volle Professionalität erst entstehen kann, wenn pädagogische Zuständigkeit und pädagogisches Handeln sich von der Vorherrschaft überwiegend ökonomisch bestimmter Interessen befreien können und einer Subjektbildung und Qualifizierung integrierenden Konzeption folgt (z. B. der »Arbeitsorientierten Exemplarik«). Notwendig sei dies deshalb, weil der neuere Kompetenzansatz der europäischen Weiterbildungsdiskussion in *keiner* wirklichen Verbindung zum Bildungsbegriff stehe, sondern auf Kategorien (z. B. Selbstorganisation), die neoliberalistischen Ideologien entspringen, setzt und »Bildung« durch zufällig akkumuliertes Arbeitsvermögen ersetzt.

Jochen Kade und *Wolfgang Seitter* erarbeiten in ihrem Beitrag eine Neubewertung der erwachsenendidaktischen Prinzipien ›Aneignung‹, ›Vermittlung‹ und ›Selbsttätigkeit‹. Der Aneignungsbegriff erscheint ihnen dabei als geeignete Kategorie, um die Selbstreferentialität bzw. ›Autonomie‹ – der den ›Eigensinn‹ – der Prozesse und Resultate von Erwachsenenbildung zu erfassen. Das pädagogische Handeln erfährt unter den Bedingungen der Autonomie der Aneignung eine ermöglichungsdidaktische Grund-

legung, wobei Kade und Seitter allerdings auch deutlich die Grenzen und
Unzulänglichkeiten des Konzeptes der Ermöglichungsdidaktik kritisieren.
Wesentlich ist allerdings der »Bruch mit einigen erwachsenenpädagogischen Selbstverständlichkeiten«, wie z. B. der didaktischen Orientierung
am Erwachsenenbildner und der Vorstellung der didaktischen Gestaltbarkeit von Aneignung.

Matthias Trier untersucht in seinem Beitrag die Ausdifferenzierung ar-
beitsintegrierter Lernkonzepte. Positiv bewertet er dabei die Verkürzung
der Transferwege, die dabei durch die Annäherung von Arbeitsfeld und
Lernfeld erzielt werden. Gleichzeitig werden die vorfindbaren Formen arbeitsintegrierten Lenens aber kritisch bewertet, weil sie noch zu selten
wirklich Gestaltungs- und Lernspielräume für die arbeitenden Lernsub-
jekte bereithalten. Trier weist auf die zunehmende Verbreitung arbeitsin-
tegrierter Lernformen in den neu entstehenden Tätigkeitsfeldern (Dienstleistung, Non-Profit) hin und plädiert für Formen eines »funktionsadäqua-
ten Zusammenspiels« zwischen arbeitsintegrierten Lernformen und der
traditionellen betrieblichen Weiterbildung.

Klaus Götz analysiert in einer systemischen Betrachtung das Organisationslernen in seiner Beziehung zum individuellen Lernen. Hintergrund
sind dabei systemische Organisations- und Managementkonzepte. Götz
nimmt vor allem die sich wandelnden organisatorischen und gesellschaftlichen Umwelten in den Blick und fragt nach den Konsequenzen der Veränderungen für die Gestaltung innerbetrieblicher Prozesse. Dabei nimmt
er schwerpunktmäßig die Frage nach einem zeitgemäßen Führungsverständnis sowie die Frage nach der angemessenen Gestaltung von Weiterbildung in den Blick.

Christiane Schiersmann und *Heinz-Ulrich Thiel* betrachten in ihrem Beitrag die Möglichkeiten, organisatorische Veränderungen (Innovationen)
im Sozial- und Bildungsbereich durch eine Projektstrategie zu initiieren.
Sie knüpfen dabei an Konzepte des organisationalen Lernens an und unterscheiden die Initiierung von organisationsbewußten und organisationsbezogenen Lernprozessen. Vor diesem Hintergrund analysieren sie die
Frage, wie Projekte beschaffen sein müßten, damit diese beiden Formen
des organisationalen Lernens ›zum Zuge‹ kommen können. Sie arbeiten
dabei die ›Vorbildwirkung‹ heraus, die von einer adäquaten Gestaltung
von Projekten (i.S. einer ›Reflexionskultur‹) für das Lernen der Organisation insgesamt ausgehen kann.

Gisela Wiesner betrachtet die Interdependenzen zwischen Technikent-
wicklung/-nutzung, Arbeitsorganisation und Bildung. Dabei fokussiert sie
die Charakteristika der Veränderungsprozesse in den Bereichen Technik
und Arbeitsorganisation, deren Auswirkungen auf verschiedene Lebens-
bereiche sowie die darin enthaltenen Entwicklungspotentiale für breite
Beschäftigungsgruppen. Ihrer Ansicht nach muß Bildung als Konsequenz

und Voraussetzung der Nutzung dieser Optionen den Menschen befähigen, an der Gestaltung einer humanen Arbeits- und Lebenswelt teilzunehmen. Diese Fähigkeit geht über Kategorien wie ›Beruflichkeit‹ oder ›Technikqualifikation‹ weit hinaus. Zunehmend wichtiger werden Kompetenzen methodischer und sozialer Art, die Entscheidungsfähigkeit darüber, *was* gelernt werden soll und die Kenntnis über das *Wie* des Lernens, um mit dem exponentiellen Wissenswachstum zurecht zu kommen.

Horst Siebert illustriert, angelehnt an die Modernierungstheorie von Ulrich Beck, anhand von Zeiterscheinungen und -problemen wie Individualisierung, Pluralisierung der Milieus, Armut und Arbeitslosigkeit den Zusammenhang zwischen gesellschaftlichem Gesamtsystem und Erwachsenenbildung. Er stellt die These auf, daß die spezifischen Leistungen und Funktionen, die die Erwachsenenbildung für das Gesellschaftssystem übernimmt, dem sozialwissenschaftlichen Code von Integration und Desintegration zuordenbar sind. Das verbindende Element zwischen der Funktion, erwachsene Lerner individuell und persönlich zu fördern und der Leistung, für bestimmte gesellschaftliche Bereiche zu qualifizieren, sieht er in dem alteuropäischen Begriff der ›Bildung‹.

Hans Tietgens betont in seinem Beitrag die Notwendigkeit einer anthropologischen und bildungstheoretischen Grundlegung pädagogischer Konzepte und Begrifflichkeiten. Besonders das Konzept des ›lebenslangen Lernens‹ bedürfe einer solchen Grundlegung, da es ansonsten in der Gefahr einer einseitigen Interpretation als Anpassung an zukünftige gesellschaftliche Aufgaben stünde. Der allgemeine Wandel der Lebensverhältnisse reiche als alleinige Begründung für eine allgemeine Forderung nach kontinuierlichen Lernbemühungen nicht aus. Er fordert eine intensive Reflexion der Modalitäten menschlichen Lernens, das durch seine spezifische Verschränkung von Mensch und Umfeld nicht allein eine Anforderung durch und für die Zukunft, sondern Element der Kulturfähigkeit sei.

John Erpenbeck und *Johannes Weinberg* arbeiten die Gemeinsamkeiten der Begriffe Lernen, Bildung und Kompetenz heraus. In der autopoietischen ›Leonardo-Welt‹ nimmt nach Ansicht der Autoren der Anteil selbstorganisierter Anteile an Lernen, Bildung und Kompetenzentwicklung zu. Die Entgrenzung der institutionalisierter Bildung, der Bedeutungszuwachs von Selbstbildung und Selbstorganisationsdispositionen gegenüber festgeschriebenen Qualifikationen sind die Konsequenzen eines strukturellen gesellschaftlichen Wandels, auf die Erwachsenenbildung durch eine Veränderung ihrer Funktion, ihrer Begrifflichkeiten und Inhalte reagieren kann, um sich so dem Wandel anzunähern.

Dieter Nittel plädiert in seinem Beitrag für die Ausdifferenzierung und Unterscheidung als Mittel wissenschaftlicher Bescheidenheit, aber auch als Instrumente der Erkenntnisgewinnung. Eine besondere Chance sieht er in der Kontrastierung von pädagogischer Profession und institutioneller

Organisation. Das Anerkennen des oft beschriebenen Spannungsverhält-
nisses zwischen Autonomie und Struktur und die Konfrontation der unterschiedlichen Handlungslogiken pädagogischer und organisationaler
Handlungslogiken bieten seiner Meinung nach die Gelegenheit zu einem
Abgleich der jeweiligen Rationalitätsmuster und einer konstruktiven Bearbeitung der in der Erwachsenenbildung verbreiteten Pluralität.

Peter Faulstich analysiert in seinem Beitrag das Verhältnis von Qualität
und Professionalität in der Erwachsenenbildung. Dabei nimmt er die
Kompetenz der in der Weiterbildung Tätigen in den Blick. Und fragt auch
nach dem Selbstverständnis der Professionalität. Die Fragen, denen er sich
dabei zuwendet, lauten: Gibt es überhaupt ein gemeinsames Tätigkeitsfeld
der ErwachsenenbildnerInnen? Wie entwickelt sich die Erwerbstätigkeit
in der Weiterbildung? Welche Kompetenzen sind nötig? Faulstich setzt
sich bei der Analyse dieser Fragen mit vorhandenen Kompetenzmodellen
auseinander und plädiert für eine aktive Professionalisierung.

Dieter Euler untersucht in seinem Beitrag die Frage nach der Evaluierbarkeit multimedialer und telekommunikativer Lehr-Lern-Arrrange-
ments. Hierzu skizziert er zunächst, was multimediales und telekommunikatives Lernen bedeuten kann, beschreibt auch konkrete Formen multimedialen Lernens und reflektiert diese vor dem Hintergrund der
Evaluationsfragestellung.

Kaiserslautern und Berlin im März 1999

Literatur

Tippelt, R./Eckert, T./Barz, H.: Markt und integrative Weiterbildung. Zur Differenzierung von Weiterbildungsanbietern und Weiterbildungsinteressen. Bad Heilbrunn 1996.
Archiv-Informationen der Erwachsenenbildung/Weiterbildung der Humboldt-Universität zu Berlin, Nr. 1. Berlin 1998.

Teil 1

Wandel der Lernformen in der Weiterbildungsgesellschaft

I. Vom »autodidactic« zum »facilitative turn« – Weiterbildung auf dem Weg ins 21. Jahrhundert

Rolf Arnold

Am Ausgang des 20. Jahrhunderts, in dessen Verlauf sich die Erwachsenen-bildung zu dem entwickelt hat, was sie heute ist – ausgelöst durch die Arbei-terbildungsvereine des letzten Jahrhunderts, mit der neuen Richtung der 20er Jahre bereits ein eigenständiges methodisches Profil suchend und seit dem Strukturplan des Deutschen Bildungsrates (1970) sich professionalisie-rend und zu einer vierten Säule im Bildungswesen institutionalisierend -, ist es durchaus zulässig und auch angezeigt, einen Blick in die Zukunft zu rich-ten und die Frage aufzuwerfen, wie sich der Bereich des Erwachsenenler-nens in unserer Gesellschaft zu Beginn des 21. Jahrhunderts darstellen wird.

Nimmt man die Entwicklungen der letzten Jahre sowie die darüber geführ-ten Debatten in den Blick, so kann man zunächst in einer groben Betrach-tung die Weiterbildung der siebziger und die der neunziger Jahre vonein-ander unterscheiden (vgl. Abb. 1). Während die Weiterbildung der siebzi-ger Jahre – überwiegend inspiriert vom Aufklärungs- und Befreiungsideal der Pädagogik sowie dem Verwissenschaftlichungs- und Institutionalisie-rungsanspruch des Deutschen Bildungsrates folgend – noch eher dem – wenn auch moderaten – *Modell einer Belehrungsdidaktik* (Arnold/Siebert 1995, S. 91) folgte, ist in den neunziger Jahren – insbesondere in ihrer zwei-ten Hälfte – unübersehbar ein *autodidactic turn* feststellbar. Setzte man in den siebziger Jahren vornehmlich auf institutionalisierte und experten-schaftlich professionalisierte Weiterbildung, so werden die neueren er-wachsenendidaktischen sowie weiterbildungspolitischen Debatten von ei-nem »Pathos der Selbstbestimmung« (Kade 1997, S. 82) beherrscht. Die Rede ist von »Selbstlernen« bzw. von »selfdirected learning« (Knowels 1975), und man kann die Paradoxie nicht übersehen, »(daß das,) was ein-mal als emanzipatorischer Anspruch gescheitert ist, nun von oben als Lei-stungspflicht propagiert (wird)« (Tietgens 1998, S. 10-11) – wobei mögli-cherweise auch manches auf der Strecke bleibt, was zwar die für Erwach-senenbildung unverzichtbar, aber selbstgesteuert als »Bildung« eben nicht »erreichbar« ist (vgl. Arnold 1998). Zu nennen sind Aspekte, wie »die Fä-higkeit zur kritischen Distanz und Selbstreflexion«, »die Überwindung vertrauter Deutungsmuster und ihre Transformation« oder »die Entwick-lung von Argumentations- und Kritikfähigkeit«. In diesem Sinne markiert Tietgens auch die Grenzen des »autodidactic turn«, wenn er resümiert:

Arnold

»*Das Lernen des Lernens will gelernt sein in seiner kognitiven Ansprüchlichkeit des Beziehung-Herstellens. Und ganz schlicht, aber schwieriger als man denkt: Selbstlernen setzt Selbsterkenntnis voraus*« (ebd., S. 11).

Zeitraum	Pendelschlag		Integration
	1970ff	1990ff	2000ff
Makrodidaktik	Institutionalisierung	Veralltäglichung	Ambulante Öffnung der Institutionen
	Orts- und Zeit-Synchronizität (Präsenzlernen)	Asynchronizität des Lehrens und Lernens (Telelernen)	Dual - mode - Weiterbildung
Mikrodidaktik	Didaktisiertes Lernen	Selbstgesteuertes Lernen	Pluralisierung des Lehrens und Lernens
	Sachorientierung (darbietend)	Aneignungsorientierung (erarbeitend)	Lernarrangement-orientierung
	Belehrungs-didaktik »autodidactic turn«	Autodidaktik »facilitative turn«	Ermöglichungs-didaktik

Abb. 1: *Entwicklungsschübe der Weiterbildung zum Ausgang des 20. Jahrhunderts*

1. Heute: der »autodidactic turn«

War die Leitperspektive der Weiterbildung in den siebziger und achtziger Jahren durch den Anspruch auf Professionalisierung und Professionalität deutlich markiert, so ist diese Leitperspektive spätestens seit den neunziger Jahren durch das Konzept des *selbstgesteuerten* Lernens ergänzt, abgewandelt oder gar abgelöst worden (vgl. Dohmen 1997). Bei diesem Paradigmenwechsel handelt es sich zwar für den informierten Beobachter der Weiterbildung lediglich um eine Akzentverschiebung, da Erwachsenenlernen schon seit jeher ein erfahrungsbezogenes, d. h. auf das Selbst und seine Lebenssituation gerichtetes Lernen war, doch kann gleichwohl nicht übersehen werden, daß es auch diese Akzentverschiebung in sich hat: *Es ist die Fixierung der Weiterbildungspolitik auf die institutionalisierten und professionell angeleiteten, d. h. durch pädagogische Professionals (Dozenten, Referenten etc.) didaktisierte und dargebotene Weiterbildung, die überwunden und weiterentwickelt werden soll.* Das Denken »in institutionalisierten Formen der Weiterbildung« (Sauer 1996, S. 10) soll durch eine »breitere Sicht-

4

weise« (ebd., S. 11) abgelöst werden, die – so wird argumentiert – auch die Voraussetzungen dafür schaffen kann, »(...) die unterschiedlichen Optionen für das Lernen gleichermaßen zu entwickeln und zu gestalten, um nicht einseitig institutionalisierte Lernformen zu präferieren« (ebd.).

Aufgewertet wird durch diese »weitere Sichtweise« insbesondere das Lernen im Alltag bzw. das Lernen am Arbeitsplatz (vgl. Dehnbostel u.a. 1992). Zwar lassen sich die bisweilen vorgetragenen Schätzungen, denen zufolge Erwachsene ca. 80% ihrer Kompetenz »außerhalb der institutionellen Erwachsenenbildung« (Staudt/Meier 1996, S. 290) erwerben, empirisch kaum belegen, doch ist die wachsende Bedeutung des »Lernens am Arbeitsplatz« in der betrieblichen Weiterbildung selbst kaum zu übersehen. So ist das »Lernen in der Arbeitssituation« – folgt man einer Studie des Instituts der Deutschen Wirtschaft von 1997 – die Weiterbildungsform, der die Unternehmen am stärksten eine »(deutlich) zunehmende Bedeutung« zuschreiben, in der Häufigkeit gefolgt vom selbstgesteuerten Lernen (Weiß 1997, S. 39).

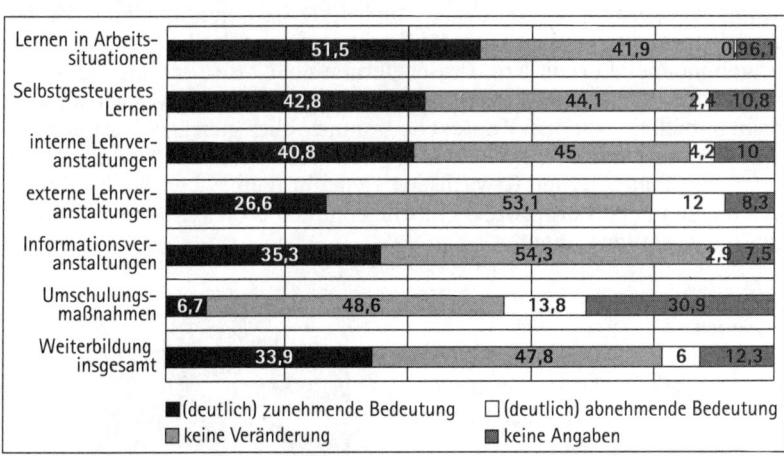

Abb. 2:   Entwicklung der Weiterbildungsformen nach Einschätzung der Unternehmen (Angaben in Prozent) (Weiß 1997, S. 3a)

Die Wertschätzung des Lernens am Arbeitsplatz (in Formen wie Lerninsel, KVP-Werkstatt, Qualitätszirkel, Lernstatt u.a.) ist leicht nachvollziehbar. Zum einen kann so der eskalierenden Entwicklung der Veralterungsrate des Wissens Rechnung getragen werden, da die Transferstrecke (vom Lernen zur Anwendung) vielfach gleich Null ist, sind doch Lernen und Anwenden gleichsam integriert, weshalb man sozusagen schneller ›bei der Sache‹ ist. Zum anderen sind es u.a. folgende Gesichtspunkte, die die Attraktivität dieser Weiterbildungsform für das Ziel der Kompetenzentwicklung ausmachen:

- »Das Lernen geschieht in der Ernstsituation. Es ist nicht Selbstzweck, sondern Mittel zur konkreten Aufgabenbewältigung. (...)

- Das Lernen in der Ernstsituation und die daraus resultierende ständige Belohnung des Lernens durch konkrete Lernerfolge (Arbeitsergebnisse) stellen starke Motivationsfaktoren dar.

- Handeln kann letztlich nur durch Handeln gelernt werden. Insofern ist der Arbeitsplatz besonders geeignet, Sozialkompetenz und Methodenkompetenz und damit Handlungskompetenz zu entwickeln« (Arnold/Münch 1995, S. 96 f).

Die Veralltäglichung der Weiterbildung findet auch darin ihren Ausdruck, daß durch den Einsatz und den Nutzen neuer Medien bzw. durch das sog. Telelearning ein zeitlich und räumlich *asynchrones Lernen* möglich ist. Diese Asynchronizität virtualisierten Lernens ermöglicht den erwachsenen Lernern in vielfacher Hinsicht ein *Lernen zu ihren eigenen Bedingungen*, d. h. zu ihren eigenen zeitlichen Möglichkeiten und Bedürfnissen (z. B.»just in time«) sowie entsprechend ihres eigenen Lernstils und ihrer jeweiligen Lerninteressen. Und virtualisierte bzw. multimediale Formen der Weiterbildung ziehen auch die Konsequenz aus der Einsicht, daß lernortgebundenes Lernen bzw. Präsenzlernen eher historisch als didaktisch begründbar ist. Nachhaltiges Lernen bedarf – nach allem, was wir wissen – nicht unbedingt in jedem Kontext der raum-zeitlich gleichgeschalteten Zusammenkunft von Lehrenden und Lernenden (vgl. Arnold/Schüßler 1998, S. 95); nachhaltig lernen Erwachsene vielmehr dann, wenn sie ihre Fragestellungen in den Lernprozeß einbringen und diesen aktiv sowie selbsttätig (mit)gestalten können.

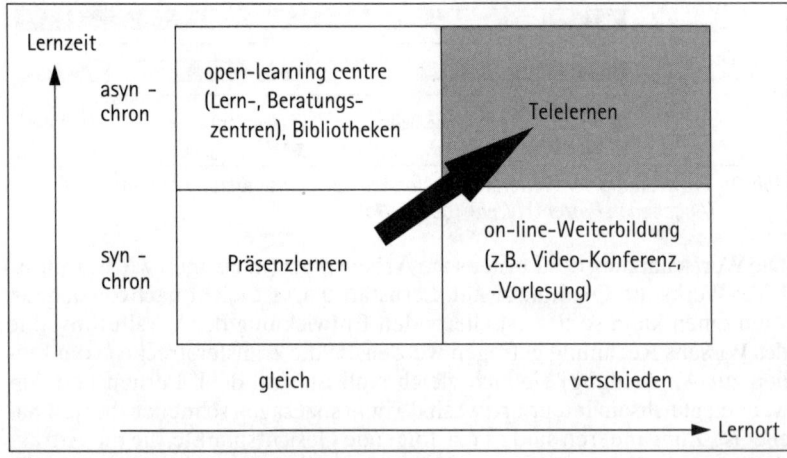

Abb. 3: Entgrenzung der Weiterbildung

Die raum-zeitlichen Entgrenzungen der Weiterbildung sind auch Ausdruck der für die Moderne typischen »Abstandsvergrößerungen«. Antony Giddens diagnostiziert in diesem Zusammenhang »Entbettungsmechanismen« (disembedded), die dazu führen, daß sich die soziale Interaktion von »Zwängen ortsgebundener Gewohnheiten und Praktiken« loslösen und »vielfältige Möglichkeiten des Wandels« (Giddens 1995, S. 32) bieten. Und auch in der erwachsenenpädagogischen Debatte der letzten Jahre wurde immer wieder auf die Entgrenzung der Weiterbildung hingewiesen und der Blick dafür geöffnet, das Lernen Erwachsener auch in seinen außerinstitutionellen und lernortunabhängigen – »entbetteten« – Formen wahrzunehmen, anzuregen, zu begleiten und zu fördern. Solche »offenen« Formen der Weiterbildung werden in Zukunft für das lebenslange Lernen an Bedeutung gewinnen. Tony Bates, der kanadische Multimedia-Spezialist, spricht von »open learning centers«

»(...) bei denen Beschäftigte während der Arbeitspausen oder nach der Arbeit oder während lockerer Arbeitsphasen vorbeikommen können. Oder Fernlernen, bei dem Beschäftigte entweder zuhause oder am Schreibtisch ihres Arbeitsplatzes lernen können, beide Varianten gewährleisten eine größere Flexibilität und niedrigere Kosten« (Bates 1995, S. 26; Übers. d. Verf.).

Nimmt man die mikrodidaktische Ebene in den Blick, so hat – wie bereits erwähnt – die aus der amerikanischen Pädagogik übernommene Vorstellung des selbstgesteuerten Lernens in den letzten Jahren an Bedeutung gewonnen. Grundlegend für dieses Konzept ist die Vorstellung

»(...) vom selbständigen Entscheiden des einzelnen Lerners über die Nutzung der verschiedensten informellen und institutionalisierten Lernhilfen in der eigenen Lebens- und Medienwelt« (Dohmen 1996, S. 24).

An die Stelle der expertenschaftlich vorweg-didaktisierten und aufbereiteten Lernangebote tritt dabei die Entwicklung und Nutzung der autodidaktischen Kompetenz der Lerner selbst. Ziel ist die Stärkung ihrer lernmethodischen Kompetenzen. Nicht mehr das Lehren ist dabei der Leitfokus der Erwachsenendidaktik, sondern das Lernen. Das Konzept des selbstgesteuerten Lernens trägt der Tatsache Rechnung, daß Erwachsene i. d. R. in einer *Lernkultur des Belehrtwerdens* aufgewachsen und sozialisiert worden sind, und in dieser Lernkultur auch ihre eher reaktiven Lernhaltungen entwickelt haben. »Wir haben nicht gelernt zu lernen ohne belehrt zu werden« – faßt M. S. Knowles diesen Befund in seinem Klassiker »Self-directed learning« zusammen (Knowels 1975, S. 15). Und weiter schreibt er:

»Einer der unmittelbar einleuchtenden Gründe ist die überzeugende Evidenz, daß Menschen, die die Initiative beim Lernen übernehmen (proaktive Lerner), mehr Dinge und besser lernen als Menschen, die passiv den Lehrern zu Füßen sitzen, wartend, daß sie belehrt werden (reaktive Lerner)« (ebd., S. 14).

Eine Weiterbildung, die auf das selbstgesteuerte Lernen ihrer Teilnehmer und auf das »Leitbild des ›autonomen Lerners‹« (Peters 1996, S. 14) »setzt«, muß deshalb m. E. ein Doppeltes leisten: Sie muß ihre Angebote und Lehr-Lernprozesse so didaktisieren, daß die Lerner in ihnen nicht nur Kompetenzen entwickeln, sondern auch ihre Fähigkeiten »selbst zu lernen«: »(...) die Fähigkeit, selbst zu lernen ist plötzlich zu einer Voraussetzung für das Lernen in der neuen Welt geworden« (ebd., S. 17). Um diese doppelte Funktion zu leisten, müssen die neuen Formen der Weiterbildung weniger *darbietend* als vielmehr *erarbeitend* ausgelegt sein. Hierbei kommt, wie wir bei der Entwicklung multimedialer Lernarrangements sehr gut beobachten können, der »Aufgabenorientierung« eine didaktische Leitfunktion zu. Aufgaben leisten nämlich beides gleichzeitig: Sie machen neue Inhalte bzw. Kompetenzen zugänglich, gleichzeitig entwickeln sie die methodischen Kompetenzen der Lerner, dieser lernt nicht nur »was Sache ist«, sondern auch, wie er sich diese selbst erschließen kann. In diesem Sinne löst die Aneignungsorientierung der Weiterbildung die Sachorientierung ab. Gleichzeitig dient sie der »Aufhebung der Asymmetrie von Lehren und Lernen« (Zimmer 1998, S. 4).

Fazit 1:
Der »autodidactic turn« der Weiterbildung der neunziger Jahre ist durch einen Pendelschlag gekennzeichnet, der auf Institutionalisierung, bildungspolitische Aufwertung (»4. Säule«) und Professionalisierung gerichteten Konzeptionen aus den siebziger Jahren durch eine stärker auf das selbstgesteuerte Lernen im Alltag gerichtete Sicht ablöst. Grundlegend sind dabei die zwei makrodidaktischen Akzentverschiebungen von der Institutionalisierung zur Veralltäglichung des Erwachsenenlernens und vom Präsenzlernen (Orts- und Zeitsynchronizität) zu Formen eines asynchronen Lehrens und Lernens (z. B. Telelearning). Auf der mikrodidaktischen Ebene löst das selbstgesteuerte Lernen die Vorstellungen professionalisierter Didaktisierung ab, und Formen einer erarbeitenden Weiterbildung (Aneignungsorientierung) treten an die Stelle darbietender Weiterbildung (Sachorientierung).

2. Morgen: Der »facilitative turn«

Der »autodidactic turn« der neunziger Jahre steht in der Gefahr, die Erwartungen an das informelle bzw. »en-passant-Lernen« (Reischmann 1995) zu überdehnen und die Notwendigkeit von Institutionalisierung, Didaktisierung und Professionalität zu unterschätzen. Zwar ist es sicherlich nicht von der Hand zu weisen, daß insbesondere die deutsche bzw. die europäische Erwachsenenbildungsdebatte und die jeweilige Weiterbildung in der Vergangenheit in ihren Themen und Reglements sich zu stark auf das veranstaltete Lernen Erwachsener konzentriert haben, doch darf m.E. nicht übersehen werden, daß die Weiterbildung auch eine gesellschaftliche Notwendigkeit ist, deren Zugänglichkeit und thematisierte Breite öffentlich verantwortet und gewährleistet werden muß. Dies gilt insbesondere für die Themen von gesellschaftspolitischer Relevanz (z. B. politische Bildung), deren Angebot sich nicht im freien Spiel der Marktkräfte ergibt, und deren Erfolge – z. B. kritisches Bewußtsein – sich keineswegs quasi automatisch im selbstgesteuerten Lernen entwickeln.

Nach meinem Eindruck wird sich deshalb in den kommenden Jahren in der Weiterbildung eine *neue Sachlichkeit* herausbilden, die dem Grundsatz folgen wird:»Soviel Autodidaktik wie möglich – soviel Belehrung bzw. Instruktion wie nötig!«. Damit eine solche integrative Weiterbildung Gestalt gewinnen kann, sind m.E. Weiterbildungsformen notwendig, die folgenden vier Gesichtspunkten Rechnung tragen:

	Der »facilitative turn«: Ermöglichungsdidaktik
Ambulante Öffnung der WB-Institutionen	• aufsuchende Bildungsarbeit • Zunahme firmen- und zielgruppenspezifischer Maßnahmen • Weiterbildungsberatung und Lerncoaching
Dual-mode-Weiter-bildung	• Ablösung überflüssigen Präsenzlernens • Didaktik der Recherche, Nutzung und Anpassung des Vorhandenen
Pluralisierung des Lehrens und Lernens	• Methodenorientierung (»Der Weg ist das Ziel«) • Methodenvariation • Konzentration auf Lernermethoden
Lernarrangement-orientierung	• vom Instruktionismus zum Konstruktivismus • hilfsbereite Gestaltung von Lernumgebungen • vom Weiterbildner zum Arrangeur und Vermarkter von Lösungsmöglichkeiten

Abb. 4: Integrative Perspektive für die Weiterbildung von Morgen

Die Weiterbildungsinstitutionen werden sich in Zukunft stärker der *aufsuchenden Bildungsarbeit* widmen müssen. Sie werden sich zwar weiterhin mit einem mehr oder weniger typischen Angebotsprofil auf dem Weiterbildungsmarkt präsentieren, ihre Zukunft wird aber verstärkt davon abhängen, ob es ihnen gelingt, firmenspezifischen oder zielgruppenspezifischen Nachfragen zu entsprechen, das Selbstlernen von Erwachsenen zu initiieren, zu beraten und zu begleiten. So ergaben z. B. die im Rahmen der Trendanalyse 1997 durchgeführten Erhebungen, daß sich der Anteil der firmeninternen Maßnahmen in den letzten Jahren deutlich erhöht hat. So investieren Weiterbildungsanbieter 61 Prozent ihrer Arbeit in firmeninterne Maßnahmen, der Anteil an offenen bzw. externen Seminaren beträgt lediglich 39% (Graf 1998, S. 22).

Diese Öffnung der Weiterbildungsinstitutionen hat Auswirkungen auf ihre Strukturen und Aktionsformen sowie auf die professionelle Zuständigkeit der Beteiligten. Diese müssen sich stärker außenorientiert i.S. von Such-, Beratungs- und Begleitungsangeboten entwickeln. Gefragt ist nicht mehr ohne weiteres nur der Bildungs**anbieter**, sondern der Bildungs**berater** und Lern**coach**, der – so z. B. in den betrieblichen Weiterbildung – bei Problemlösungssuchen einbezogen wird, um die in diesem Kontext »einschlägigen Kompetenzprobleme« zu diagnostizieren, d. h. den Bildungsbedarf zu identifizieren, und maßgeschneiderte Angebote zu entwickeln.

2.1 Dual-mode-Weiterbildung

Auch die Weiterbildung wird sich in den kommenden Jahren zunehmend von überflüssigen Formen des Präsenzlernens verabschieden müssen. Viele Standardthemen lassen sich als virtuelle Angebote durchaus – und dann auch in besserer Qualität – zentral entwickeln und dezentral »einspielen« bzw. in das Netz einspeisen. Im Sinne von Lernangeboten, die die Nutzer autonom auswählen, formulieren und studieren können, bieten solche virtuellen Angebote vielfach bessere Voraussetzungen für nachhaltiges Lernen als so manche Präsenzveranstaltungen, weil die Lerner beim Lernen selbsterschließend aktiv sind und selbstgesteuert agieren. Dies ist insbesondere dann der Fall, wenn ihr selbstgesteuertes Lernen durch Tutoring-Strukturen gestützt und flankiert wird und sie nicht vollständig auf sich selbst verwiesen sind.

Gleichwohl werden die Weiterbildungsinstitutionen auch weiterhin – vielleicht im Sinne einer arbeitsteiligen Spezialisierung – eigene Präsenzangebote vorhalten, so daß die Nutzer im Idealfall die Möglichkeit haben zu wählen, ob sie bestimmte Angebote »online« oder »life« bearbeiten wollen. So können sich auch die Weiterbildungsanbieter – wie weltweit bereits einige Universitäten – von single-mode zu dual-mode Institutionen wandeln (vgl. Peters 1997, S. 32). Auch wenn diese Vorstellung etwas ambitioniert erscheint, so kann man doch m.E. immerhin davon ausgehen,
– daß Weiterbildungsinstitutionen in Zukunft nicht nur ihr Angebot, sondern Zugänge zu Lernmöglichkeiten gestalten werden,
– daß sie dabei die Vorstellungen einer Didaktik des Selbstanbietens durch eine solche der Recherche, Nutzung und Anpassung vorhandener Angebote ersetzen werden, und
– daß die Konkurrenz und Kooperation der Weiterbildungsinstitutionen sich zunehmend in einem Kunden – statt in einem Anbietermarkt realisiert, weshalb Marketing der Weiterbildung kontinuierlich an Bedeutung gewinnt.

2.2 Pluralisierung des Lehrens und Lernens

Ein wesentlicher Aspekt des notwendigen Lernkulturwandels in unserer Gesellschaft ist durch die *stärkere Methodenorientierung* des Lernens charakterisiert. Insbesondere durch »die Schlüsselqualifikationsdebatte sowie durch die Debatte um die innere Reform unserer Bildungseinrichtungen wurde die Methodenfrage in den letzten Jahren neu und anderes in den Blick genommen. Man erkannte, daß Methoden nicht nur »Wege zu Lerninhalten«, sondern auch »Instrumente für Welterschließung« sind. Aus diesem Grunde wurde die Frage nach dem Methodenbesitz virulent, und man begann darüber nachzudenken, ob nicht auch die Weiterbildung als vorrangiges Ziel der Entwicklung der methodischen Kompetenzen ihrer Lerner zu dienen habe, d. h. ihre Methoden systematischer mit der Überlegung auswählen und einsetzen solle, ob und wie durch sie die Selbsterschließungskompetenz der Lerner gestärkt werden kann (vgl. Arnold/ Schüßler 1998), statt sich allzu bereitwillig zufriedenzugeben, Lehren als stellvertretende Erschließung für den Lerner zu inszenieren.

Fragt man nach den erwachsenendidaktischen Konsequenzen dieser Überlegungen, so kann man insbesondere zwei solcher Konsequenzen markieren: Zum einen muß die Weiterbildung sich sicherlich noch stärker methodenpluralistisch und methodenvariant präsentieren, entscheidender ist aber zum anderen, daß dabei verstärkt Teilnehmer- oder Lernermethoden »ins Spiel« kommen, d. h. solche Methoden, die Methodenkompetenz der Lerner systematisch entwickeln, d. h. sie in den Besitz der Methoden bringen und ihre Selbsterschließungskompetenz fördern.

2.3 Lernarrangementsorientierung

Die Weiterbildung der Zukunft wird sich von der Machbarkeitsillusion, Lernerfolge seien im Kontext einer linearen Lehr-Lern-Interaktion »machbar«, vollständig lösen müssen und sich mit der Tatsache auseinandersetzen müssen, daß Lerninhalte, Wissen sowie Kompetenzen in der Art, Geschwindigkeit und Nachhaltigkeit ihrer Entwicklung in starkem Maße von individuellen und sozialen Kontexten abhängig sind. Der didaktische Instruktionismus, der für die Professionalisierung der Weiterbildung lange Zeit leitend war, muß dabei durch einen didaktischen Konstruktivismus (vgl. Siebert 1994 und 1999) abgelöst werden.

11

Prinzipien des	
instruktionistischen Lernens und Lehrens	konstruktivistischen Lernens und Lehrens
• Lernen ist rezeptiv, er erfolgt weitgehend linear und systematisch	• Lernen als aktiv-konstruktiver, selbstgesteuerter, situativer Prozeß, dessen Ergebnisse nicht vorhersehbar sind.
• der Lehrende leitet an, macht vor, erklärt; der Lernende macht nach, nimmt auf	• der Lernende nimmt eine aktive, weitgehend selbstbestimmte Rolle ein, der Lehrende ist Berater und Mitgestalter von Lernprozessen
• Lerninhalte werden als geschlossene Wissenssysteme bzw. Teile davon verstanden	• Lerninhalte bzw. Wissen sind nicht abgeschlossen, sie sind abhängig von individuellen und sozialen Kontexten

Abb. 5: Vom Instruktionismus zum Konstruktivismus (Dehnbostel 1998, S. 279)

Es geht der konstruktivistischen Erwachsenendidaktik weder um Belehrung, noch um Selbstlernen, sondern um die möglichst »hilfsbereite« Aufbereitung von Lernumgebungen, in denen beides integriert gelingen kann: die didaktisierte Bereitstellung des für die Kompetenzentwicklung »notwendigen« Wissens einerseits sowie seine aktiv-selbstgesteuerte Aneignung und kognitive »Anverwandlung« andererseits. Nicht die »Erzeugung« von Kompetenz ist dabei das Ziel der Weiterbildung, sondern die »Ermöglichung« von Kompetenzentwicklung. Eine solche ermöglichungsdidaktische Weiterbildung der Zukunft benötigt Lernarrangeure (vgl. Reetz 1997) und Professionals, die reale oder multimediale Lernumgebungen gestalten können (vgl. Friedrich u.a. 1997). Sie benötigt aber auch einen Markt, auf dem sie um Nutzer werben kann, sowie öffentlich verantwortete Beratungs- und Qualitätssicherungsstrukturen, die Zugangsmöglichkeiten, Chancengleichheit und Verbraucherschutz gewährleisten.

Fazit 2:
Der »facilitative turn« der Weiterbildung auf dem Weg ins 21. Jahrhundert begünstigt eine Entgrenzung, institutionelle Öffnung sowie methodologische Diversifizierung der Weiterbildung, wie wir sie in der Vergangenheit nicht kannten. Weiterbildung ist auch nicht mehr das, was sie einmal war, sie diffundiert ins Alltägliche, präsentiert sich gleichzeitig institutionell und virtuell und ihre Qualität sowie ihre Erfolge hängen mindestens ebenso stark von den Lernkompetenzen der Nutzer wie von der Angebotsqualität ab. Für das Standortmarketing Weiterbildung gilt es, diese Auffächerungs- und Diversifizierungsprozesse international transparent zu machen und mit anderen Anbietern zu vernetzen. Dabei stellen die institutionelle Vielfalt, aber auch die didaktische Lernerzentrierung (Stichwort: **Lernarrangement**) und die Pluralisierung der Weiterbildungsformen nicht nur Garanten für eine größere Nachhaltigkeit von Weiterbildung,

sondern auch Verkaufsargumente (z. B. Qualität durch Professionalität), die international zu Gehör gebracht werden müssen, dar.

Literatur

Arnold, R.: Weiterbildung – notwendige Utopie oder Stiefkind der Gesellschaft? In: Dieckmann, B./Schachtsiek, B. (Hrsg.): Lernkonzepte im Wandel. Die Zukunft der Bildung. Stuttgart 1998, S. 208–234.

Arnold, R./Münch, J.: Fragen und Antworten zum Dualen System der deutschen Berufsausbildung. Bonn 1995.

Arnold, R./Schüßler, I.: Wandel der Lernkulturen. Ideen und Bausteine für ein lebendiges Lernen. Darmstadt 1998.

Arnold, R./Siebert, H.: Konstruktivistische Erwachsenenbildung. Von der Deutung zur Konstruktion von Wirklichkeit. Bd. 4 der Schriftenreihe »Grundlagen der Berufs- und Erwachsenenbildung«. Hohengehren 1996.

Bates, A.W.: Technology, open learning and distance education. London/New York 1995.

Dehnbostel, P. u.a. (Hrsg.): Lernen für die Zukunft durch verstärktes Lernen am Arbeitsplatz. Dezentrale Aus- und Weiterbildungskonzepte in der Praxis. Berlin 1992.

Dehnbostel, P.: Lerninsel – eine Synthese von internationalem und erfahrungsorientiertem Lernen. In: Grundlagen der Weiterbildung 1998, S. 276–281).

Dohmen, G. (Hrsg.): Selbstgesteuertes lebenslanges Lernen? Ergebnisse der Fachtagung des Bundesministerium für Bildung, Wissenschaft, Forschung und Technologie vom 06.-07.12.1996 im Gustav-Stresemann-Institut, Bonn 1997.

Dohmen, G.: Das lebenslange Lernen. Leitlinien einer modernen Bildungspolitik. Bonn 1996.

Friedrich, H. u.a. (Hrsg.): Multimediale Lernumgebungen in der betrieblichen Weiterbildung. Gestaltung, Lernstrategien und Qualitätssicherung. Neuwied 1997.

Giddens, A.: Konsequenzen der Moderne. Frankfurt/M. 1995.

Gieseke, W./Siebers, R.: Zur Relativität von Methoden in erfahrungsverarbeitenden Lernkontexten. In: Arnold, R. (Hrsg.); Lebendiges Lernen. Bd. 5 der Schriftenreihe »Grundlagen der Berufs- und Erwachsenenbildung«. Hohengehren 1996, S. 184–206.

Graf, J.: Trendanalyse '97: Quo vadis, Weiterbildung? In: Ders. u.a. (Hrsg.): Managerseminare '98. Das Jahrbuch der Managementweiterbildung 1998, S. 13–34.

Kade, S.: Denken kann jeder selber – Das Ethos des selbstbestimmten Lernens. In: Nuissl, E./Schiersmann, Ch./Siebert, H. (Hrsg.): Pluralisierung des Lehrens und Lernens. Heilbrunn/Obb. 1997, S. 82–91.

Knowles, M.S.: Selfdirected learning. A guide for learners and teachers. London u.a. 1975.

Peters, O.: Didaktik des Fernstudiums. In: Bergler, M. (Hrsg.): Didaktik des Fernstudiums aus erwachsenenpädagogischer Sicht. Tübingen 1996, S. 7–29.

Peters, O.: Didaktik des Fernstudiums. Erfahrungen und Diskussionsstand in nationaler und internationaler Sicht. Neuwied 1997.

Reetz, L.: Lernumgebungen. In: Berufsbildung 51 (1977), H. 47, S. 2.

Reischmann, J.: Lernen ›en passante‹ – die vergessene Dimension. In: Grundlagen der Weiterbildung 4/1995, S. 193 ff.

Sauer, J.: Arbeitspapier für das Wochenend-Werkstattgespräch vom 12.-13.10.96 in Billerbeck. Neuorientierung der Weiterbildungspolitik. Lernen für die Zukunft. Strukturwandel in der Weiterbildung. Unveröff. Mskr. Vom 25.09.1996. Berlin 1996.

Siebert, H.: Lernen als Konstruktion von Lebenswelten. Entwurf einer konstruktivistischen Didaktik. Frankfurt/M. 1994.

Siebert, H.: Pädagogischer Konstruktivismus. Neuwied 1999.

Staudt, E./Meyer, A.J.: Reorganisation betrieblicher Weiterbildung. In: Arbeitsgemeinschaft QUEM (Hrsg.): Kompetenzbildung '96. Berlin u.a. 1996, S. 263–336.

Tietgens, H.: Was machen die Medien aus der Erwachsenenbildung? In: Report 42. Literatur- und Forschungsreport Weiterbildung (Dezember 1998). Frankfurt/M. 1998, S. 10–13.

Weiß, R.: Wirtschaftlichkeit betrieblicher Weiterbildung gesteigert. In: Graf, J. u.a. (Hrsg.): Seminare '98. Das Jahrbuch der Management-Weiterbildung 1998. 9. völlig überarbeitete Auflage. Bonn 1997, S. 35–40.

Zimmer, G.: Didaktik multimedialer Lernsysteme für die Weiterbildung. In: Grundlagen der Weiterbildung 9 (1998), H. 1, S. 4–6.

II. Bildungsansprüche und Bildungsbedarfe – Zur Ausformulierung von Gesellschaftlichkeit als Existenzbasis pädagogischer Professionalität

Ingrid Lisop

Gesellschaftlichkeit hat im Kontext von Pädagogik und Erziehungswissenschaft vier Dimensionen. Die Gestaltung des Gesamtbildungssystems hängt von den herrschenden gesellschaftspolitischen Leitideen ab und davon, ob Bildung als zu mehrende Ressource oder als Luxus für Privilegierte betrachtet wird. Der Qualifikationsbedarf bestimmt sich primär von demjenigen Bedarf her, der aus dem Verhältnis von Kapital zu Arbeit resultiert. Bildungstheorien sind Resultat ethischer, anthropologischer und psychologischer Positionen. Die Enge und Weite von Didaktik und Curriculumkonstruktion schließlich bemißt sich an der Dimensionierung des Arbeitsbegriffs. Das alles spiegelt sich heute in der Gretchenfrage: »Wie hältst Du es mit Neo-Liberalismus, Konstruktivismus und Sozialdarwinismus?«.

Zur Blickrichtung dieses Beitrags

Die Ausdifferenzierung von Lernvorstellungen – wozu auch die Ziele und Inhalte gerechnet werden – und von Lernformen ist in jeder Gesellschaft an Leitvorstellungen von Menschenbild und Menschenbildung gebunden, auch ist sie von den Realisierungsmöglichkeiten von Freiheit, Gleichheit und Partizipation abhängig. In den später sechziger Jahren lautete die politische Meßlatte »Chancengleichheit«; heute könnte man sie auf den Begriff »Standortsicherung« bringen. An diesem Wechsel wird bereits der Wechsel des Verständnisses von Gesellschaftlichkeit ersichtlich. In den sechziger und siebziger Jahren war es das »Bürgerrecht Bildung«. Heute sind es ökonomische Interessen, welche die Funktion und Struktur des Bildungssystems, seine Curricula und Methoden, aber auch die pädagogischen Theorien sowie die pädagogische Professionalität prägen. Es wäre daher irrig anzunehmen, daß Bildungspolitik, professionelles Selbstverständnis und praktisch-pädagogische Professionalität unabhängig von Wirtschafts- und Gesellschaftspolitik wären. Hieraus folgt: es gibt keinen absoluten Bildungsbedarf. Bildungsansprüche und Bildungsbedarfe sind vielmehr eine abhängige und in weiten Teilen eine politisch definierte Größe. In Umbruchzeiten ergeben sich daher unterschiedliche, auch einander widersprechende Ansprüche an das Bildungssystem. Werte, Leitvorstellungen und zugehörige gesellschaftliche Organisationsmuster sind ja in solchen Zeiten freigesetzt und werden gesamtgesellschaftlich reorgani-

15

siert. Man könnte auch sagen, Ansprüche und Bedarfe, Lernvorstellungen und Lernformen formieren sich neu.

Der folgende Beitrag versucht, diesen Formierungsprozeß zu skizzieren. Theoretisch ist er an den Kategorien Subjektbildung und Kompetenz angeschlossen. Pädagogische Professionalität beleuchtet er von deren Kern her, nämlich von Didaktik und Exemplarik aus. Er wird von der Frage geleitet, ob es nicht doch einen Weg aus der pädagogischen Semi-Professionalität heraus zur vollen Professionalität gibt. Deren Sinn läge unter anderem in größerer Unabhängigkeit von überwiegend ökonomisch bestimmten Interessen.

1. Implikationen der aktuellen Bedarfsdiskussion

1.1 Bildung als Luxus und Objekt von Rationalisierung

Seitdem zu Beginn der neunziger Jahre durch das Land Nordrhein-Westfalen das erste Gutachten zur Rationalisierung des Bildungswesens an eine ökonomische Consulting-Gesellschaft in Auftrag gegeben wurde, steht die sogenannte Luxus- oder Verschwendungslüge im Raum. Sie deklariert indirekt all jenes Lehren und Lernen als Luxus und Verschwendung, das nicht nach dem pseudo-ökonomischen, weil paradoxen Gesetz der Maximierung des Outputs durch Minimierung des Inputs funktioniert. Besonders krass präsentiert sich dieses Denken in der aktuellen Forderung, den zweiten Berufsschultag (d. h. sechs von zwölf Unterrichtsstunden) abzuschaffen. Gleichzeitig wird verlangt, daß der Berufsschulunterricht fachlich dem Niveau wissenschaftlich basierter Produktion und Dienstleistung entspricht und daß er methodisch das gesamte Spektrum außerschulischer Moderationstechnik, aber auch selbstorganisiertes Lernen, Transferübungen in Projekten, Kreativität und Selbstorganisation einschließt (zur Diskussion um das Fortbestehen des Dualen Systems der Berufsausbildung vgl. Euler 1998). Wie dies nicht nur bei halbierter Stundenzahl, sondern vielerorts auch bei räumlicher Unterausstattung und einer nach Vorbildung und betrieblicher Erfahrung heterogenen Schülerschaft möglich sein soll – diese Frage wird gar nicht erst gestellt.

Derart unerfüllbare paradoxe Forderungen gelten in der Psychologie als eine Macht-Strategie, die darauf abstellt, die Leistungsunfähigkeit einer Person oder einer Institution herbeizuführen, um ihr dann die Berechtigungsgrundlage für Ansprüche oder Aktivitäten zu entziehen; kurz, ihren Wirkungskreis zu liquidieren (vgl. Küpper/Ortmann 1992).

Daß eine solche Interpretation nicht an den Haaren herbeigezogen ist, läßt sich gut an den gegenwärtigen Versuchen zeigen, die berufliche Weiterbildung zu deregulieren. Mit Deregulierung (vgl. Lipsmeier/Clement) ist ja nicht Entbürokratisierung gemeint, wie bisweilen geglaubt wird, sondern Freisetzung aus der öffentlichen Trägerschaft durch Privatisierung und Einbindung in Marktmechanismen.

1.2 Vermarktung und Zufalls-Auslese

Das Ausmaß der Deregulierung spiegelt sich in der europäischen Diskussion um die Akkreditierung bzw. Zertifizierung sogenannter beruflicher Kompetenzen. In Frankreich, wo der Kompetenzansatz in der Berufsbildungspolitik am weitesten fortgeschritten ist, war dies durch durch die wirtschaftliche Entwicklung und die damit einhergehende hohe Arbeitslosigkeit bedingt. Teils mit dem Zweck, den vielen jungen Arbeitslosen einen Wiedereinstieg in den Arbeitsmarkt dadurch zu ermöglichen, daß sie einen Nachweis außerschulisch erworbener Qualifikationen erbringen konnten, teils zum Zwecke des Outplacements wurden per Gesetz »Bilanzierungsstellen« geschaffen. Dort kann man seine Qualifikationen – bzw., wie es nunmehr heißt, seine Kompetenzen – abprüfen und zertifizieren lassen. Erstellt wird eine sogenannte Kompetenz-Bilanz. Der Bilanzbegriff ist keine modische Anbiederung an ein ökonomistisches Vokabular. Er verrät vielmehr, daß es hier durchaus auch um Defizit-Analysen geht.

Die Bilanzierungsstellen sind in der Regel mit PsychologInnen besetzt, denen es aber häufig an Erfahrung im Bereich der beruflichen Aus- und Weiterbildung und der betrieblichen Arbeit überhaupt fehlt. Auch gibt es keine Einheitlichkeit und allgemein anerkannte Systematik der Bilanzierung, weder inhaltlich noch methodisch (vgl. im einzelnen hierzu Drexel 1997).

Das alles hat die Europäische Kommission nicht gehindert, 1995 ein Weißbuch »Teaching and Learning – Towards the Learning Society« herauszugeben. Zur Zielstellung heißt es: »A project will be launched concerning the ›personal skills cards‹. This document should allow individuals to have their knowledge and know-how recognized as and when they are acquired« (White Paper Brussels, Luxembourg 1995, S. 54). Dieses Weißbuch gab dem Bundesministerium für Bildung, Forschung, Wissenschaft und Technologie den Anstoß, Forschungsarbeiten und Gutachten darüber in Auftrag zu geben, wie mittels des Kompetenzbegriffs auch in der Bundesrepublik Deutschland Erfassungs- und Evaluierungsmethoden zur Zertifizierung beruflicher Weiterbildung entwickelt werden könnten. Der entsprechende Sammelband mit den Gutachten (vgl. Kompetenzentwicklung 1997) ist ein geradezu klassischer Beleg dafür, daß Bildungsbedarf und Bildungsansprüche ethisch und ökonomisch vermittelte Kategorien sind.

Die Expertise von Faulstich (vgl. Faulstich 1997) in dem erwähnten Gutachten-Band führt die bekannte Tatsache vor Augen, daß sich an der Nahtstelle zwischen Bildungs- und Beschäftigungssystem grundsätzlich – auch auf der Mikroebene z. B. betrieblicher Weiterbildung – ein Passungsproblem ergibt. Es betrifft einerseits die Geschmeidigkeit des Transfers bzw. der Anwendung von systematisch erworbenem Wissen und Können in Arbeitssituationen. Andererseits bezieht es sich auf die alte Problematik einer zukunftsadäquaten und zugleich lernbezogenen Erfassung des Qualifikationsbedarfs. Das Problem der Passung ist, wie Faulstich zeigt, objektiv nicht ohne Reste zu lösen. Einarbeitungs- oder Trainee-Phasen sind folglich ebenso unerläßlich wie Weiterbildung und Überschußwissen. Dessen Funktion erkennt man, wenn man sich vor Augen hält, daß die spezifische »Tüchtigkeit« bei akademischen Professionen – und nach der Neuordnung der industriellen Metall- und Elektroberufe zunehmend auch der Ausbildungsberufe – aus Überschußwissen resultiert. Damit ist all jenes, auch berufsfachliches Wissen und Können gemeint, das nicht auf unmittelbare Verwertung abgerichtet ist. Nur durch solches Wissen entsteht so etwas wie ein »Rangierfeld«, das es ermöglicht, Elemente des Wissens und Könnens in neuen Situationen zu reorganisieren und problemlösend einzusetzen (vgl. Lisop 1990).

1.3 Verzicht auf Wahrung eines ganzheitlichen Bildungsauftrags

Spätestens seit der Etablierung der Berufsschule zu Anfang unseres Jahrhunderts bezieht sich die Passung jedoch nicht nur auf die Erwerbsarbeit im Betrieb, sondern auch auf den Staatsbedarf (Bildung der BürgerInnen) und allgemeine öffentliche Interessen. Um als öffentliche Schulen anerkannt zu werden, mußten die Berufsschulen (bzw. zunächst die Berufsfortbildungsschulen) nämlich den Beweis erbringen, daß sie der *allgemeinen* Menschenbildung dienten. Und auch: daß sie im Kampf gegen die Sozialdemokratie arbeiteten, wie ein kaiserliches Dekret es verlangte (vgl. Lisop u.a. 1990).

Heute läßt sich der öffentliche Bildungsauftrag zusammengefaßt wie folgt definieren:
1. Qualifizierung aller Bürgerinnen und Bürger für dreierlei Arbeit, nämlich Erwerbsarbeit, öffentliche und politische sowie private Reproduktionsarbeit; dies alles auf dem jeweiligen Stand der technisch-ökonomischen und wissenschaftlichen Entwicklung;
2. Entwicklung der Befähigung zu eigenverantwortlichen, sachlich und wissenschaftlich aufgeklärten Entscheidungen und Reflexionen;
3. Befähigung zu rationalem Diskurs und zu Kooperation;

4. Sicherung des sozialen Friedens durch Erziehung zu Toleranz und so-
zialintegrativen Einstellungs- und Verhaltensmustern.

Dieser öffentliche Auftrag spiegelt drei Belange, nämlich auf Arbeit bezo-
gene Qualifizierung, generelle Entwicklung und Entfaltung des menschlichen Vermögens und die Bildung als Bürgerin und Bürger.

Im Zuge der sogenannten realistischen Wendung hin zu den Sozialwissenschaften und zur Empirie hat die allgemeine Erziehungswissenschaft,
speziell die emanzipatorische Pädagogik, die Realisierung von Bildung als
dreifache Kompetenz gefaßt. Erziehungswissenschaftlich gedacht impliziert der Begriff Kompetenz die Urteils-, Handlungs- und Verantwor-
tungsfähigkeit, -bereitschaft und -zuständigkeit für sich selbst als Selbstkompetenz, für Sach- und Fachgebiete als Sachkompetenz und für soziale,
gesellschaftliche und politische Belange als Sozialkompetenz (vgl. Lisop/
Huisinga 1994, S. 343).

Aus seiner Entstehungsgeschichte heraus betrachtet, zielt der Kompetenzbegriff daher auf die Entwicklung und Entfaltung des Humanvermögens als Ganzes. Dieser Aspekt der Ganzheitlichkeit erfährt berufspäd-
agogisch Mitte der achtziger Jahre eine nicht unwesentliche Veränderung.
Zunächst entfällt die Selbstkompetenz, und die Fachkompetenz erhält
eine zweite Komponente durch die Methodenkompetenz. Fach-, Metho-
den- und Sozialkompetenz gelten dann als die neue Ganzheit. Sie sind
aber nicht, wie in der allgemeinen Erziehungswissenschaft und Bildungstheorie, auf das Ganze der menschlichen Potentiale und auch nicht auf das
Ganze der gesellschaftlichen Arbeitsmöglichkeiten im Erwerbsbereich, in
der öffentlich-rechtlichen Sphäre und im Privatbereich abgestellt. Ganzheitlichkeit bezieht sich lediglich auf den vollständigen Handlungsablauf
im Sinne der Handlungsregulationstheorie. Diese wiederum spielt in der
Berufspädagogik eine Rolle, seit im Zuge der Neuordnung der Ausbildungsberufe der methodische Vierschritt (Vormachen, Erläutern, Nach-
machen, Üben) durch den Sechsschritt (Informieren, Planen, Entscheiden, Ausführen, Kontrollieren, Bewerten) abgelöst wurde (vgl. Pätzold
1992). Wissenschaftlich entsteht im Zuge dieser Entwicklung, wie Arnold
in dem o.a. Gutachtenband kritisch herausarbeitet (vgl. Arnold 1997), eine
Segmentierung und Entkopplung von Bildungstheorie, Berufs- und Wirtschaftspädagogik sowie Erwachsenenbildung. Deren jeweilige Theorien-
ansätze fokussieren nur noch Teilaspekte der ganzheitlichen Kategorie
Subjektbildung.

Der Kompetenzansatz in der gegenwärtigen europäischen Weiterbildungsdiskussion steht in keinerlei Traditionslinie zum Bildungsbegriff und
auch nur in einer schwachen Verbindung zum Kompetenzbegriff der Berufspädagogik. Er folgt schlicht neuer französischer Sprachregelung. Diese
will den Qualifikationsbegriff vermeiden, weil er in Frankreich eine Kon-

notation enthält, die mit dem Anspruch der BürgerInnen auf den Erwerb (schulischer) Abschlüsse verbunden ist.

Der Druck, unter den die Bundesregierung im Zuge der Europäisierung geraten ist, ist nun nicht irgendein Anpassungsdruck oder gar Opportunismus. Es handelt sich um ökonomischen Druck, der aus der Konkurrenz der Arbeitsmärkte entstanden ist. Jedes Land hat nämlich den dringenden Bedarf, seine Arbeitskräfte anderswo unterzubringen. Dazu müssen aber die Zertifikate europaweit vergleichbar sein. Auch hier erkennen wir wieder: Bildungsbedarf und Bildungsansprüche bestimmen sich zu allererst einmal durch wirtschaftliche und politische Determinanten, um nicht zu sagen Setzungen. In einer Gesellschaft, die sich als demokratisch partizipativ begreift, zielen die Ansprüche der Bürgerinnen und Bürger legitimer Weise darauf, möglichst breite Angebote wahrnehmen und hohe Abschlüsse erreichen zu können. Die Expansion der Sekundarstufe II und des Hochschulwesens ist hierfür ein nachzuvollziehender Beleg, auch ohne Wiedergabe von Statistiken. Ob ein Staatswesen allerdings seinem demokratisch partizipativen Anspruch nachkommt, das wiederum hängt von Machtkonstellationen ab, die ihrerseits ökonomisch bedingt sind. Hier können wir nur konstatieren, daß mit der Globalisierung ein Rationalisierungsdruck entstanden ist, dessen Folgen noch nicht absehbar sind. Auch haben wir – zumindest in der Bundesrepublik Deutschland – kein Menschenrecht auf Bildung und kein allgemein akzeptiertes Ethos entwickelt, das Bildung als eine dringend benötigte Ressource betrachtet, die es zu mehren gilt. Umso leichter können Ideologien greifen, die auch Bildung zur Ware machen und die das Bildungswesen der neoliberalistischen Doktrin unterwerfen. Jeder Mann sein eigener Unternehmer, jede Frau ihre eigene Unternehmerin, auch in Sachen Bildung!

1.4 Ideologie Selbstorganisation

Das pseudo-antiautoritäre Gerede von Selbstorganisation, von lernenden Organisationen und Lernen am Arbeitsplatz – wo und wann dort eigentlich angesichts signifikant gesteigerter Arbeitsintensität? Etwa dann, wenn die Instandhaltung den Band-Stillstand behebt, der hier und da noch vorkommen soll? – ist nichts weiter als das pädagogische Pendant des Neo-Liberalismus. Es geht ja nicht um Selbstorganisation im didaktischen Sinne, womit Phasen der Selbsttätigkeit und Selbstbestimmung gemeint sind, sondern um eine marktwirtschaftliche Organisation des Bildungswesens. Darüber hinaus haben die Geschichte der antiautoritären Erziehung und entsprechende Modellversuche inzwischen eindeutig genug gelehrt, daß Selbstbestimmung und Selbstorganisation nicht aus sich selbst hervorgehen, sondern nur dort wachsen können, wo auch Vorgaben, Strukturierungen, Eindeutigkeiten der Wertung ihren Platz haben (vgl. z. B. Negt 1997). Eine Tatsache, mit der das konservative Denken, welches heute die Deregulierung befürwortet, vor 25 Jahren emanzipatorischen Ansätzen entgegentrat.

Im Zuge der Transformation Ost erhält die neoliberalistische Ideologie im übrigen eine pikante Note. UnternehmerInnentum, Selbstorganisation und Privatisierung des Bildungswesens werden mit Demokratie und Individualität gleichgesetzt, und wenn man das Marktprinzip verficht, glaubt man, als DemokratIn ausgewiesen zu sein.

Ein Vergleich von Menschenbild und Menschenbildung in Ost und West, wie er im Rahmen der Transformationsforschungen entstanden ist, mag dies veranschaulichen, ohne daß an dieser Stelle ein Kommentar über die Richtigkeit des Vergleichs oder gar die Angemessenheit der Menschenbilder gegeben wird.

Menschenbilder

Akzentuierung von	
Ost	West
Sozialem	Biologischem/Individualtypischem
Politischem	Außerpolitischem
Kollektivem	Individuellem
objektbezogener Vermittlungspädagogik	subjektbezogener Aneignungspädagogik
Entwicklungs- und Zukunftskonvergenz	Entwicklungs- und Zukunftsdivergenz
Konformität	Pluralität

(Vgl. Erpenbeck/Weinberg, 1993, S. 20)

2. Zu den gesellschaftspolitischen Traditionslinien von Bedarfsbestimmung in der Bundesrepublik

Dort, wo die Arbeitskraft eine überschüssige Ware ist, d. h. das erworbene Arbeitsvermögen auf dem Arbeitsmarkt unter Konkurrenzbedingungen verkauft werden muß, konterkariert ein egalitäres, ausgebautes öffentliches Bildungssystem das Konkurrenzprinzip, weil es auf Chancengleichheit abstellt. Es ist daher nur logisch, daß privilegierte Gruppen danach suchen, wie durch Bildung Vorteile und Vorsprünge zu sichern sind. Die Privatisierung des Bildungswesens ist ein Weg dazu. Ist dieser Weg verstellt, dann bietet angeblich ein in den Niveaustufen differenziertes Bildungssystem (wie ehemals Volksschule, Mittelschule und Oberschule) eine Alternative. Entsprechende Leitbilder sind in der Bundesrepublik immer lebendig geblieben. Sie haben trotz des demokratischen Ausbaus des Bildungswesens in der Reform-Ära der sechziger und siebziger Jahre den Anspruch auf ihre Sicht von Vernunft und Geltung nicht aufgegeben. Das hervorstechendste Beispiel hierfür ist die Tatsache, daß die Enquête-Kommission »Zukünftige Bildungspolitik – Bildung 2000« des Deutschen Bundestages sich 1990 nicht auf konsensuale Empfehlungen einigen konnte, sondern eine Sicht von CDU/CSU/FDP und eine von SPD/Grüne veröffentlichte (vgl. Dt. Bundestag 1990).

Im folgenden soll an zwei einander entgegengesetzten Leitvorstellungen über eine mögliche Gestaltung des Bildungssystems gezeigt werden, welche grundsätzlich unterschiedlichen Ansprüche an das Bildungssystem im gesellschaftlichen Bewußtsein vorhanden sind. Diese unterschiedliche Gesellschaftlichkeit gilt es mit allen Konsequenzen, sozusagen »nachhaltig« auszudifferenzieren, denn die Möglichkeitsbedingungen von Lernformen liegen hier versteckt. Gewählt wurden nicht die großen Bundes-Reformgutachten (vgl. hierzu Lisop 1997), sondern zwei regionale, welche die entgegengesetzten Gesellschaftsauffassungen besonders deutlich spiegeln.

2.1 Beispiel Weiterbildung 1984 – Die konservative Linie gesellschaftlicher Segmentierung

Die Landesregierung Baden-Württemberg hat 1983 und 1984 zwei Entwicklungs-Expertisen veröffentlicht, nämlich »Zukunftsperspektiven gesellschaftlicher Entwicklungen « (1983) und »Weiterbildung – Herausforderung und Chance« (1984).

»Zukunftsperspektiven gesellschaftlicher Entwicklungen« sieht den Kern der Herausforderungen an BürgerInnen und PolitikerInnen in »Einstellungs-, Verhaltens- und Organisationsveränderungen« (a.a.O, S. 192), die eine Erneuerung der drei ihrer Ansicht nach tragenden Institutionen unserer Gesellschaft ermöglichen: »*Konkurrenz*demokratie«, »Soziale Marktwirtschaft« und »Wohlfahrtsstaat«. Der Fundus, aus dem sich die Veränderungs- und Innovationsleistungen entnehmen ließen, sei die Fülle der pragmatischen ad hoc Lösungen, mit denen im Alltag die auftauchenden Probleme gelöst würden, so daß eine massenhafte Kumulierung der Konflikte ausgeblieben sei, die Schwierigkeiten dagegen gelassen bewältigt würden (a.a.O, S. 192). Im weiteren heißt es (alle Hervorh. I. Lisop):

Die »Triebkräfte des Wohlfahrtsstaates« (a.a.O., S. 193) und die »Reform des Bildungssystems« (a.a.O., S. 194) markieren, durch Zwischenüberschriften besonders hervorgehoben, die Angelpunkte, von denen aus seitens der BürgerInnen den Herausforderungen begegnet werden könne und solle. Ändern müßten sich außer den Einrichtungen für die Alltagsversorgung die »*Anspruchshaltung*« gegenüber dem Wohlfahrtsstaat und die »*mangelnde individuelle Risikobereitschaft*«. Im einzelnen heißt es hierzu:

»Konkret gefordert sind institutionelle Veränderungen. Dezentralisierung von Großorganisationen, Anreicherung und Rotation von Arbeitsaufgaben, mehr Partizipation, neue Koalitionen und Spitzengremien, die Wiederbelebung der Gemeinde- und Nachbarschaftsebene, die Nutzbarmachung privater Netzwerke, arbeitsintensive Projekte wie kommunale Kontrolle und ein umfassender freiwilliger Sozialdienst. Hinter all diesen Überlegungen steht die Herausforderung, über Wohlfahrt und Wohlfahrtsproduktion neu nachzudenken« (a.a.O., S. 194) und Sozialabgaben und Sozialleistungen anders zu korrelieren.

»Die Krise der Industriekultur hat insofern – um es in äußerster Kürze zu sagen – nicht die Natur einer Krise durch Desorientierung darüber, wofür sie (die Krise, I. L.) uns gut zu sein hätte. Vielmehr handelt es sich um eine Krise unter dem Druck sektoral rasch näherrückender Kostengrenzen ihrer Lebensvorzüge « (a.a.O., S. 30).

»Die Industriegesellschaften sind reich und in ihren Ansprüchen an Verhaltenskonformität differenziert genug, um randgruppenhafte Alternativ-Kulturen, sogar in erheblichem Umfang, kulturell aushalten zu können. Sie können sie sogar produktiv nutzen und z. B. die Erfahrung revitalisieren, daß die Früchte der Saison besser als die Unzeitprodukte der landwirtschaftlichen Glashausindustrie schmecken, oder daß es Handlungssysteme gibt, in denen sich Funktionen der Fortbewegung im Raum mittels eines Fahrrads in mehrfacher Hinsicht ungleich rationeller als mit Motorfahrzeugen erfüllen lassen. Es ist trivial, daß jenseits ungewisser Grenzen Aussteigertum für unsere Zivilisation destruktiv wirken müßte. Indessen besteht wenig Anlaß, einschlägige Gefahren zu dramatisieren; solche Gefahren existieren ihrerseits lediglich randhaft« (a.a.O., S. 29).

»Jeweils ›oben‹, in freien Berufen ohnehin, aber auch dort, wo, wie in den Künsten, in der Publizistik, in der Forschung, im Sport, die Autonomie eine Produktionsbedingung ist, bleibt die berufliche Arbeit eine tages- und lebenszeiterfüllende Sache. Das heißt: Die verfügbaren beruflichen Tätigkeiten differenzieren sich kulturell, insoweit sie der Selbstverwirklichung dienlich sind. Soziale Spannungen ergeben sich aus dieser fortschreitenden kulturellen Differenzierung der Arbeit im Regelfall nicht« (a.a.O., S. 32).

»Hinter dieser Verschiebung der Relation von beruflicher und von Berufspflichten entlasteter Arbeit stecken objektive Gegebenheiten und subjektive Motive von einer ökonomischen, sozialen und psychischen Mächtigkeit, die sich leicht als irreversibel erkennen lassen. Sogar für die ›Schwarzarbeit‹ dürfte das gelten. Daraus würde die Empfehlung folgen, sie nicht weiterhin undifferenziert und dauerhaft ihrer Illegalität zu überlassen, vielmehr ihr einen differenzierteren, ordnungspolitischen Rahmen zu verschaffen. Auf dem erreichten Niveau unserer Wohlfahrt, beim Ausmaß unserer Freizeit und beim Grad der Arbeits- und sozialrechtlichen Regulierung unserer Berufsarbeit wächst die Nachfrage nach Freiräumen produktiver Betätigungen, die sich, zumindest in ihrer subjektiven Bedeutung, zur industriellen Berufs- und Arbeitswelt analog verhalten könnten, wie im ›realen Sozialismus‹ die kleinen Privatanbauflächen zur Kolchose. Es stellt sich freilich die Frage, ob unsere

Freizeitarbeiter nicht grob gegen die gebotene Solidarität mit den Arbeitslosen verstoßen. Diese Frage hat Gewicht. Aber eine produktive Antwort auf die Herausforderung dieser Frage setzt die Einsicht voraus, daß es Umstände gibt, die in gleicher Weise die Arbeitslosigkeit wie die Schwarzarbeit begünstigen: das erreichte Niveau der gesamten Arbeitskosten« (a.a.O., S. 32).

Fast versteht es sich von selber, daß die Reform des Bildungswesens, die den Gutachten zufolge gefordert wird, sich primär an der (berufsbezogenen) Weiterbildung orientiert. Ausdrücklich wird auf die Gründung Technischer Hochschulen, Ingenieurschulen, Realgymnasien und Berufsschulen hingewiesen, die im Raume Baden-Württemberg schon sehr früh im vorigen Jahrhundert als Antwort auf die Industrialisierung gegründet wurden. Diese Gründungen werden von den Berichterstattern ausdrücklich als ein Mehr apostrophiert, verglichen mit dem Ziel unserer sechziger Jahre, »Kindern der *Versorgungsklasse*« (a.a.O., S. 194) Zugangschancen für eine höhere Bildung zu verschaffen.

Spätestens an dieser Stelle dürfte die Katze aus dem Sack sein: Die Wohlhabenden können sich jedes (private) Bildungssystem leisten und sollen es sich leisten. Das verlangt schließlich die kulturelle Differenzierung. Die anderen, die »Versorgungsklasse«, soll froh sein, daß ihnen im Anschluß an Haupt- und Realschule ein sechsstündiger Berufsschultag zur Verfügung steht – wenn er denn zur Verfügung steht! Schließlich kann man ja mittels Arbeit genügend Erfahrung und Geld sammeln, um dann damit z. B. einem Ingenieurstudium, wissensmäßig und finanziell gewachsen zu sein.

Man muß, was da bereits Anfang der achtziger Jahre konservativ angedacht war und heute unter der Selbstorganisations-Ideologie weitere Blüten treibt, zynisch zuspitzen, um die politischen Implikationen bloßzulegen und um aufzuzeigen, daß es nicht um die Lösung gesellschaftlicher Probleme und Gefahren, sondern um den Kampf von Interessen geht, und zwar gegen Reformpolitik. Der Vorwurf, mit dem dabei gearbeitet wurde, war der der leistungsmindernden Gleichmacherei.

Nun hat die Reformpolitik der siebziger Jahre nirgendwo, im Gegensatz zu allen Diffamierungen, Begabungs-Unterschiede leugnen oder Leistungs-Differenzen verschleiern wollen. Das kann man immer noch am überzeugendsten in Heinrich Roths »Begabung und Lernen« (vgl. Roth 1969) nachlesen. Wohl aber ging es darum, in der Pädagogik grundsätzlich und überall, ohne Ansehen des Sozialmilieus, einem Ethos der Hilfe zur Entwicklung und Entfaltung von Potentialen zu dienen und milieuspezifische Benachteiligungen auszugleichen, soweit es geht. Und zwar deshalb, weil solches dem Grundgesetz und den Erfordernissen nachhaltiger Bildungspolitik als Gesellschaftspolitik entspricht. Ökonomisch ist solch eine Politik noch dazu günstiger als Arbeitslosigkeit und ihre gesamtgesellschaftlichen Folgekosten.

Die hier als prototypisch skizzierten konservativen Vorstellungen seien im folgenden mit einem nicht an Konkurrenz und Sozialdarwinismus, wohl aber an Leistung orientiertem Modell für ein demokratisches Bildungssystem konfrontiert, das dem Anheben der Bildung der Allgemeinheit verpflichtet ist. Es wurde 1987 in Hessen von einer DGB-Gruppe entwickelt und ist unter dem Kürzel »6 + 6 + 2« bekannt geworden (vgl. GEW Hessen 1991).

2.2 Beispiel Bildungsmodell »6 + 6 + 2« – Die demokratisch-partizipative Linie

Einer ausgebauten, sechsjährigen Grundstufe – mit Fremdsprachenunterricht, naturwissenschaftlich und technisch geöffneter Sachkunde und Zeit wie Raum und Ausstattung zum sozialen Lernen und zur Selbsttätigkeit – folgt eine sechsjährige Jugendschule. Sie hat, ergänzend zum Basisunterricht, welcher der Vermittlung soliden, fachbezogenen Grundwissens und Könnens dient, Transfer- und Projekt-Unterricht zu ermöglichen. Dabei geht es um fächerübergreifendes, auch selbstorganisiertes Lernen mit Begleitung durch die LehrerInnen und um ein Arbeiten für gesellschaftspraktische Belange, arbeitspraktische Grundbildung einbezogen.

Der sechsjährigen Jugendschule folgt eine zweijährige Orientierungsstufe. Vom Studium her gedacht, könnte die Orientierungsstufe breitgefächert universitäre Einführungsveranstaltungen aufnehmen. Sie wären durch ausgewählte Übungen zur Einführung in bereichsspezifisches wissenschaftliches Arbeiten und durch Vertiefungsstudien nach Wahl zu ergänzen. Dabei käme es nicht darauf an, der Zersplitterung in Einzeldisziplinen zu folgen. Vielmehr müßte von der methodologischen Seite her versucht werden, mit den Charakteristika z. B. wirtschafts-, rechts-, sprach-, naturwissenschaftlicher usf. Denk- und Sprachmuster vertraut zu machen. Die in den sechziger Jahren versandete universitäre Curriculumreform fände hier ihre neue Chance. Sie wäre realistisch, insofern sie sich auf die unterste Ebene bezöge und insofern sie auf international gute Erfahrungen und durchdachte Modelle wissenschaftspropädeutischen Arbeitens zurückgreifen könnte.

Von der Seite der Berufsausbildung her gedacht, könnte die Orientierungsstufe – ebenfalls breit gefächert und auf der arbeitsorientierten Jugendschule aufbauend – die Bestandteile der eineinhalbjährigen beruflichen Fachausbildung übernehmen. Die Fachausbildung ist die letzte Stufe der augenblicklichen, dreieinhalbjährigen »Lehre«, wie sie nach der Verabschiedung der Neuordnungen gegliedert wurde. In der Fachausbildung werden die auf das konkrete Arbeiten bezogenen Kenntnisse und Fertigkeiten vermittelt. Deshalb dient diese Phase – auf der Basis der skizzierten, arbeitsorientiert wie wissenschaftspropädeutisch ausgerichteten neuen Jugendschule – besonders gut zur Orientierung bei gleichzeitiger Qualifizierung.

Die wissenschaftlichen und die berufspraktischen Bestandteile der Orientierungsphase sind zwar kombinierbar, nicht jedoch im Sinne der Gleichwertigkeit aufrechenbar. Die Geschichte entsprechender Modellversuche (z. B. Kollegstufe), aber auch ein Vergleich der Inhalte, der Denk- und Sprachstile lehrt, daß die erstrebenswerte soziale Gleichwertigkeit von Bildungsgängen nicht mit inhaltlicher Gleichwertigkeit identisch ist. Wenn dem so wäre, müßten z. B. Vordiplome als Äquivalent für Facharbeiter- oder Kaufmannsgehilfenbriefe anerkannt werden.

Die Orientierungsstufe sollte keine altersspezifische Bindung erhalten. Erst damit läßt sich gewährleisten, daß der Weg zum Studium jederzeit auch von der Erwerbstätigkeit her eingeschlagen werden kann. So gedacht, fungiert die Orientierungsstufe auch nicht als Oberstufe und Abschluß des (allgemeinen) Schulsystems. Sie bildet vielmehr ein neuartiges Element der Bündelung von und der Vermittlung zwischen Grundstudium, praktischer Berufsausbildung und Weiterbildung. Für die organisatorische, juristische und finanzielle Gestaltung sollten regional unterschiedliche, aber als gleichwertig anzuerkennende Modelle entwickelt und erprobt werden. Beide, Jugendschule und Orientierungsstufe, sollten ganztägig organisiert sein. Die Ganztags-Form ist erforderlich, um fachübergreifend, in Projekten, selbstgesteuert und gründlich zu arbeiten. So könnte insgesamt für alle ein Niveau erreicht werden, das über dem heutigen liegt. Außerdem würde Zeit gespart. Denn Abitur plus Berufsgrundbildung und Grundstudium erstrecken sich heute über mindestens 16 Jahre, mittlerer Schulabschluß plus Ausbildung über mindestens 13 Jahre, meistens sogar mehr.

Soweit die Grundidee eines insgesamt 14-jährigen Schulsystems für alle, Berufsausbildung und Grundstudium eingeschlossen.

Die hier nur skizzierten Vorstellungen sind bezüglich der Lernformen dadurch zur Gesellschaftlichkeit hin ausdifferenziert, daß sie soziales Lernen, Projekte mit ernsthaftem Produktionscharakter, Wissenserwerb sowie kritisch-reflexives Arbeiten kombinieren. Zu beachten ist, daß sie von der Kategorie des Subjekts ausgehen, obwohl diese Kategorie im Zuge der zahlreichen wissenschafts-modischen Wenden in Verruf gebracht worden ist. Auch dies meiner Überzeugung nach im Zuge der Überformung des gesellschaftlichen Bewußtseins durch ökonomisch bedingte Werte-Erosionen (zur Geschichte des Subjektbegriffs vgl. Bürger 1998). Subjektbildung ist eine wertsetzende und darum nicht nur eine theoretische, sondern gleichfalls eine zentrale gesellschaftspolitische Kategorie. Danach sind die Entwicklung und Entfaltung der menschlichen Potentiale des Denkens, Fühlens und Wollens, der sprachlichen Kommunikation und der Gestaltungsfähigkeit ein höherer Wert als sogenannte Sachzwänge. In ökologische Denk- und Wertmuster eingestellt, heißt dies, daß die Erhaltung der Erde und der Erdatmosphäre nicht der Erhaltung des Lebens an sich dient, sondern an das Ethos der kognitiven, sozialen und moralischen Entwicklung des natürlichen Humanpotentials gebunden ist. Diese anthropozentrische Sicht ist keine Anmaßung und kein Hochmut gegenüber der nicht menschlichen Natur. Wir müssen aber lernen, daß wir Menschen es sind, die über die Zukunft entscheiden. Darum ist die Entfaltung unseres Humanvermögens, ist die Entwicklung von Selbst-, Sozial- und Sachkompetenz als Einheit, darum ist Subjektbildung unverzichtbar. In der Politik gebührt ihr oberster Rang, weil es um unser kostbarstes Produktivkraftpotential geht. Dies ist allerdings eine Ausformulierung oder Ausbuchstabierung von Gesellschaftlichkeit, die pädagogische Professionalität unverzichtbar macht.

Vom Subjektbezug her gedacht, läßt sich übrigens für die Aus- und Weiterbildung auch der Module-Gedanke akzeptieren. Steht er subjektbezogen doch in einer unauflöslichen Verschränkung von allgemeiner und besonderer Bildung, grundlegender und weiterführender Qualifizierung, ist er trotz individueller Kombinatorik unabweisbar an »Obligatoria« gebunden, wodurch einer Deregulierung vorgebeugt wird. Im skizzierten DGB-Vorschlag dienen die Module *der Flexibilisierung verkrusteter Curricula und nicht der Deregulierung des Systems. Zertifizierungen bleiben an die jeweilige Bildungseinrichtung gebunden.*

3. Bildungsbedarf und pädagogische Professionalität

3.1 Didaktische Orientierung an Gesellschaftlichkeit

Diejenige erziehungswissenschaftliche Teildisziplin, die sich mit der Umsetzung von Bildung und Qualifikation, Subjektorientierung und gesellschaftlichem Bedarf in Lehr- und Lernprozessen befaßt, ist die Didaktik. In der Erwachsenenbildung ist ihr Ansehen umstritten, nicht zuletzt deshalb, weil die Lerninhalte in der beruflichen Weiterbildung besonders stark Ambiguitäten auszugleichen haben. Damit sind Sinn-Polaritäten gemeint, wie sie für Lernen dort kennzeichnend sind, wo individuelle, allgemeine und partikulare gesellschaftliche Interessen auszutarieren sind. Ein Problem übrigens, welches das institutionelle Lernen überall dort kennzeichnet, wo es nicht ideologisch vereinnahmt werden kann und soll und wo dennoch abprüfbares Wissen und Können verlangt werden.

Die Didaktik stellt zur Förderung von Kompetenzentwicklung im Sinne von Subjektbildung ein spezielles Verfahren bereit. Es ist die *wissenschaftliche Exemplarik*. Oskar Negt (vgl. Negt 1975) hat sie erfolgreich in der Arbeiterbildung erprobt. Lisop und Huisinga (vgl. Lisop/Huisinga 1994) haben sie für andere Bildungsbereiche ausdifferenziert. Die »Arbeitsorientierte Exemplarik« fungiert als eine spezifische Kombination von Subjektbildungs- und Qualifizierungstheorie. Ihr liegt ein pädagogisches Verständnis zugrunde, bei dem es nie um bloßen Potentialerhalt der Ware Arbeitskraft, sondern immer um Entwicklung und Entfaltung des Humanvermögens zu neuen personalen Kompetenzebenen geht, die stets mit biographisch früheren Ebenen verbunden sind. Es geht um neues Wissen und Können im Verbund mit altem und mit Erfahrungsverarbeitung, vor allem solcher aus Arbeit, Wirtschaft und Politik. Die Instrumentarien der »Arbeitsorientierten Exemplarik« zielen darauf, den Prozeß der Stoffauswahl und -aufbereitung – genau das ist des Pudels Kern in der Didaktik – dadurch zu optimieren, daß die Faktoren der Inhalts- und Methodenseite sowie die Relevanzebenen der Lernenden zielbezogen dialogisch abgeklärt und intersubjektiv nachprüfbar determiniert werden. Überall dort, wo Lehr-/Lern-Prozesse beabsichtigt, gezielt und/oder organisational institutionalisiert verlaufen, kommt man nicht um die Auseinandersetzung mit den Lehr-/Lern-Gegenständen herum. Methodenrepertoires sind kein Ersatz für Inhalte: wo diese nicht Lehrplänen entnommen werden können, müssen sie ja teilnehmerInnen-orientiert »hergestellt« werden. Genau dieses beinhaltet die curriculare und didaktische Arbeit, auch wenn Autopoesis-Theorien anderes suggerieren (vgl. hierzu als Auseinandersetzung mit dem Konstruktivismus: Lisop/Huisinga 1996). Auch die durch die diversen technisch-ökonomischen Integrationsprozesse geforderte Interdisziplinarität (die man in fachlichen Lehrbüchern selten findet) kann nicht einfach den Lernenden überlassen bleiben.

Im folgenden wird nun unterstellt, daß sich auch in der Erwachsenenbildung die professionelle Identität stärker der Didaktik zuzuneigen beginnt. In der beruflichen Weiterbildung geht es ohnehin nicht anders.

Ohne didaktische Professionalität, speziell ohne Exemplarik dürfte es allerdings schwierig sein, kursspezifische Curricula bzw. Lehr-/Lern-Einheiten oder Arbeits- und Erkenntniseinheiten ohne Außenvorgaben und bei hochgradiger Dynamik der technisch-ökonomischen und der sozialen Prozesse zu entwickeln.

Qualifikationen sind immer ein Korrelationsgemenge von Wissens- und Denkformen, Fertigkeiten, Einstellungsmustern, Erfahrungen und kodifizierten bzw. nichtkodifizierten Ansprüchen. Selbst dort, wo erstere die Gestalt von Curricula, Ausbildungsordnungen oder Prüfungsordnungen annehmen, sind sie häufig genug Konstrukte, auf die man sich aus politischen Gründen als grobe, rahmenartige Leitlinie geeinigt hat, ohne daß dabei die

Realitätsnähe im Vordergrund stehen müßte. Diese herzustellen und zwischen Lerninhalten und Lernenden zu vermitteln, ist Teil der pädagogischen Professionalität. Auch dort, wo es um curricular noch nicht kodifizierte Aus- oder Weiterbildung geht, schließt die pädagogische Professionalität die Erstellung von Curriculum-Elementen ein. Dies wird oftmals falsch eingeschätzt, und es wird auf Vorgaben »von oben« gewartet.

3.2 Curriculumgestaltung als Aufgabe pädagogischer Professionalität

In den siebziger Jahren wurde mit Hilfe von Lernziel-Taxonomien versucht, exakt und standardisiert abprüfbare Lernzielvorgaben zu fixieren. Heute wissen wir, daß der technisch-ökonomische Wandel solche Fixierungen rasch überholt. Die Curricula müssen dynamisch sein. Zudem sind die Star-Qualifikationen wie Autonomie, Kreativität, Flexibilität und Entscheidungsfähigkeit auf reichliches Überschußwissen angewiesen. Dessen Fehlen nach Abschluß der Haupt- oder Realschule hat ja in der Berufsbildung überhaupt erst den Ruf nach Schlüsselqualifikationen so laut werden lassen. Die gesamte Diskussion um Schlüsselqualifikationen enthält insofern eine immer wieder neu zu beantwortende Frage. Es ist die nach dem Verhältnis von allgemeinem und besonderem Wissen und Können, nach der Kombination von sogenannter Funktionalität und Extrafunktionalität und nach der Einheit von Selbst-, Sach- und Sozialkompetenz (vgl. Kade). Wenn pädagogisch zu handeln »Ver-Mitteln« heißt, zwischen Subjekten, Subjekt und Welt und vom Subjekt zu sich selbst, dann besteht die curriculare bzw. didaktische Arbeit u.a. im Herstellen dessen, worüber das »Mitteln« sich realisiert; und das ist nichts anderes als die prozessuale didaktische Einheit von Zielen, Inhalten und Methoden des Lehr-/Lern-Prozesses. Didaktische Arbeit ist insofern eine spezifisch professionelle Produktions- und Gestaltungsarbeit. Deren Königsweg ist – es kann dies nicht genug betont werden – die zwischen Individuum und Gesellschaft differenziert vermittelnde Exemplarik. Jedoch: Schon in den fünfziger Jahren versandeten die Reform-Impulse, die von der Exemplarik ausgegangen waren (vgl. Lisop 1996). Ganz zu schweigen von den Angriffen, denen Negt ausgesetzt war.

Die Exemplarik sprengt nämlich nicht nur Fächergrenzen, sie vermittelt nicht nur zwischen Individuum und Gesellschaft, Biographie und Geschichte, Lebens- und Systemwelt, sie könnte pädagogischer Professionalität auch eine spezifische Unabweisbarkeit geben. Eine solche Unabweisbarkeit und die damit verbundene gesellschaftspolitisch gewichtige Stimme hat die Pädagogik bislang nicht gewonnen. Anders als »das Leben« und »die Gesundheit« ist Bildung nicht als Allgemeingut anerkannt, das es zu schützen gilt.

Didaktik, speziell Exemplarik, wirft somit die Frage nach Bildung als Allgemeingut auf. Im Vergleich dazu setzt das weiter oben skizzierte Konzept der Kompetenzbilanzen an die Stelle der allgemeinen Reproduktionsressource »Bildung« das zufällig akkumulierte Arbeitsvermögen. Es wird dem jeweiligen Bedarf des Kapitals entsprechend abgekauft.

Zur Ausformulierung von Gesellschaftlichkeit und von Lernvorstellungen und Lernformen gehört deshalb die Frage nach der gesellschaftspolitischen Beziehung von Autopoesis-Theorie, Neo-Liberalismus und Sozial-Darwinismus. Diese Frage läßt sich durchaus mittels wissenschaftlicher Analysen beantworten. Gestellt wird sie allerdings aufgrund von Werthaltungen. Auch sind es Wertentscheidungen, die darüber befinden, welche Schlußfolgerungen politisch aus wissenschaftlichen Analysen gezogen werden.

Literatur

Arbeitsgemeinschaft Qualifikations-Entwicklungs-Management Berlin (Hrsg.): Kompetenzentwicklung '97. Berufliche Weiterbildung in der Transformation – Fakten und Visionen. Münster 1997.
Arnold, R.: Von der Weiterbildung zur Kompetenzentwicklung. Neue Denkmodelle und Gestaltungsansätze in einem sich verändernden Handlungsfeld. In: Arbeitsgemeinschaft Qualifikations-Entwicklungs-Management Berlin (Hrsg.) (1997): Kompetenzentwicklung '97. Berufliche Weiterbildung in der Transformation – Fakten und Visionen. Münster 1997, S. 253–307.
Bürger, P.: Das Verschwinden des Subjekts. Eine Geschichte der Subjektivität von Montaigne bis Barthes. Frankfurt/M. 1998.
Deutscher Bundestag: Zukünftige Bildungspolitik – Bildung 2000. Schlußbericht der Enquête-Kommission des 11. Deutschen Bundestages und parlamentarische Beratung am 26. Oktober 1990. In: Zur Sache 90/20. Bonn 1990.
Drexel, I.: Die bilans de compétences – ein neues Instrument der Arbeits- und Bildungspolitik in Frankreich. In: Arbeitsgemeinschaft Qualifikations-Entwicklungs-Management Berlin (Hrsg.): Kompetenzentwicklung '97. Berufliche Weiterbildung in der Transformation – Fakten und Visionen. Münster 1997. S. 197–249.
Erpenbeck, J./Weinberg, J.: Menschenbild und Menschenbildung. Bildungstheoretische Konsequenzen der unterschiedlichen Menschenbilder in der ehemaligen DDR und in der heutigen Bundesrepublik. Münster/New York 1993.
Euler, D.: Modernisierung des dualen Systems. Problembereiche, Reformvorschläge, Konsens- und Dissenslinien. In: Bund-Länder-Kommission für Bildungsplanung und Forschungsförderung. Materialien zur Bildungsplanung und Forschungsförderung. H. 62. Bonn 1998.
Europäische Kommission: Weißbuch zur allgemeinen und beruflichen Bildung. Lehren und Lernen. Auf dem Weg zur kognitiven Gesellschaft. Brüssel/Luxemburg 1995.

Faulstich, P.: Kompetenz – Zertifikate – Indikatoren im Hinblick auf arbeitsorientierte Erwachsenenbildung. In: Arbeitsgemeinschaft Qualifikations-Entwicklungs-Management Berlin (Hrsg.): Kompetenzentwicklung '97. Berufliche Weiterbildung in der Transformation – Fakten und Visionen. Münster 1997. S. 141–196.

Gewerkschaft Erziehung und Wissenschaft Hessen/DGB Bildungswerk Hessen (Hrsg.): Die Politik mit der Weiterbildung. Frankfurt/M. 1991.

Küpper, W./Ortmann, G. (Hrsg.): Mikropolitik. Rationalität, Macht und Spiele in Organisationen. Opladen 1992.

Landesregierung Baden-Württemberg: Zukunftsperspektiven gesellschaftlicher Entwicklungen. Stuttgart 1983.

Landesregierung Baden-Württemberg: Weiterbildung – Herausforderung und Chance. Stuttgart 1984.

Lisop, I.: Technischer Wandel und Bildung. In: Zukünftige Bildungspolitik – Bildung 2000. Zwischenbericht der Enquête-Kommission des 11. Deutschen Bundestages »Zukünftige Bildungspolitik – Bildung 2000«. Hrsg. vom Deutschen Bundestag 1990. S. 325–340.

Lisop, I.: Exemplarik als bildungstheoretisches und didaktisches Prinzip an beruflichen Schulen. In: Bonz, B. (Hrsg.): Didaktik der Berufsbildung. Stuttgart 1996, S. 162–176.

Lisop, I.: Zur Rolle der Berufsbildung in den bildungspolitischen Reformgutachten der Bundesrepublik Deutschland. In: Arnold, R./Dobischat, R./Ott, B. (Hrsg.): Weiterungen der Berufspädagogik. Von der Berufsbildungstheorie zur internationalen Berufsbildung. Festschrift für Antonius Lipsmeier. Stuttgart 1997. S. 97–113.

Lisop, I./Greinert, W.-D./Stratmann, K. (Hrsg.): Gründerjahre der Berufsschule. Berlin und Bonn: Bundesinstitut für Berufsbildung 1990.

Lisop, I./Huisinga, R.: Arbeitsorientierte Exemplarik. Theorie und Praxis subjektbezogener Bildung. Frankfurt/M. 1994.

Lisop, I./Huisinga, R.: Arbeitsorientierte Exemplarik als universelle Theorie lebendigen Lernens. In: Arnold, R. (Hrsg.): Lebendiges Lernen. Hohengehren 1996, S. 142–161.

Negt, O.: Soziologische Phantasie und exemplarisches Lernen. Zur Theorie der Arbeiterbildung. Frankfurt/M./Köln 1975.

Negt, O.: Kindheit und Schule in einer Welt der Umbrüche. Göttingen 1997.

Pätzold, G. (Hrsg): Handlungsorientierung in der beruflichen Bildung. Frankfurt/M. 1992.

Roth, H. (Hrsg.): Begabung und Lernen. Ergebnisse und Folgerungen neuer Forschungen. Gutachten und Studien der Bildungskommission des Deutschen Bildungsrates Bd. 4. Stuttgart 1969.

III. »Aneignung«, »Vermittlung« und »Selbsttätigkeit« – Neubewertung erwachsenendidaktischer Prinzipien

Jochen Kade/Wolfgang Seitter

Der Begriff der ›Aneignung‹ gewinnt in erwachsenenpädagogischen Diskursen terminologisch, theoretisch und empirisch an Bedeutung. In entschiedener Abgrenzung zu Kategorien des Lehrens und Vermittelns, betont das Prinzip der Aneignung die Eigenleistung der Lernenden in (Erwachsenen-)Bildungsprozessen. Diese Differenzierung beschränkt sich nicht allein auf individualisierte Formen des Wissenserwerbs, sondern stellt pädagogische Intentionen und Handlungsstrategien grundsätzlich in Frage. Erwachsenenbildung verliert den Status einer in sich geschlossenen Einheit, die den Teilnehmenden gegenübersteht und deren Subjektwerdung entweder ermöglicht oder behindert. Sie bildet vielmehr einen möglichen Ausgangspunkt für nicht kontrollierbare, lebensweltlich und biographisch geformte Veränderungsprozesse. Das Wegfallen pädagogischer Wirksamkeitsideen muß jedoch nicht zwangsläufig zu professioneller Indifferenz führen. Theoretische Wege aus der Paradoxie von Bildungsanspruch und Autonomie zeigt der folgende Beitrag.

1. Von der Vermittlung zur Aneignung

Vermittlung, Aneignung und Selbsttätigkeit sind historisch und systematisch basale, ja, inzwischen schon gleichsam triviale Bezugspunkte des pädagogischen und erziehungswissenschaftlichen Diskurses über die Erwachsenenbildung, wenn auch in unterschiedlichen Verbindungen mit jeweils verschiedenen Gewichtungen und Bewertungen der einzelnen Elemente. So prägte – betrachtet man die jüngere Geschichte des erziehungswissenschaftlichen Diskurses über die Erwachsenenbildung – in den siebziger Jahren vor allem das Konzept »Vermitteln« als Inbegriff der auf der Interaktionsebene angesiedelten pädagogisch-professionellen Operationen, wie Lehren, Unterrichten, Beraten, den Blick auf den Gesamtkomplex der Erwachsenenbildung. In dieser Zeit reüssierte aber zugleich auch das selbstorganisierte Lernen als Gegenkonzept zur institutionell und professionell gesteuerten Erwachsenenbildung. Selbstorganisiertes Lernen wurde als gesellschaftspolitisch akzentuierte Alternative zur (institutionellen) Erwachsenenbildung vorgestellt, gleichzeitig aber auch mit weitergehenden Geltungsansprüchen als für die Zukunft der Bildung Erwachsener allein perspektivreiches Paradigma versehen. Wie verschränkt diese beiden Diskursstränge auch immer waren, spätestens seit den frühen achtziger Jahren verlieren sie langsam ihre theoretische Ausstrahlungskraft und Bedeutung für das erziehungswissenschaftlich formulierte Selbstverständnis der Erwachsenenbildung: ›Lehre‹ wird ein zunehmend »tabuisierter Begriff«, worauf Erhard Schlutz verschiedentlich hingewiesen hat (z. B. Schlutz 1991), während ›Selbstorganisation‹ in die zahlreichen, nunmehr den Diskurs bestimmenden Konzepte von alltäglicher und lebensweltlicher Erwachsenenbildung (vgl. etwa v. Werder 1980) einsickert und sich darin verliert. Was sich statt dessen seit den frühen achtziger Jahren entwickelt, ist ein neues Leitkonzept der Erwachsenenbildung, das an die Kategorie »Aneignung« anküpft, in mehr oder weniger deutlicher Abhebung von »Vermittlung«. Zwar ist »Aneignung« eine immer schon in der Konzipierung der Erwachsenenbildung mitlaufende Begrifflichkeit, aber nunmehr gewinnt diese pädagogische Grundkategorie terminologisch, theoretisch und in der empirischen Forschung an Gewicht (vgl. insbesondere Schmitz 1984; Schäffter 1995; Kade 1992, 1993, 1997a,b,c). Parallel zu diesem neuen Leitkonzept etabliert sich seit Ende der achtziger Jahre ein vornehmlich bildungspolitischer – das Aneignungskonzept ergänzender bzw. instrumentalisierender – Diskurs, der interessanterweise erneut auf Konzepte der Selbstorganisation, Selbststeuerung und Selbsttätigkeit rekurriert, allerdings in deutlich anderer Kontextuierung als in den siebziger Jahren: nämlich als Ausdruck der zunehmenden Ökonomisierung und Privatisierung der Erwachsenenbildung und der damit verbundenen (intendierten) Reduzierung einer öffentlich verantworteten Erwachsenenbildung.

2. Aneignungsperspektive

Es gibt zwei Sichtweisen auf die Erwachsenenbildung. Man kann sie (wie jedes soziale Handeln) von den Handlungssubjekten, d. h. den Teilnehmern und ihren Aneignungsaktivitäten her analysieren. Man kann sie aber auch von den institutionellen, organisatorischen und professionell bestimmten Vermittlungsstrukturen her analysieren. Institution und Subjekt, Vermittlung und Aneignung sind damit die zentralen Referenzpunkte der Erwachsenenbildungstheorie. Während aus der Vermittlungsperspektive die Operationen der gesellschaftlichen Institutionen, Organisationen oder Professionen im Vordergrund stehen, wird aus der Aneignungsperspektive Wissenserwerb als (individuelle) Eigenleistung des Subjekts begriffen.

Mit der Fokussierung auf die Aneignungsperspektive sind zwei theoretische Neuorientierungen verbunden, die in abstrakterer Form noch einmal die Differenz von Erwachsenenbildung und Bildung Erwachsener aufnehmen (vgl. Kade 1988). Zum einen geht es um die Unterscheidung von Aneignen und Vermitteln als zwei Formen wissensbezogener menschlicher Aktivitäten. Mit der betonten Rede von der Aneignung wird auf die Differenz von Lehren und Lernen verwiesen und das Lernen als gleichsam unabhängige Variable akzentuiert. Damit ist die Vorstellung verbunden, daß das Lernen nicht quasi automatisch aus dem Lehren folgt, sondern eine eigenständige Operation darstellt, die eine besondere pädagogische Aufmerksamkeit verlangt – gerade auch hinsichtlich einer um Verbesserung bemühten und dem Prinzip der Teilnehmerorientierung verpflichteten Lehre. Zum anderen kann mit der Betonung der Aneignungsperspektive jedoch auch ein weitergehender Blickwechsel verbunden sein. Das Aneignungskonzept steht in diesem Fall nicht nur für die Fokussierung auf einen neuen Thematisierungsbereich, nämlich den des Teilnehmers, sondern für einen Wechsel der Perspektive, aus der heraus Erwachsenenbildung thematisiert wird. Gerade für die Theorieentwicklung ist diese mit der Rede von ›Aneignung‹ verbundene Betonung einer inhaltlichen Differenz einschneidender als die Betonung der bloß formalen Differenz von Vermitteln und Aneignen.

Hintergrund dieses Perspektivenwechsels ist die durch empirische Studien zur Erwachsenenbildung[1] gestützte zeitdiagnostische These von der Autonomie der Aneignung gegenüber den pädagogischen Absichten, Intentionen und Handlungsstrategien. Gemeint ist damit, daß die Resultate von Erwachsenenbildung weniger durch institutionell-organisatorische Settings und pädagogisches Handeln der Kursleiter als vielmehr durch die Teilnehmer bestimmt sind, dies aber durchaus in Auseinandersetzung mit den in der Erwachsenenbildung vermittelten Themen und mit der Sozialform, in der diese Vermittlung geschieht. Die Aneigung der Erwachsenenbildung, d. h. das, was die Teilnehmer aus und durch die Erwachsenenbildungsveranstaltungen »mit nach Hause tragen«, was sich bei ihnen dadurch verändert, setzt somit zwar die Erwachsenenbildung voraus, aber ist nicht durch diese bestimmt, ja, kontrolliert, wie man unter Anwendung eines weichen Kausalitätsschemas etwas zugespitzt sagen könnte. Die Aneignung ist vielmehr lebensweltlich überformt und durch die Biographien der Teilnehmer gesteuert, gleichsam im Sinne einer biographischen Zweitprogrammierung der Erwachsenenbildung durch die Bildung Erwachsener.

---

1 Vgl. neben den Ergebnissen der Verwendungsforschung (Beck/Bonß 1989) Kade 1992; Kade/Seitter 1996; Nolda 1996. Zur entsprechenden medienwissenschaftlichen Diskussion vgl. Holly/Püschel 1994.

Diese theoretische Perspektive impliziert zum einen die Aufmerksamkeit für eine Pluralität der individuellen Aneignungsresultate eines institutionell eingebundenen pädagogischen Handelns, da ja die Biographien der Adressaten – und dies auch im Fall der Zielgruppenorientierung allen zunächst suggerierten Homogenitätsannahmen zum Trotz – in einer durch die Individualisierung von Lebensformen und Pluralisierung von Lebenslagen geprägten Moderne variieren. Zum anderen ist mit dem Aneignungskonzept die Anerkennung des Eigensinns der Aneignung gegenüber allen pädagogisch konstruierten Aneignungsmodi verbunden. Die Orientierung am Aneignungskonzept soll es also erlauben, die Erwachsenenbildungsresultate vorurteilsloser aus der Sicht der Erwachsenen zu betrachten, als dies durch eine pädagogische Brille möglich ist. Diese Sichtweise führt somit auch zu einer Erweiterung des Thematisierungshorizontes von Erwachsenenbildung. Das Interesse geht über die Frage der Aneignung von Wissen im Unterschied zur Vermittlung von Wissen hinaus. Es richtet sich, dieses Interesse übergreifend, auf die Aneignung des Gesamtzusammenhangs von Erwachsenenbildung. Diese wird nicht nur als kognitive, sondern als soziale Realität begriffen, innerhalb derer sich neben vielem anderem möglicherweise auch (vermitteltes) Wissen angeeignet wird, wenngleich diese Möglichkeit dort mit größerer Wahrscheinlichkeit auftritt als in alltäglichen, nicht-pädagogisch strukturierten Kontexten. Erwachsenenbildung verliert insofern den Status einer in sich geschlossenen kompakten Einheit, die den Erwachsenen gegenübersteht und ihre Subjektwerdung ermöglicht oder auch behindert. An die Stelle – Jürgen Wittpoth bringt die Befunde mehrerer empirischer Studien auf den Begriff – einer »ursprünglichen Lerninhalts- und Themenorientierung tritt eine Situations- und Subjektorientierung, die u.a. dem Erwerb bzw. dem Erhalt von Identität und der szenischen (Selbst-)darstellung von Informiertheit oder Betroffenheit dienen kann« (Wittpoth 1997, S. 58). Erwachsenenbildung wird somit zu einer (kleinen) sozialen Welt, in der Teilnehmer Wissen erwerben, aber sich auf sich selbst und die Welt im Sinne ihrer Subjektbildung auch auf andere Weise beziehen können. So können sie ihre Autonomie etwa durch Differenzbildung behaupten, wie Sigrid Nolda in ihrer Untersuchung der okkasionellen Erwachsenenbildung gezeigt hat:»Das Verhältnis zwischen Kursleitung und Teilnehmenden ist durch Ambivalenz geprägt: Kursleiterinnen und -leiter nehmen sich zurück und überlassen den Teilnehmenden Raum für ihre Selbstdarstellung, um dann doch durch mehr Souveränität zu ›gewinnen‹. Sie bedienen sich der Alltagssprache, um sich dann doch von den Lernenden abzusetzen. Die Teilnehmerinnen und Teilnehmer wiederum machen klar, daß sie den Kurs weniger als Möglichkeit des Lernzuwachses oder der Persönlichkeitsveränderung gebrauchen, sondern als Forum, um Fragmente erworbenen Wissens vorzuführen und Stücke ihrer persönlichen Entwicklung darzustellen. Hier tritt zweifellos ein Folgeproblem der gesellschaftlichen Individualisierung auf – wenngleich anders, als erwartet: Die Teilnehmenden führen ansatzweise ihre Biographie vor und benutzen den Kurs als Forum für eine rhetorische Präsentation ihrer Individualisierungsleistung« (Nolda 1997, S. 144).

Aus dieser mit dem Aneignungskonzept verknüpften theoretischen Perspektive werden also nicht die Lehr- und Vermittlungsintentionen als konstitutiv für die Erwachsenenbildung erachtet, in dem Sinne, daß das vermittelte Wissen nur jeweils in besonderer Weise individuell transformiert wird. Es wird vielmehr der Blick für ein breiteres Aneignungsspektrum geöffnet. Dieses reicht vom Lernen als der dem Lehren korrespondierenden Aktivität bis hin zur freien und eigenwilligen Nutzung der Aneignungsmöglichkeiten, die in der sozialen Realität angelegt sind. Welche praktischen Konsequenzen – auch für das professionelle Selbstverständnis – aus einer solchen»Aufweichung« der Erwachsenenbildung zu ziehen sind, ist mit solchen empirischen Veränderungen allerdings noch nicht entschieden.

Bildungstheoretisch bedeutet dieser Perspektivenwechsel, daß die an pädagogischen Intentionen gemessene ›Vernünftigkeit‹ der Aneignung nicht mehr vorausgesetzt wird, sondern eher die Kontingenz, der Eigensinn, ja die Irrationalität der Aneignung. Geklärt werden muß daher, was Kriterien vernünftiger Aneignung sind und wie sie möglich werden kann. M.a.W.: Zu erklären ist, warum Bildung, die semantische Formel vernünftiger Aneignung, als Resultat der Teilnahme an Erwachsenenbildungsveranstaltungen wahrscheinlicher ist als Nicht- bzw. Un-Bildung. Anders als im Mainstream des erziehungswissenschaftlichen Diskurses zur Erwachsenenbildung wird nicht von einer durch den Bezug auf das Subjekt symbolisierten Koinzidenz von pädagogischer und individueller Rationalität ausgegangen, geschweige denn von einer Kontrollierbarkeit der wachsenden Wirkungen von Erwachsenenbildung auf die Subjektkonstitution der Erwachsenen in modernen Gesellschaften, sondern von der Eigenwilligkeit und – so verstanden – der Subjektivität des Erwachsenen gegenüber der Erwachsenenbildung (vgl. Geißler/Kade 1983), und zwar nicht nur in Form des Widerstandes (vgl. Axmacher 1990) oder der Störung (vgl. Kade 1985), sondern auch in Form der (offen oder verdeckt dissenten) Teilnahme (vgl. Nolda 1992). Insofern als für die Eigenwilligkeit und den Eigensinn individueller Subjektivität pädagogische Vermittlungsaktivitäten auch Zumutungen sein können, lockert das *lernbezogene*, aber nicht *lernzentrierte* Aneignungskonzept auch noch einmal die Bindung von Vermittlung und Bildung. Es öffnet den Blick für die Möglichkeit einer inhaltlichen, nicht nur operativen Differenz zwischen einem durch pädagogische Vermittlung bestimmten und einem durch subjektive Aneignung geprägten Bildungsbegriff. Die gängige Rede, daß Erwachsenenbildung Selbsttätigkeit voraussetze und daß Bildung letztlich Selbstbildung sei bzw. Erwachsenenbildung in Selbstbildung überzugehen habe, oszilliert indes zwischen der Position der Erwachsenenbildung und der ihrer Adressaten. Sie spielt damit die institutionelle und (mögliche) kulturelle Differenz zwischen der Erwachsenenbildung und ihren Adressaten herab; mit den Worten von Pierre Bourdieu – den kulturellen Kampf um das, was individuell und sozial als Bildung anerkannt wird. Man kann das lernbezogene, aber nicht lernzentrierte Aneignungskonzept als theoretischen Ausdruck des Verfalls der Erwachsenenbildung weg von ihrer Definition als institutionell präformierte Lernaufgabe sehen, gleichsam als semantische Anpassung an eine derartige Verfallsgeschichte. Man kann es aber auch weniger institutions- als vielmehr subjektorientiert, damit letztlich bildungsorientiert interpretieren und dann als Entwurf eines Bezugsrahmens sehen, der die Erwachsenenbildung aus der Sicht der Erwachsenen zu analysieren erlaubt. Beobachtbar wird in einem solchen theoretischen Bezugsrahmen beispielsweise, wie Erwachsene unter den Bedingungen der Universalisierung des Lernens (genauer: der Lernerrolle als Schülerrolle) dem Lernen als Aneignungsmodus von Welt eine Form der ›intelligenten Selbstbeschränkung‹ (Offe 1989) geben – insofern nämlich, als sie sich der kulturellen Präsenz und dem Einfluß des Lernenmüssens in der Schülerrolle nicht über Ablehnung oder Widerstand entziehen, sondern das Aneignungsmuster des Lernens an die Aneignungslogik von Freizeit und Alltag assimilieren. Die Relativierung des Lernens in institutionellen Kontexten durch die Orientierung an freizeit- und alltagsbezogenen Kriterien wie Vergnügen, soziale Zugehörigkeit und Fortsetzung des Lebens (vgl. die Befunde in Kade/Seitter 1996, 1998) kann dann als eine – weniger radikale, dafür umso effektivere – Variante der Umsetzung des Rechts auf Nicht-Lernen interpretiert werden. Sie setzt des Prinzip des (lebenslangen) Lernens zwar nicht außer Kraft, bindet es jedoch an Kriterien, die – jenseits von Defizitannahmen oder Veränderungsnotwendigkeiten auf eine vorhersehbare Zukunft hin – ein genuines Moment der Subjektkonstitution in dem für moderne Gesellschaften typischen Prozeß lebenslangen Lernens ausmachen.

3. Pädagogisches Handeln unter den Bedingungen der Autonomie der Aneignung

Der Zusammenhang von Vermittlung und Aneignung ist aus didaktischer Sicht vor allem mit Hilfe der theoretischen Mittel des Radikalen Konstruktivismus von Rolf Arnold (und Horst Siebert) in einem Konzept der »Ermöglichungsdidaktik« entfaltet worden, das die Didaktik der Erwachsenenbildung vom Anspruch der Ermöglichung selbstbestimmter Aneignung her entwickelt (vgl. Arnold/Siebert 1995; Arnold 1996). Dieser Ansatz ist von Horst Dräger und Ute Günther (1997) wegen seiner heimlichen normativen Finalität mit großer Heftigkeit kritisiert und mit einem Plädoyer für die »Emanzipation der Methodik von der Didaktik« verbunden worden. Auch wenn diese Kritik von Arnold an den meisten Punkten mit guten Argumenten als unberechtigt zurückgewiesen worden ist (vgl. Arnold 1997), so verweist sie gleichwohl auf einen blinden Fleck in der den Aneignungsgedanken ernst nehmenden neueren didaktischen Reflexion. Ein blinder Fleck, den auch der Radikale Konstruktivismus hinterlassen hat, nämlich die Normfrage, die mit der (pädagogischen) Vermittlungsperspektive, wenn auch nicht unhintergehbar, so doch in der Perspektive pädagogischen Denkens und Handelns verknüpft ist.

Üblicherweise wird die Normfrage in den Erziehungswissenschaften auf drei unterschiedlichen Ebenen diskutiert: auf der Ebene der Vermittlung von Werten und Normen (Erziehungsthema), auf der Ebene der Begründung von Bildungszielen und -inhalten sowie auf der Ebene des normativen Gehalts der im Prozeß der Vermittlung verwendeten Vermittlungsformen. Auch in der Erwachsenenbildung sind – wie in der Pädagogik generell – alle drei Ebenen auffindbar, ohne daß sich die Erwachsenenbildung jedoch die normativen Implikate ihrer eigenen Operationen mit der nötigen Deutlichkeit eingestehen würde. So ist beispielsweise erziehungstheoretisch die Erwachsenenbildung durchaus nicht frei von (etwa gesellschaftspolitisch engagierten) Erziehungsambitionen, die von einer Bewußtseinsdifferenz zwischen Erwachsenenbildnern und ihren Adressaten, z. B. dem Volk, ausgehen: eine Bewußtseins- und damit letztlich auch Subjektdifferenz, die sich etwa beim Agieren in Kurssituationen beobachten läßt[2]. Trotz dieser erzieherischen Ansprüche ist Erziehung im Erwachsenenbildungsdiskurs kein Thema, im Gegenteil: Erwachsenenbildung gewinnt ihr Selbstverständnis gerade aus der Abgrenzung zur Schule und der mit ihr – tatsächlich oder angeblich – verknüpften Erziehungsaufgabe, begründet quasi axiomatisch durch die Setzung, daß ihre Adressaten ja Erwachsene, nicht Kinder oder Jugendliche seien[3]. Die Normfrage ist in der Erwachsenenbildung explizit allein durch das Bildungsthema, d. h. durch die Zieldimension von Erwachsenenbildung besetzt, während der normative Gehalt der Form, in der vermittelte Inhalte verbindlich gemacht bzw. in der Interaktion mit Verbindlichkeit vertreten und kommuniziert wer-

---

2 Vgl. auch als einen eher abgelegenen Fall die Analyse der Talkshow »Boulevard Bio« in Kade 1996.

3 Allerdings wird auch in der Schulpädagogik die Abkopplung der Frage des Unterrichts von der Erziehungsaufgabe, etwa von Jürgen Diederich oder Klaus Prange, vertreten, wodurch der prinzipiell behauptete Gegensatz zwischen Erwachsenenbildung und Schule weitgehend in sich zusammenfallen würde.

den, aus ihrem Selbstverständnis ebenfalls ausgeblendet bleibt. Mit der Nivellierung der Kluft zwischen Vermittlung und Aneignung verschwindet der normative Gehalt der Vermittlungs*form* entdifferenzierend im Prinzip der Teilnehmerorientierung und der Prämisse der Selbsttätigkeit, in dem Sinne, daß Erwachsenenbildung im Kern Selbstbildung sei; man könnte sagen, analog zur Rede vom »Ende der Erziehung« (Giesecke) und der in diesem Zusammenhang behaupteten bzw. geforderten Transformation des Erziehers zum Lernhelfer.

Vor dem Hintergrund der realen gesellschaftlichen Ausbreitung von Erziehungs(-ansprüchen) sowie der Universalisierung pädagogischer Denk- und Handlungsmuster ist es allerdings sowohl bildungspraktisch als erziehungswissenschaftlich unbefriedigend, von den normativen Implikaten von ›Vermittlung‹ bzw. von ›Lehre‹ als der mit (normativ wirksamen) Verbindlichkeitsansprüchen verknüpften Vermittlungsform stillschweigend abzusehen. Denn Lehre ist ja – in welcher Ausprägung auch immer – eine fundamentale Struktur von Erwachsenenbildung. Man kann daher nicht sagen, daß Lehre wie Erziehung nicht mehr bestehen, sondern nur, daß sie – aus unterschiedlichen Gründen – ihre fraglose Legitimität eingebüßt haben, wofür ihre Exkommunikation aus dem Diskurs ein nachdrücklicher Beleg wäre. Wenn Lehre aber bei gleichzeitigem Legitimationsverlust gesellschaftlich fortbesteht und sich sogar ausbreitet, dann stellt sich zumindest ein theoretisches, vielleicht auch ein praktisches Problem. Nämlich, wie läßt sich das Paradox theoretisch fassen und praktisch damit umgehen, daß Lehre existiert und zugleich nicht sein soll. Auf dieses Paradox gibt auch das Konzept der Ermöglichungsdidaktik keine befriedigende Antwort. Es überspielt dies eher, indem es von den gesellschaftlich-biographischen Kontexten abstrahiert, in dem Didaktik veranstaltet wird. Die Ermöglichungsdidaktik koppelt die didaktische Frage der Vermittlung von dem gesellschafts- und biographiebezogenen Thema der Rationalität der Bildung ab. Sie geht nicht – und das ist letztlich schon in ihrem Selbstverständnis als Didaktik angelegt – auf das Problem ein, das mit der gegenwärtigen Erfahrung der *Gegebenheit von Lehre und Erziehung* als Formen der Einwirkung bzw. der Vermittlung sowie mit ihrem *gleichzeitigen Fragwürdigwerden*, ihrer gesellschaftlichen Delegitimation und theoretischen Dekonstruktion in der Moderne zu tun hat.

Aber – so könnte man, so muß man fragen – gibt es jenseits von oder auch in Anschluß an die avancierteste Form didaktischer Reflexion, wie sie im Konzept der Ermöglichungsdidaktik gegenwärtig präsentiert wird, eine alternative Anknüpfung an das Aneignungskonzept, die das in der Erwachsenenbildung – auch bei Arnold/Siebert – zurückgebliebene latente Unbehagen am Eigensinn der Aneignung anders unter Vermittlungsaspekten diskutiert und sich dabei mit dem gegenwärtig in einer hochgradig individualisierten Gesellschaft neu erwachten Interesse an der (sozial) strukturierenden Funktion der Lehre und an den durch sie gesetzten bindenden Ordnungen auseinandersetzt, ohne in die Sichtweise der traditionellen, mit Belehrungsansprüchen operierenden Pädagogik zurückzufallen? Läßt sich möglicherweise sogar – eine Frage von Jürgen Oelkers aufnehmend – »die Mutmaßung rechtfertigen, auch postmoderne Kulturen könnten zynische Strategien der Erziehung vermeiden?« (Oelkers 1997, S. 259).

Die traditionelle normativ fundierte Setzung – und diese Prämisse besteht in der Praxis in Gestalt der Allmachtsfiktion etwa von Kursleitern (vgl. Kade 1985; Geißler 1994) – geht davon aus, daß es – anders als im Falle des Künstlers, der die Aneignung seiner Werke mit deren Fertigstellung und Veröffentlichung für eine interessierte Öffentlichkeit freigibt – keinen Erwachsenenbildner gibt, dem es gleichgültig sein kann, ob das, was er seinen Teilnehmern an Wissen, Können und Werten – in welcher Form auch immer – vermittelt, von diesen in der erwarteten Weise angeeignet wird. Erwachsenenbildner wie Pädagogen generell können »Ironie nur begrenzt zulassen« (Oelkers 1997, S. 258). Sie müssen ein Interesse daran haben, zu steuern und zu kontrollieren, daß der Stoff, das Wissen, die Werte und das Können, die sie vermitteln, auch (richtig) gelernt werden, sonst müßten sie ihre Überflüssigkeit unterstellen, d. h. den Unterschied zwischen dem, was sie machen, und dem Selbstlernen bzw. der Sozialisation aufheben. Und ebenso wenig kann es dem Erwachsenenbildner – so die traditionelle Sicht – gleichgültig sein, ob die Adressaten seiner Bemühungen mit dem Gelernten etwas Sinnvolles in ihrem Leben anfangen oder es vielleicht schon kurz nach dem Kurs wieder vergessen. Der Horizont der Erwachsenenbildner reicht daher über das Kursende und über den Raum hinaus, der ihren pädagogischen Interventionen zugänglich ist. Sie unterstellen – wenn schon nicht ein Kausalverhältnis – so doch zumindest eine positive Korrelation zwischen ihrem Handeln und den Biographien der Adressaten. Wenn sich diese traditionelle pädagogische Grundannahme aber mit der empirisch analysierten und moralisch legitimierten Autonomie der Aneignung der Erwachsenenbildungsangebote durch die Teilnehmer nicht (mehr) vereinbaren läßt, was folgt daraus? Impliziert das damit indizierte Anerkennungsvakuum nicht nur Unbestimmtheit und Folgenlosigkeit erwachsenenbildnerischen Handelns, sondern darüberhinaus auch noch die moralische Unvertretbarkeit pädagogischer Intentionalität, also eine Delegitimation der Erwachsenenbildner und ihre Herabsetzung zu Dienstleistern für den als Kunde sich verhaltenen Teilnehmer, damit letztlich die Überlassung der Erwachsenenbildung an die Aneignungsdynamik der Teilnehmer? Oder kann die Erwachsenenbildung – anders gewendet – etwa mit einer Differenz von professionell vertretenem Bildungsanspruch und individueller Aneignungspraxis »leben«, in der

Weise, daß sie sich darauf beschränkt, ein Angebot zu machen, das dann in unterschiedlichster Weise angeeignet, genutzt wird?

Ein Stück weit lassen sich diese Fragen durch die Einführung und Nutzung der (theoretischen) Unterscheidung zwischen Vermittlungsoperationen und Vermittlungssubjekt und einer dadurch möglichen Neukombination von Didaktik und Biographie beantworten. Didaktische Konzeptionen blenden diese Differenz meist aus oder lösen das Vermittlungssubjekt in den Vermittlungsoperationen auf bzw. instrumentalisieren es für diese Funktion[4]. Mit der hier vorgeschlagenen Unterscheidung von Handlungssubjekt und seinen Operationen hat man jedoch einen theoretischen Rahmen geschaffen, um das Verhalten des Vermittlers zu seinen Vermittlungsoperationen näher zu beobachten. Man kann Umgangsformen des Vermittlers unterscheiden. Die Varianzen, die dabei in den Blick kommen, reichen vom zynischen Verhältnis als dem empirischen Grenzwert auf der einen Seite über ästhetische und reflexive Verhältnisformen bis hin zur naiv-traditionellen Identifikation mit den Vermittlungsoperationen als dem empirischen Grenzwert auf der anderen Seite. Der Typus des Erwachsenenbildners als einer in sich gebrochenen Figur, die einerseits intentional zielstrebig handelt, andererseits aber den Erfolgen wie Mißerfolgen dieses Handelns gleichermaßen gelassen gegenübersteht, könnte kennzeichnend für eine reflexiv werdende Moderne sein[5]. Der auf Steuerung der Aneignung insistierende Erwachsenenbildner wäre demgemäß nur der normative Sonderfall in einer Moderne, deren kultureller Entzauberungsprozeß auch nicht mehr vor dem (professionellen) Erwachsenenbildner als dem gleichzeitigen Produkt und Produzenten ebendieser Moderne Halt macht.

Unterscheidet man unterschiedliche kognitive, normative und evaluative Typen generalisierter Handlungsorientierungen von Erwachsenenbildnern, so ließen sich etwa unterschiedliche Modi der Gewißheitsgewinnung über den Erfolg des Handelns identifizieren (vgl. auch Nittel 1998). Im einen Fall würden die Institutionen der Erwachsenenbildung mit ihren normativen Voraussetzungen als fraglos und selbstverständlich akzeptiert werden und somit den Erfolg verbürgen. Im anderen Fall basierte der Erfolg auf der pädagogischen Methode und schließlich könnte die Gewißheitserfahrung auf den Kurspraktiken und dem direktem Kontakt zu den Teilnehmern beruhen. Variationen ergeben sich auch bezüglich der Ebenen, auf denen der normative Anspruch der Erwachsenenbildner liegt. Die Erwartung bestimmter Aneignungsoptionen auf der Zielebene ist ja nur eine mögliche Ebene. In Betracht kommen kann auch die Ebene der

---

4   Möglich wäre auch die Forderung nach Abstraktion der Methode vom Vermittlungssubjekt (vgl. Luckas 1998).

5   Zur Diagnose der Reflexivität vgl. so unterschiedliche Zeitdiagnostiker wie Ulrich Beck, Scott Lash und Pierre Bourdieu.

Auswahlbegründungen von Inhalten und Methoden. Pädagogische Professionalität bestünde unter diesem Aspekt darin, daß Erwachsenenbildner ihre eigenen Vorentscheidungen preisgeben und begründbare Kriterien angeben können, nach denen sie ihre Lehre strukturieren.

Eine andere Perspektive der Auflösung der Paradoxie erwachsenenbildnerischen Handelns unter den Bedingungen autonomer Aneignung eröffnet die theoretische Strategie der Kontextualisierung, die es ermöglicht, Erwachsenenbildungskontexte und -situationen unter inhaltlichen, sozialen und zeitlichen Aspekten zu unterscheiden; etwa, was das Prinzip der Freiwilligkeit oder der (temporären) Autorität von Kursleitern angeht. Es wird dann zu einer empirisch zu bearbeitenden Frage, inwieweit sich jeweils pädagogisch begründete und biographisch begründete Ziele unterscheiden bzw. in welchem Verhältnis die in den Vermittlungsoperationen implizierten virtuellen Aneignungsoperationen zu den realen, den aktualisierten Aneignungsoperationen der Teilnehmer stehen. Es ist anzunehmen, daß man auch weiterhin auf Typen von Erwachsenenbildnern treffen wird, in denen noch der traditionelle Lehrer mit seinen starken Wirkungsannahmen fortbesteht, ohne daß diese nachhaltig durch das Agieren der Teilnehmer gestört bzw. korrigiert werden. In diesem Fall ließe sich das Lernen durchaus als komplementäre Form des Lehrens begreifen. Aber solche Fragen wären, wie gesagt, empirisch zu beantworten und nicht theoretisch vorzuentscheiden. Zeitdiagnostisch interessant wäre dabei die Frage, ob es Anzeichen dafür gibt, daß ein Oszillieren zwischen der Identifikation mit der Vermittlungsperspektive und deren Infragstellung zur Normalität des modernen pädagogischen Habitus gehört.

Die Betonung der Differenz, ja, einer Kluft zwischen Vermittlung und Aneignung muß also keineswegs moralisch-politische Unverbindlichkeit und professionelle Indifferenz, damit das Ende professioneller Vermittlungsanstrengungen und -ambitionen zur Folge haben. Sie bricht allerdings mit einer Reihe von pädagogischen Selbstverständlichkeiten: zum einen mit der ausschließlichen Orientierung am Erwachsenenbildner und seiner Perspektive; zum anderen mit der Vorstellung der pädagogischen Gestaltbarkeit individueller, dem Muster linearer Entwicklungen folgender Aneignungsprozesse; und schließlich mit der Vorstellung, daß für das Handeln von Erwachsenenbildnern eine naiv-normative Perspektive konstitutiv ist. Die durch die Unterscheidung von Vermittlung und Aneignung gekennzeichneten offeneren Konzepte und theoretischen Strategien ermöglichen es, sich im Feld der Erwachsenenbildung andeutende Veränderungen zu beschreiben. Sie forcieren den Blick auf eine Pluralität der Rationalitäten sowohl im Verhältnis von Pädagogen und Teilnehmern als auch im Verhältnis von Vermittlungs- und Aneignungskontexten. Und sie sind anschlußfähig an sozialwissenschaftliche Theoriekonzepte, wie etwa die in der Soziologie unter Bezugnahme auf systemtheoretische Gesellschaftsanalysen diskutierten »Akteursfiktionen«. In der Zusammenfassung von Uwe Schimank: »Als sinnhafte Zusammenhänge generalisierter evaluativer, normativer und kognitiver Orientierungen sind gesellschaftliche Teilsysteme simplifizierende Abstraktionen der Kontingenz konkreter sozialer Situationen. Diese simplifizierenden Abstraktionen werden von den gesellschaftlichen Akteuren als kontingenzbestimmende Fiktionen genutzt, wobei die Kontingenzbestimmung nicht erst in der distanzierten Beobachtung, sondern projektiv bereits in der Situationsgestaltung selbst stattfindet. Die Antizipation der Fiktion des jeweiligen gesellschaftlichen Teilsystems durch die in eine konkrete soziale Situation involvierten Akteure führt zu einer Fiktionalisierung der Situation im Sinne einer Annäherung an die abstrakte Handlungslogik des gesellschaftlichen Teilsystems. Dies wiederum bestätigt die Adäquanz der Fiktion, wodurch die Fiktionalisierung entsprechender sozialer Situationen beibehalten werden kann« (Schimank 1988, S. 636). Ergänzend wäre dieser Verknüpfung von gesellschaftlichem Teilsystem und professionellem Handeln indes hinzuzufügen, daß auf der individuellen Ebene der Adressaten bzw. Teilnehmer mit der Idee autonomer Aneignung, der Idee von Selbstbildung und selbsttätig angeeigneter Bildung zugleich eine weitere Differenz zur gesellschaftlich-institutionell bestimmten pädagogischen Handlungslogik innerhalb der Erwachsenenbildung etabliert ist.

Literatur

Arnold, R.: Weiterbildung. Ermöglichungsdidaktische Grundlagen. München 1996.

Arnold, R.: Die Emergenz der Kognition. Skizze über Desiderata der Erwachsenendidaktik. In: Derichs-Kunstmann, K./Faulstich, P./Tippelt, R. (Hrsg.): Enttraditionalisierung der Erwachsenenbildung. Frankfurt/M. 1997, S. 130–143.

Arnold, R./Siebert, H.: Konstruktivistische Erwachsenenbildung. Hohengehren 1995.

Axmacher, D.: Widerstand gegen Bildung. Zur Rekonstruktion einer verdrängten Welt des Wissens. Weinheim 1990.

Beck, U./Bonß, W. (Hrsg.): Weder Sozialtechnologie noch Aufklärung? Analysen zur Verwendung sozialwissenschaftlichen Wissen. Frankfurt/M. 1989.

Beck, U./Giddens, A./Lash, S: Reflexive Modernisierung. Eine Kontroverse. Frankfurt/M. 1996.

Dräger, H./Günther, U.: Die Emanzipation der Methodik von der Didaktik. In: Derichs-Kunstmann, K./Faulstich, P./Tippelt, R. (Hrsg.): Enttraditionalisierung der Erwachsenenbildung. Frankfurt/M. 1997, S. 116–130.

Geißler, Kh.A.: Anfangssituationen. Weinheim/Basel 6 1994.

Geißler, Kh.A./Kade, J.: Die Bildung Erwachsener. Perspektiven einer subjektivitäts- und erfahrungsorientierten Erwachsenenbildung. München/Wien/Baltimore 1982.

Holly, W./Püschel, U. (Hrsg.): Medienrezeption als Aneignung. Opladen 1994.

Kade, J.: Gestörte Bildungsprozesse. Empirische Untersuchungen zum pädagogischen Handeln und zur Selbstorganisation in der Erwachsenenbildung. Bad Heilbrunn 1985.

Kade, J: Pädagogische Situation – Bildung Erwachsener – Subjektive Aneignung. In: Literatur- und Forschungsreport Weiterbildung 21 (1988), S. 9–25.

Kade, J: Erwachsenenbildung und Identität. Eine empirische Studie zur Aneignung von Bildungsangeboten. Weinheim 2 1992 (1989).

Kade, J.: Aneignungsverhältnisse diesseits und jenseits der Erwachsenenbildung. In: Zeitschrift für Pädagogik 39 (1993), H. 3, S. 391–408.

Kade, J.: Einrichtungen der Erwachsenenbildung. In: Lenzen, D. (Hrsg.): Erziehungswissenschaft. Ein Grundkurs. Reinbek bei Hamburg 1994, S. 477–495.

Kade, J.: Das Modell »Boulevard Bio«. In: Grundlagen der Weiterbildung. Neuwied 1996, S. 1–14.

Kade, J.: Entgrenzung und Entstrukturierung. Zum Wandel der Erwachsenenbildung in der Moderne. In: Derichs-Kunstmann, K./Faulstich, P./Tippelt, R. (Hrsg.): Enttraditionalisierung der Erwachsenenbildung. Frankfurt/M. 1997a, S. 13–31.

Kade, J.: Vermittelbar/nicht-vermittelbar: Vermitteln: Aneignen. Im Prozeß der Systembildung des Pädagogischen. In: Lenzen, D./Luhmann, N. (Hrsg.): Bildung und Weiterbildung im Erziehungssystem. Lebenslauf und Humanontogenese als Medium und Form. Frankfurt/M. 1997b, S. 30–70.

Kade, J: Von einer Bildungsinstitution zur Infrastruktur subjektiver Lebensführung – Teilnehmer- und aneignungstheoretische Sichten der Erwachsenenbildung. In: Brödel, R. (Hrsg.): Erwachsenenbildung in der Moderne Diagnosen, Ansätze, Konsequenzen. Opladen 1997c, S. 300–316.

Kade, J./Seitter, W.: Lebenslanges Lernen. Mögliche Bildungswelten. Erwachsenenbildung, Biographie und Alltag. Opladen 1996.

Kade, J./Seitter, W.: Bildung – Risiko – Genuß. Dimensionen und Ambivalenzen lebenslangen Lernens in der Moderne. In: Brödel, R. (Hrsg.): Lebenslanges Lernen – lebensbegleitende Bildung. Neuwied/Kriftel 1998, S. 51–59.

Luckas, H.: Die Methodenreflektion in Schule und Erwachsenenbildung, Bad Heilbrunn 1995.

Nittel, D.: Was macht professionelles pädagogisches Handeln in der (modernen) Erwachsenenbildung »erfolgreich«? In: Pädagogisches Forum (1998) (im Druck).

Nolda, S.: Lernen unter Vorbehalt. Anmerkungen zum Verhalten notorischer Teilnehmer. Frankfurt/M. 1992 (Manuskr.).

Nolda, S.: Interaktion und Wissen. Eine qualitative Studie zum Lehr-/Lernverhalten in Veranstaltungen der allgemeinen Erwachsenenbildung. Frankfurt/M. 1996.

Nolda, S.: Lehren und Lernen unter den Bedingungen von Unverbindlichkeit und Autoritätsverlust. In: Brödel, R. (Hrsg.): Erwachsenenbildung in der Moderne Diagnosen, Ansätze, Konsequenzen. Opladen 1997, S. 130–146.

Oelkers, J.: Allgemeine Pädagogik. In: Fatke, R. (Hrsg.): Forschungs- und Handlungsfelder der Pädagogik. Weinheim/Basel 1997, S. 237–267 (= Zeitschrift für Pädagogik, 36. Beiheft).

Offe, C.: Fessel und Bremse. Moralische und institutionelle Aspekte »intelligenter Selbstbeschränkung«. In: Honneth, A./Mc Carthy, Th./Offe, C./Wellmer, A. (Hrsg.): Zwischenbetrachtungen. Im Prozeß der Aufklärung. Jürgen Habermas zum 60. Geburtstag. Frankfurt/M. 1989, S. 739–774.

Schäffter, O.: Bildung als kognitiv strukturierende Umweltaneignung. In: Derichs-Kunstmann, K./Faulstich, P./Tippelt, R.(Hrsg.): Theorien und forschungsleitende Konzepte der Erwachsenenbildung. Beiheft zum Report 1995, S. 55–62.

Schimank, U.: Gesellschaftliche Teilsysteme als Akteursfiktionen. In: Kölner Zeitschrift für Soziologie und Sozialpsychologie 40 (1988), H., S. 619–639.

Schlutz, E: Lehr-Lernforschung. In: Grundlagen der Weiterbildung. Praxishilfen. Neuwied 1991.

Schmitz, E.: Erwachsenenbildung als lebensweltbezogener Erkenntnisprozeß. In: Schmitz, E./Tietgens, H., Erwachsenenbildung. (Enzyklopädie Erziehungswissenschaft, Bd. 11). Stuttgart 1984, S. 95–123.

Von Werder, L.: Alltägliche Erwachsenenbildung. Neuwied 1980.

Wittpoth, J.: Belastung und Ressource. Zum Stellenwert theoriegeleiteter Reflexionen für die Praxis der Weiterbildung. In: Literatur- und Forschungsreport Weiterbildung 40 (1997), S. 57–65.

IV. Lernen im Prozeß der Arbeit – zur Ausdifferenzierung arbeitsintegrierter Lernkonzepte

Matthias Trier

Die Ausdifferenzierung des arbeitsintegrierten Lernens wird als Ausdruck der Modernisierungsprozesse in den Unternehmen verstanden. Durch die Wiederannäherung von Arbeitsfeld und Lernfeld sollen die Transferwege verkürzt und eine stärkere Nutzung des Gelernten in der Arbeit erreicht werden. Lernförderlich ist dieses Konzept, wenn es sich an vollständigen, wenig standardisierten und häufig variierenden Arbeitsaufgaben orientiert. Neu entwickelte Formen arbeitsintegrierten Lernens tendieren in diese Richtung, quantitativ sind sie in der betrieblichen Realität noch unterrepräsentiert. Es dominieren traditionelle Formen, die den Beschäftigten nur geringe Gestaltungsspielräume anbieten und die Funktionalisierung für einzelne Arbeitsverrichtungen ungenügend aufbrechen. Für die weitere Entwicklung ist zu beachten, daß persönlichkeitsfördernde Formen des arbeitsintegrierten Lernens in neu entstehenden Tätigkeitsfeldern wie modernen Dienstleistungen und im Non-Profit-Sektor besonders zunehmen. Das Anwachsen des arbeitsintegrierten Lernens ersetzt nicht die traditionellen Lehrveranstaltungen der betrieblichen Weiterbildung. In der Tendenz entwickelt sich ein funktionsadäquateres Zusammenspiel zwischen ihnen.

1. Gesellschaftliche Modernisierung und veränderte Strategien arbeitsbezogenen Lernens

Seit einigen Jahren ist die betriebliche Weiterbildung in einem tiefgreifenden Wandel begriffen, der ihre Ziele, ihre Inhalte, die Art und den Umfang der Teilnahme sowie die Formen und Methoden des Lernens gleichermaßen erfaßt hat. Der quantitativen Erweiterung (vgl. Weiß 1994; Berichtssystem Weiterbildung 1996) folgen qualitative Veränderungen der Stellung und Organisation des Lernens im Betrieb. Angestoßen und vorangetrieben werden sie vor allem durch Bedingungen, die außerhalb von Weiterbildung und erwachsenenbildnerischer Theorie zu suchen sind. Unter dem Druck des weltweiten Wettbewerbs, der fortschreitenden Globalisierung der Märkte, rascher technischer und technologischer Fortschritte gestalten sich die Unternehmen um. Die neuen Unternehmenskonzepte sind auf flexible Organisationsformen, flache Hierarchien, ausgeprägte Kundenorientierung gerichtet. Mehr und mehr werden Unternehmen als selbstorganisierende Systeme verstanden, streben danach, zu lernenden Organisationen zu werden (vgl. Meyer-Dohm 1991). Die Verstärkung des arbeitsintegrierten Lernens innerhalb der arbeitsbezogenen Lernkonzepte kann nicht nur als Ausweitung und Ausdifferenzierung individueller Lernprozesse verstanden werden, sondern ist eingebettet in das Organisationslernen des Unternehmens. Suche nach ständiger Optimierung von Arbeitsvollzügen, inneren und äußeren Planungsprozessen, Marktstrategien, verlangt Handlungskompetenz zunehmend größerer Mitarbeitergruppen, im Idealfall aller Mitarbeiter.

Organisationslernen kommt als Lernen von Individuen, Gruppen und der ganzen Organisation zustande (vgl. Geißler 1995, S. 7 ff.). Alle Seiten wirken unablässig aufeinander zurück, ohne lernende Mitarbeiter und Gruppen kann die Organisation nicht lernen.

Die Folgen für die Beschäftigten sind ambivalent. Auf der einen Seite steigt der Rationalisierungsdruck, umfangreiche Freisetzungen von Arbeitskräften erfolgen, die Branchenstruktur und die Beschäftigtenzahlen verändern sich dramatisch, zahlreiche bisherige »Lebensberufe« bilden keine Grundlage mehr für Erwerbstätigkeit, grundhafte Umorientierung der Betroffenen mit höchst ungewissen Erfolgsaussichten für Weiterbeschäftigung oder einen Wiedereinstieg in den Arbeitsmarkt ist erforderlich. Arbeitsbezogenes Lernen erfolgt unter zunehmendem Risiko und bei wachsender Instabilität von Erwerbsarbeitsverhältnissen nicht nur für Menschen mit qualifikatorischen Defiziten, sondern auch für gut qualifizierte Personen.

Neben dem Abbau erfolgt ein Umbau der Beschäftigtenstruktur, ein Zurückdrängen einfacher, wenig qualifizierter Arbeiten, eine teilweise Aufgabe rigider Arbeitsteilung, dafür Erhöhung der Komplexität der Tätigkeiten der Arbeitskräfte, ihrer Flexibilität und Eigenverantwortung. Bisher getrennte Arbeitsfunktionen werden stärker ganzheitlich reorganisiert, die Selbststeuerung und Eigenverantwortung für den Bereich und seine Vernetzung mit anderen sind nicht zu übersehen.

An diesen Stellen der Produktion nimmt qualifizierte Facharbeit neue Züge an, die mit den Begriffen des »Systemregulierers« und des »Problemlösers« (Baethge, Baethge-Kinsky, Kupka 1998, S. 86) gekennzeichnet wird. Wachsende individuelle Handlungsspielräume, steigende Möglichkeiten und Notwendigkeiten von Selbstorganisation und Selbstkontrolle erfordern ein ihnen entsprechendes Lernen. Im Unterschied zum traditionellen Facharbeiter entsteht ein breiteres berufliches Profil mit wachsenden theoretischen und sozial-kommunikativen Anteilen.

Diese Entwicklung bleibt nicht ohne Konsequenzen für das betriebliche Lernen. Lernen für die Tätigkeit und in der Tätigkeit wird in der Tendenz Bedingung für Beschäftigungsverhältnisse, vor allem dort, wo der Innovationsdruck groß ist. Bisher bewährte Muster der Anpassung von Qualifikationen an veränderte Technik und Technologie decken nur noch einen Teil der Weiterbildungsaufgaben ab. Andere Bestandteile wie der Ausbau der sozialen Interaktionsfähigkeit – mit Mitarbeitern, Vorgesetzten, Lieferanten, Kunden –, die Befähigung zur Beherrschung nichtstandardisierter Situationen, die Wahrnehmung von Eigenverantwortung, die Befähigung zur Selbstkontrolle treten in den Vordergrund. An die Stelle des Abarbeitens zugewiesener standardisierter Aufgaben tritt – allerdings bis heute erst für einen Teil der Beschäftigten – ein Denken und Handeln in vernetzten Systemen mit steigendem und wechselndem Kommunikations- und Kooperationsbedarf. Nicht mehr die Teilfunktion Arbeitskraft ist gefragt, sondern der Mitarbeiter soll als Gesamtpersönlichkeit in das Unternehmenskonzept eingebunden werden. Unter dieser Blickrichtung wird das arbeitsbezogene Lernen weiter ausdifferenziert. Im Mittelpunkt stehen nicht mehr der Erwerb oder die Modernisierung einer berufsspezifischen Qualifikation, wichtiger wird in der Tendenz die fortwährende Optimierung von Handlungskompetenz für wechselnde Arbeitssituationen, die komplexer werden, in denen neben Fach- und Methodenkompetenz auch personale und soziale Kompetenz gefragt sind. Die Öffnung des Lernens vom Kenntnis- und Fertigkeitserwerb zur Entwicklung einer solch weiten Verhaltensregulationsdisposition wie sie Kompetenz darstellt, ist mit zwar auf die Arbeit bezogenen, aber vom Arbeitsort und Arbeitsprozeß getrennten lehrgangsförmigen Maßnahmen allein nicht zu erreichen. Betriebliches Lernen wird in neuer Weise mit dem Arbeitsprozeß verbunden und in die Arbeit zurückverlagert. Lernen in der Arbeit dominierte, historisch betrachtet, über lange Abschnitte der Produktionsgeschichte. Die Trennung von beruflicher Arbeit und Lernen war eine Folge der rigiden tayloristischen Arbeitsteilung, durch die vor allem die großindustrielle Produktion über Jahrzehnte gekennzeichnet war. Heute wird diese Trennung tendenziell zurückgenommen.

Von den Unternehmen wird die betriebliche Weiterbildung besonders seit Anfang der neunziger Jahre umorientiert. Sie wird in ein Gesamtkonzept Personalentwicklung eingeordnet (vgl. Götz 1997, S. 97 f.), ist verstärkt betriebswirtschaftlichen Überlegungen unterworfen und soll sich dem Wettbewerb auf dem Markt aussetzen (vgl. Staudt/Meier 1996). Diese Veränderungen gehen nur teilweise mit erwachsenenbildnerischen Intentionen konform.

Es sind Spannungen zu erkennen zwischen der Absicht, die Potentiale der Mitarbeiter zu entwickeln, Mitgestaltungsmöglichkeiten sowie Eigenverantwortung zu stärken, Kreativität zu fördern und Versuchen, Lehr-

und Lernprozesse auf ökonomisch kalkulierte Input-Output-Relationen zu reduzieren.

Die gravierenden Veränderungen in der Praxis haben nicht nur die erwachsenenbildnerische Reflexion über das Lernen für die Arbeit und in der Arbeit herausgefordert, auch die Lern-, Arbeits- und Organisationspsychologie, Arbeitswissenschaft, Betriebswirtschaft, Personalwirtschaft und andere nehmen sich des Lernens im Betrieb und in der Arbeit aus der Sicht ihrer Fachdisziplinen an (vgl. Geißler 1995; Kompetenzentwicklung '96), wobei teilweise technokratische Wirkprinzipien postuliert wurden, mit denen nichteinlösbare Machbarkeitsillusionen (vgl. Arnold 1995, S. 7) heraufbeschworen wurden.

Nicht zuletzt wurde die Diskussion zum Lernen in der Arbeit durch die Erfahrungen des Transformationsprozesses in den neuen Bundesländern angeregt (vgl. Baethge/Andretta/Naevecke/Roßbach/Trier 1996; Dobischat/Lipsmeier/Drexel 1996; Staudt u. a. 1996). Vor allem aus dem Mißlingen der großangelegten außerbetrieblichen Weiterbildungsoffensive, die keineswegs optimale Bedingungen für den Wiedereintritt in den extrem geschrumpften Arbeitsmarkt schaffen konnte, wurde die Notwendigkeit des verstärkten Lernens im realen Arbeitsprozeß herausgehoben.

Neu zu bestimmen ist, was Lernen im Arbeitsprozeß leisten kann und wie die Beziehungen zu Lernprozessen zu gestalten sind, die getrennt vom Arbeitsplatz stattfinden.

Verschwindet unter diesen Vorzeichen die organisierte betriebliche Weiterbildung und tritt das Lernen im Prozeß der Arbeit an ihre Stelle? Unter welchen Voraussetzungen erhält die Arbeit Lernpotentiale und wie können sie zur Geltung gebracht werden? Und welchen Spielraum hat dabei die pädagogische Intervention? Welche Formen arbeitsintegrierten Lernens sind zu erkennen, und in welchem Umfang werden sie eingesetzt? In welchem Verhältnis steht das sich entwickelnde selbstorganisierte Lernen zur organisierten betrieblichen Weiterbildung?

2. Arbeitsintegriertes Lernen – das Aneinanderrücken von Lernfeld und Funktionsfeld

Die verstärkte Betonung des Lernens in der Arbeit wird aus zwei Quellen gespeist – dem Streben nach Entfaltung der Persönlichkeit unter den Bedingungen des Arbeitslebens und dem wirtschaftlichen Kalkül einer möglichst effizienten Verwertung des Gelernten in der Arbeit. Die treibende Kraft zur Aufwertung und Ausgestaltung des Lernens in der Arbeit sind weniger betriebspädagogische Überlegungen gewesen, sondern Veränderungen in der Arbeitsorganisation.

Die bisher überwiegend praktizierte betriebliche Weiterbildung in Lehrgangsformen erfolgt getrennt vom Arbeitsplatz. Arbeitsanforderungen können lediglich beschrieben oder realitätsangenähert simuliert werden – mit Hilfe von Übungsmaschinen und -anlagen, Übungsfirmen, Trainings. Letztlich ist der Transfer in Arbeitshandeln vom Teilnehmer nach dem Lehrgang individuell zu vollziehen. Rückkopplung zwischen Lehrenden und Lernenden ist dann meist nicht mehr gegeben.

Derartiges Lehrgangslernen hat dafür den Anspruch und die Möglichkeit, Grundkenntnisse und -fertigkeiten zu vermitteln, die theoriegestützt und flexibel einsetzbar sind. Die Mobilität der Teilnehmer im Betrieb und auf dem externen Arbeitsmarkt kann in der Tendenz wachsen. Die direkten Wirkungen auf das aktuelle Arbeitshandeln werden dagegen überwiegend als gering eingeschätzt, obwohl es dazu wenig exakte Wirkungsanalysen gibt.

Aus dem Aufheben der räumlichen und zeitlichen Trennung von Arbeitsplatz und Lernplatz wird erwartet, daß sich die Effektivität der Arbeitsvollzüge unmittelbar erhöht, den sich verändernden Anforderungen an den Arbeitsplätzen besser entsprochen werden kann, weil direkt am Arbeitsplatz gelernt wird – ohne langen Weg vom Schulungsraum bis zum Arbeitsort. Arbeitsintegriertes Lernen wird von den Praktikern im Betrieb oft nicht der Weiterbildung, sondern der Arbeit zugeordnet, als betriebliche Weiterbildung wird dagegen nach wie vor der vom Arbeitsprozeß getrennte Lehrgang angesehen. Lernen in der Arbeit erscheint ihnen als von der Arbeitsorganisation und den konkreten Arbeitsvorgängen geprägt und soll unmittelbar Veränderungen in der Produktion oder in den Markt- und Kundenbeziehungen bewirken. Im Extremfall ist das Lernen ganz auf die Bedingungen eines konkreten Arbeitsplatzes gerichtet. Der Transfer des Gelernten kann zwar unmittelbar erfolgen, aber eine Konzentration auf diese Form birgt die Gefahr in sich, daß alle Lernbestandteile entfallen, die über die konkrete Arbeitsverrichtung hinausgehen und so kein Transfer an andere Arbeitsplätze möglich ist. In dieser Form führt Lernen in der Arbeit zur engen Funktionalisierung, ist wenig persönlichkeitsförderlich und nicht geeignet, den geforderten kompetenten Mitarbeiter zu entwickeln.

Die Hauptrichtung des arbeitsintegrierten Lernens setzt dagegen an vollständigen Aufgaben an, die weniger standardisiert sind und sich häufig ändern. In der Tätigkeitsausführung soll die »Befähigung zum selbständigen und effizienten Handeln in veränderten und neuen Arbeitssituationen« (Bergmann 1996, S. 172) erreicht werden. Der Transfer des Erlernten erfolgt nicht mehr aus einem gesonderten Lernfeld in das Funktionsfeld Arbeit, sondern es wird aus der Arbeit in weitere Arbeitssituationen und -aufgaben transferiert.

Das Arbeitsfeld wird auch Lernfeld, und durch die erreichten Ergebnisse kann das Arbeitsfeld ausgeweitet werden. Mit der Qualität der Arbeitsaufgaben wachsen die Möglichkeiten arbeitsintegrierten Lernens, der Arbeitsprozeß wird lernförderlicher, die Transfermöglichkeiten werden vielfältiger. Neues Wissen und Können wird zunehmend aus der Arbeit und in der Arbeit erlangt und nicht als Lehrgangswissen mit ungewissen Anwendungsmöglichkeiten angeeignet. Die historisch gewachsene Trennung zwischen Lernfeld und Arbeitsfeld wird im betrieblichen Lernen teilweise wieder zurückgenommen.

Allerdings ist die Annäherung von Lern- und Funktionsfeld durch das arbeitsintegrierte Lernen nicht unproblematisch. Einmal wurde schon darauf verwiesen, daß nicht alle real ablaufenden Arbeitsvorgänge über ein hohes Lernpotential verfügen, zum anderen ist für Lernen – auch für Lernen in der Arbeit – immer Zeit erforderlich. Es wird über die Arbeit reflektiert, es werden Kontrollen und Bewertungen vorgenommen, es müssen Fehler beseitigt, Veränderungen erprobt werden. In diesem Zeitraum sinkt die Arbeitsleistung, um jedoch anschließend um so leichter steigen zu können. Die Arbeitsorganisation muß daher Lernen ermöglichen. Je weniger standardisiert Arbeitsprozesse sind, desto notwendiger ist Lernen für den Erfolg der Arbeit, sei es z. B. beim Einsatz zu modifizierender Software für ein Verfahren oder der Öffnung eines bestimmten Marktsegments durch Herstellung veränderter Kundenbeziehungen. Die Arbeitsprozesse weisen einen Handlungsspielraum auf, in dem Lernen erfolgen muß, um die Arbeit zum Ziel zu führen. Handlungsspielräume für Lernen sind geradezu ein Kennzeichen kreativer Arbeit. Wissen wird in der Arbeit weiterentwickelt. Aus derartigen Lernvorgängen entsteht häufig ein Bedürfnis nach systematischem Aneignen theoretischer Kenntnisse, und damit wird aus der betrieblichen Praxis ein Übergang zu Lehrgangsformen außerhalb von Arbeit angeregt. Die Kombination von arbeitsintegriertem Lernen und betriebsinternen oder betriebsexternen Weiterbildungsveranstaltungen kann auf einem neuen Niveau von Persönlichkeits- und Organisationsentwicklung wieder eingeleitet werden.

Das weitgehende Zusammenfallen von Lernfeld und Funktionsfeld ist allerdings an eine Voraussetzung gebunden – vorhandene Beschäftigung. Arbeitslose sind von vornherein aus dieser effektiven Form von Lernen für qualifizierte Erwerbsarbeit ausgegrenzt. Fehlende Lernmöglichkeiten in der Arbeit führen zu einer weiteren Verschlechterung der Arbeitsplatzchancen und verfestigen die Segmentierung des Arbeitsmarktes.

3. Ausdifferenzierung des arbeitsintegrierten Lernens

Lernen für die Arbeit wird in der betrieblichen Praxis immer häufiger arbeitsintegriertes Lernen. (Die Zielorientierung auf Verbesserung der beruflichen Handlungskompetenz rückt das betriebliche Lernen an den Arbeitsprozeß heran oder integriert es in ihn. »Erwerbsarbeit wird lernende Erwerbsarbeit« (Bergmann 1996, S. 160)). Theoretisch liegen diesen Auffassungen Konstrukte der Handlungsregulationstheorie zugrunde, die insbesondere durch arbeitspsychologische Forschungen (vgl. Hacker 1986; Hacker/Skell 1993; Bergmann, 1996; Volpert 1989) zur Gestaltung komplexer Arbeitshandlungen ausgearbeitet worden sind. Handlungsorientiertes Lernen vollzieht sich in der Einheit von Zielantizipation, Planung, Realisierung und Kontrolle/Bewertung. Es ist auf vollständige Lern- und Arbeitshandlungen gerichtet, die in sozialen Bezügen erfolgen und Reflexion über das Handeln einschließen. Auf diese Weise kann der Zusammenhang von Arbeit und Persönlichkeitsbildung hergestellt werden. Vor allem durch die wachsenden Anteile qualifizierter Arbeit wächst das Lernpotential in Arbeitsprozessen, ohne daß Lernen und Arbeiten identisch werden. Der Arbeitsplatz als Lernort wird aufgewertet, und der Betrieb, der mit seinen arbeits- und lernorganisatorischen Bedingungen, mit seinem Lernklima Lernen ermöglicht und stimuliert, wird zum Metalernort (vgl. Arnold/Münch 1996, S. 42), in dem plurale Lernorte und Lernortkombinationen entstehen, erfahrungsbezogene und intentionale Lernprozesse verbunden sowie modifizierte Lernkonzepte und Lernformen gestaltet werden (vgl. Dehnbostel 1998).

Bereits die Begrifflichkeit zum Lernen im Prozeß der Arbeit birgt ein Problem in sich, zu dem es noch keinen Konsens gibt. Die Termini arbeitsintegriert, arbeitsplatznah, arbeitsplatzbezogen, arbeitsplatzorientiert etc. werden häufig synonym und selten in strenger Abgrenzung gebraucht. Eine Definition gibt Dehnbostel (1992, S. 12 f.):

»Bei den arbeitsplatzbezogenen Lernorten handelt es sich um Lernorte, in denen intentionales Lernen stattfindet, das in unterschiedlicher Weise mit informellen und erfahrungsbezogenen Lernprozessen verbunden wird. Dezentrales Lernen zeigt sich lernorganisatorisch darin, daß entweder ein arbeitsplatzgebundenes Lernen stattfindet, in dem Lernort und Arbeitsort identisch sind, oder ein arbeitsplatzverbundenes Lernen, bei dem zwischen beiden eine räumliche und arbeitsorganisatorische Verbindung besteht. Zusätzlich ist von einem arbeitsplatzorientierten Lernen zu sprechen, wenn der Lernort keine direkte Verbindung zum Arbeitsort hat, der Arbeitsplatzbezug aber didaktisch im Vordergrund steht.«

Diese Definition gestattet einerseits, betriebliche Lehrveranstaltungen außerhalb des Arbeitsplatzes einzubeziehen, deren Gegenstände aus dem Arbeitsprozeß erwachsen und die die notwendigen wissenschaftsbasierten

Grundlagen zur Problemlösung schaffen wollen und andererseits schlägt sie die Brücke zu den arbeitsimmanenten informellen Lernvorgängen.

3.1 Selbstorganisiertes Lernen in der Arbeit und durch die Arbeit

Lernen in der Arbeit ist nur zu einem Teil pädagogisch intendiertes Lernen. Das beiläufige, nicht als pädagogischer Prozeß organisierte Lernen bleibt die Hauptform des Lernens im Betrieb. Es ist ein funktionales Lernen in der alltäglichen Auseinandersetzung mit Arbeitsaufgaben und Problemen, die Arbeitsstrukturen können es begünstigen oder behindern. In ihnen formen sich mit qualifizierten Arbeitshandlungen selbstorganisierte komplexe Lernhandlungen aus. Es wird über Arbeitsabläufe reflektiert, die Arbeitsplanung ausgefeilt, Veränderungen an der Arbeitsorganisation werden vorgenommen – in dem Maße, in dem Handlungsspielräume in der Arbeit wachsen –, es wird selbständig kontrolliert und bewertet, um Arbeitsvorgänge zu optimieren und die Arbeitsbedingungen zu erleichtern.

Im Arbeitsprozeß wird selbstorganisiert hinzugelernt, auf die Erhaltung des Gelernten geachtet, aber auch umgelernt und verlernt (vgl. Hacker/ Skell 1993, S. 28 ff.). Diese selbstorganisierten Lernprozesse sind einer klaren Bildungsplanung nicht zugänglich, dennoch schließen sich selbstorganisiertes Lernen und beratende Tätigkeit von Weiterbildnern keineswegs aus, durch Expertenhilfe kann die Zielgerichtetheit, Effektivität und Stabilität des Lernens wirksam unterstützt werden (vgl. Dohmen 1996, S. 52–56). In diesem Sinne findet eine Funktionsausweitung der betrieblichen Weiterbildung statt. Es zeichnet sich ab, daß in Betrieben Lernorganisationen entstehen, auf die das betriebliche Bildungswesen nur vermittelt wirkt, die sich vorrangig selbst tragen und weiterentwickeln.

Das anspruchsvolle selbstorganisierte Lernen in der Arbeit ist an qualifizierte Arbeit gebunden und hat die Tendenz, diese Arbeitsplatzbesitzer auch hinsichtlich ihrer Lernmöglichkeiten gegenüber den von stabiler und qualifizierter Arbeit ausgeschlossenen Personen und Gruppen zu privilegieren. Die Breite, die Selbstlernkonzepte in der Arbeit erreichen, ist gegenwärtig nicht abzuschätzen.

In den nicht pädagogisch intendierten selbstorganisierten Lernprozessen werden Übergänge zum organisierten Lernen am Arbeitsplatz sichtbar. Dieses organisierte Lernen differenziert sich gleichfalls weiter aus, auch in ihm erhalten die thematischen und die räumlich-zeitlichen Verknüpfungen von Lernen und Arbeit immer größeres Gewicht.

3.2 Pädagogisch intendiertes Lernen im Betrieb – Formen und Strukturen

Nach wie vor behalten die Formen des organisierten Lernens am Arbeitsplatz, in unmittelbarer Nähe des Arbeitsplatzes und die vom Arbeitsplatz getrennten Lernformen gleichermaßen einen Platz im Lerngeschehen. Es wird auf einen angenommenen Weiterbildungsbedarf durch unterschiedlich geartete pädagogische Intervention reagiert. Diese Intervention ist nicht unbedingt an eine Lehrperson gebunden. An ihre Stelle können Lehrmaterial, Nutzung von Medien für Lernzwecke, wechselnde Moderation aus dem Kreis der Teilnehmer und Nutzung gruppeninterner Expertise treten. Definitorische Abgrenzungen zwischen den verschiedenen Formen sind schwierig, Übergänge und Zwischenformen häufig.

Als eine erste Differenzierung bietet sich an, zwischen betrieblicher Weiterbildung im engeren Sinne – bzw.»klassischer«Weiterbildung – und betrieblicher Weiterbildung im weiteren Sinne – bzw.»weichen« Formen der Weiterbildung zu unterscheiden, wie sie auch der FORCE-Erhebung zur betrieblichen Weiterbildung 1993-1995 in mehreren EU-Ländern zugrundegelegt wurde (vgl. Grünewald/Moraal 1996, S. 11). Auf diese Weise soll der Tatsache Rechnung getragen werden, daß neben die traditionellen Kurse, Seminare, Lehrgänge vielseitige Formen getreten sind, die nicht als Lehrveranstaltung ablaufen.

3.3 Weiterbildungsveranstaltungen

Betriebliche Weiterbildung im engeren Sinne in Gestalt von Lehrveranstaltungen hat nach wie vor großen Umfang. Nach der erwähnten FORCE-Erhebung findet sie in über 90% der Unternehmen statt (ebd., S. 22) und etwa jeder 4. Beschäftigte hat im Erhebungszeitraum daran teilgenommen – mit deutlichem Übergewicht der qualifizierteren Mitarbeiter – Führungskräfte 42%, Fachkräfte 26%, un- und angelernte Kräfte 7% – (ebd., S. 32) und mit dem Schwerpunkt auf den Altersgruppen zwischen 25 bis unter 35 Jahren, die 30% und zwischen 35 bis unter 45 Jahren, die 24% der Teilnehmer stellen (ebd., S. 31).

Solche Lehrveranstaltungen finden als betriebsinterne oder externe Veranstaltungen statt. Diese Unterscheidung kann als differenzierende Kriterien sowohl den Lernort – den Betrieb oder außerhalb des Betriebes – als auch die Trägerschaft heranziehen. In letzterem Sinne ist das Unternehmen der Träger, wenn es die Verantwortung für Ziele, Inhalte und Organisation selbst übernimmt und die eigenen Mitarbeiter schult, während externe Maßnahmen auf dem freien Weiterbildungsmarkt angeboten werden und Bildungsfirmen, Kammern o. ä. Ziele, Konzepte, Organisation vorgeben und Mitarbeiter verschiedener Unternehmen einbezogen sein können (ebd., S. 11).

In die Kritik waren die traditionellen Schulungen und Seminare geraten, weil ihre Angebote zu stark an konventionellen Ausbildungsgängen und -methoden orientiert und zu wenig auf die Arbeits- und Lebenserfahrungen der Teilnehmer abgestimmt waren. Zahlreiche vom Betrieb und vom Arbeitsplatz getrennte Lehrveranstaltungen werden »als wenig effektiv empfunden, weil zwischen den proklamierten Lehrzielen und deren praktischer Umsetzung in der betrieblichen Realität ein offenkundiges Mißverhältnis besteht« (Schlaffke 1994, S. 431). In vielen Kursen nehmen Methoden des frontalen schulischen Unterrichtens zu großen Raum ein, ein Teil der Dozenten ist ungenügend mit den Unternehmen vertraut.

Organisierte Weiterbildungsveranstaltungen an separaten Lernorten werden durch diese kritischen Anmerkungen keinesfalls überflüssig. Es muß jedoch genauer bestimmt werden, welche Funktion sie in den betrieblichen Lernortkombinationen haben, an welchen Stellen des Lernprozesses sie effektiver sind als beiläufiges oder arbeitsintegriertes Lernen. Hier liegt eine neue Aufgabe der betrieblichen Weiterbildner, sich in Analyse- und Aushandlungsprozesse einzulassen, um Lernortkombinationen lernförderlich für das Individuum und effektiv für das Unternehmen auszugestalten.

Die lernende Auseinandersetzung mit Problemen des Arbeitsprozesses zieht bei qualifizierter Arbeit häufig das Bedürfnis und die Notwendigkeit nach sich, Grundlagenwissen zu vertiefen, systematisches Wissen zu erweitern und auf einem modernen Stand zu halten, um nicht nur Einzelfälle lösen zu können, sondern vielseitig einsetzbare Handlungsgrundlagen zu besitzen. Das ist zeitaufwendig, kann nicht am Arbeitsplatz absolviert werden – hier haben das systematische Lehren und Lernen und die betriebliche oder außerbetriebliche Bildungsstätte ihren Platz. Daneben wird es auch weiterhin in bestimmtem Umfang Aufstiegsweiterbildung und spezielle, für den Betrieb notwendige Qualifikationen mit zertifizierten Abschlüssen geben, die zweckmäßig in Lehrgangsformen zu erwerben sind.

3.4 Lernen am Arbeitsplatz

Lernen am Arbeitsplatz in neuen Formen hat sich vor allem in Großbetrieben entwickelt, in Klein- und Mittelbetrieben stehen das informelle Lernen sowie die traditionellen Formen der Unterweisung am Arbeitsplatz im Mittelpunkt.

Aus Betriebssicht ermöglicht die Rückverlagerung des Lernens an den Arbeitsplatz, ganze Abteilungen oder Arbeitsgruppen einzubeziehen, die

gemeinsam unter veränderten Bedingungen arbeiten. Lernen am Arbeitsplatz hat einen starken Anwendungsbezug, der Arbeitsplatz wird bewußt
um die Funktion des Lernplatzes erweitert, die Transferwege werden kurz
und überschaubar.

Lernen am Arbeitsplatz erleichtert Lernungewohnten den Zugang zum
Lernen, knüpft an ihre Arbeitserfahrungen an, hat konkrete Anwendungs-
bezüge, die einsichtig sind. Die Aufforderung zur Teilnahme an schulischen Lernformen richtet dagegen z.T. subjektive Lernbarrieren auf.
Lernen am Arbeitsplatz minimiert die Kosten für Freistellungen zu Lehr-
gangszwecken und ermöglicht, eigenes Fach- und Führungspersonal als
Lehrende oder Moderatoren einzusetzen.

Die Weiterbildungsbeteiligung der Mitarbeiter steigt bei den arbeitsplatz-
integrierten Formen deutlich an, wobei das Gefälle zwischen den Qualifi-
kationsstufen bestehen bleibt (vgl. Berichtssystem Weiterbildung 1996,
S. 225).

Arbeitsplatznahes Lernen setzt eine Arbeitsorganisation voraus, die
Lernen erlaubt. Weitere Bedingungen sind, daß der Arbeitsprozeß für die
Beschäftigten verständlich und überschaubar ist, daß die Arbeitsaufgaben
an das Wissen und die Arbeitserfahrungen anknüpfen, aber einen Problemgehalt aufweisen, der mit gewohnten Handlungsroutinen nicht zu bewältigen ist. Der Problemgehalt der Arbeit und die realen Handlungsspielräume in der Arbeit, d. h. die Möglichkeiten, selbst zu planen, Varianten
zur Lösung der Arbeitsaufgaben zu erproben, Kontrolle auszuüben, insgesamt Verantwortung für die Optimierung der Arbeit und für die Gestaltung humanverträglicher Arbeitsbedingungen zu haben, stimulieren das
Lernen. Diese in den Arbeitsprozeß integrierten Formen von Weiterbildung sind auf anspruchsvolle Arbeitsplätze konzentriert. Sie finden sich
verbreitet in innovativen Branchen und Betrieben (vgl. Grünewald/Mor-
aal 1996, S. 137). Vor allem in High-Tech-Firmen und bei neuen Dienstleistern werden an vielen Arbeitsplätzen die Übergänge zwischen Arbeiten
und Lernen fließend, Produktentwicklung und Fertigung sind eng miteinander verbunden, das Qualifikationsniveau der Mitarbeiter ist entsprechend hoch. Kontinuierliches Lernen wird zur Bedingung für erfolgreiches
Arbeiten; Lernen in der Arbeit erhält teilweise die Dimensionen von Entwickeln und Forschen. Lernen am Arbeitsplatz ist individuelles Lernen
und Gruppenlernen, da Abteilungen, Arbeitsgruppen, Teams kooperativ
an bestimmten Arbeitsabschnitten tätig sind. Aus der Arbeitskooperation
ergeben sich Anregungen für kooperatives Lernen sowohl als kooperative
Selbstqualifikation (vgl. Heidack 1993, S. 43–54) als auch unter Einbeziehung betrieblicher und im Bedarfsfall externer Experten (vgl. Franke
1993). Weiterbildner und Organisatoren der Weiterbildung finden ihre
Wirkungsstätte unmittelbar am Arbeitsort und weniger im Seminarraum,
in der Tendenz entwickeln sie sich zu Lernberatern, sie geben pädagogi-

sche Unterstützung für Führungskräfte und Experten, die das Lernen am Arbeitsplatz gestalten und – wenn notwendig und möglich – individuelle Lernberatung, um Teilnehmer mit schwächeren Lernvoraussetzungen zu unterstützen. Lernen durch Instruktion wird durch konstruktivistische Prinzipien (vgl. Dehnbostel 1998, S. 124) erweitert. Lernen wird mehr und mehr zum selbstgesteuerten situativen Prozeß mit offenem Ausgang. Das Unternehmen stellt die erforderlichen Lernunterstützungen dafür bereit – Experten, Trainer, Lern- und Übungsmaterial, Lernprogramme und Lernzeit. Lernzeit ist zu beachten (vgl. Görs 1996), weil das Lernen am Arbeitsplatz in der Regel nicht ohne Einschränkung der Arbeit stattfinden kann.

Die Palette der Formen des arbeitsintegrierten Lernens ist vielfältig, die Abgrenzung schwierig, da sie teilweise miteinander kombiniert sind (vgl. Severing 1994, S. 105-163) und ähnliche Elemente unter unterschiedlichen Bezeichnungen erfaßt werden.

Als eine prinzipielle Unterscheidung hat sich eingebürgert, sie nach dem Grad der Aktivität, Selbständigkeit und Eigenverantwortung der Teilnehmer abzugrenzen (vgl. Bunk/Stenzel 1990, S. 179 f.); das trifft im Kern den Unterschied zwischen »traditionellen« und »neueren« Formen. Die neuen Formen sind häufig Gruppenlernformen, allein die Einführung von Gruppenarbeit ist noch keine Weiterbildung, doch mit den neuen Produktionskonzepten entstehen mit der Gruppenarbeit auch Lerngruppen, deren Lernbedarf sich aus den Problemen im Arbeitsprozeß herleitet. Weiterbildungspersonal oder Spezialisten des Betriebes können am Arbeitsplatz oder in speziellen Lernzonen eine Unterstützungsfunktion zur Problemlösung ausüben.

Zu einem Teil sind die arbeitsintegrierten Weiterbildungsformen Übernahmen aus der beruflichen Erstausbildung, zu einem anderen Teil Neuentwicklungen, die den Lernanteil in Problemlösungsprozessen der Arbeit besonders akzentuieren. Letzteres gilt besonders für Projektgruppen, die an einem Problem des Arbeitsalltages anknüpfen und zu seiner Lösung selbst das Lernen in der Projektgruppe organisieren. Das trifft sowohl für Optimierungen in der Fertigung als auch für die Entwicklung neuer Markt- und Kundenbeziehungen oder Forschungsprojekte zu, z.T. mit Einbeziehung von Mitarbeitern aus Fertigung und Vertrieb. Die Projektbearbeitung ist mit von der Gruppe organisiertem handlungsorientiertem Lernen in Selbstorganisation verbunden. Die Gruppe stellt ihren Lernbedarf fest, plant was, wie und wo gelernt werden soll, kontrolliert und bewertet anhand der Erfüllung der Arbeitsaufgabe ihren Lernfortschritt. Die Rückmeldungen aus dem Arbeitsprozeß erlauben es, das Lernen genauer zu planen und zu modifizieren. Arbeiten und Lernen stimulieren sich wechselseitig. Aus anspruchsvollen Projekten kann – von den Teilnehmern artikuliert – weiterer Lernbedarf entstehen, der u.U. auch in systematischen Veranstaltungen abgedeckt werden soll. Lernen in Projektgruppen ist eine zeitweilige, äußerst flexible Lernform, in die – je nach Aufgabenstellung – Teilnehmer unterschiedlicher Abteilungen sowie Qualifikations- und Hierarchiestufen einbezogen sein können. Eine zweite interessante Form ist das Lernstatt-Konzept; es findet sich nicht sehr häufig und soll von seinen ursprünglichen Intentionen her vor allem lernungewohnte Gruppen am Arbeitsplatz oder in seiner unmittelbaren Nähe aktivieren – z. B. eine Verbesserung beruflich notwendiger deutscher Sprachkenntnisse für ausländische Arbeitnehmer erreichen und damit die betriebliche Kommunikation und Kooperation effektivieren. Der Lerneffekt steht aus betrieblicher Sicht im Vordergrund, aus der Untersuchung von Fallbeispielen wird hervorgehoben (vgl. Formen arbeitsintegrierten Lernens 1998, S. 46 f.), daß die pädagogische Planung, Begleitung und Koordinierung sehr ausgeprägt ist und sich Kopplungen mit Unterrichtsaktivitäten ebenso finden wie Übergänge zu Qualitätszirkeln.

Die Qualitätszirkel stehen in der Nähe der Projektgruppen. Sie sollen die Mitarbeiter für Planung, Optimierung und Kontrolle von Arbeitsvorgängen aktivieren, sie aus der relativ passiven Stellung Ausführender herausführen. Ihre Themen sind auf Arbeitsgestaltung bezogen, deshalb finden sie in enger Verbindung mit dem Arbeitsplatz statt, aber außerhalb des Arbeitsprozesses selbst. Qualitätszirkel sind oft ständige Einrichtungen im Unternehmen mit Einbeziehung von Mitarbeitern unterschiedlicher Ebenen. Das Lernen wird aus dem Problem in der Arbeit entwickelt, nicht aus der systematischen Entfaltung eines Wissensgebietes. Ergebnisse von Qualitätszirkeln sind verbesserte Gestaltung der Arbeit, Qualitätserhöhung von Produkt oder Dienstleistung, Erhöhung der Effektivität der Arbeit und Steigerung der Motivation der Mitarbeiter durch Partizipation an der Gestaltung der Arbeitsprozesse. Systematische Weiterbildung für einzelne Teilnehmer kann im Gefolge der Arbeit im Qualitätszirkel entstehen.

Job-Rotation ist voll in den Arbeitsprozeß integriert, soll Einzelpersonen qualifizieren, sie vielseitiger für das Unternehmen einsetzbar machen. Lernen erfolgt immanent im Arbeitsprozeß, pädagogisch intendierte Aufgabenstellung und Kontrolle der erreichten Fortschritte durch beauftragte Personen scheinen die Regel, da das Unternehmen durch die Maßnahme gezielt Personal entwickeln will.

Job-Rotation wird von den einbezogenen Personen häufig durch selbstorganisiertes Lernen ergänzt, um tatsächlich an unterschiedlichen Einsatzorten effektiv arbeiten zu können.

In ähnliche Richtung weisen die Austauschprogramme mit anderen Unternehmen, die besonders von Großbetrieben mit verzweigten Betriebsstrukturen genutzt werden, um Mitarbeiter entweder auf Führungsaufgaben vorzubereiten (Trainee-Programme) oder Spezialkenntnisse hinzuzufügen. Von den Teilnehmern werden sie als Lernen verstanden (vgl.

Formen arbeitsintegrierten Lernens 1998, S. 44), obwohl sie voll in den Arbeitsprozeß integriert sind.

Überwiegend sind die genannten Formen arbeitsintegrierten Lernens nicht nur pädagogische Maßnahmen. »Es gehört vielmehr zu den Charakteristika dieser Maßnahmen, daß sie nicht nur der Entwicklung von Qualifikationen und Kompetenzen dienen, sondern zugleich integrale Instrumente der Personal- und Organisationsentwicklung sind; sie sind wesentliche Elemente der Unternehmenskultur« (Sauter 1998, S. 61).

Die anspruchsvollen Formen des arbeitsintegrierten Lernens werden bisher nur in geringem Umfang genutzt. Sie sind aufwendig, erfordern intensive Vorbereitung, eine exakt aufbereitete Problemstellung, eine fachgerechte Moderation und klare, von den Teilnehmern akzeptierte Ziele. Grünewald/Moraal (1996, S. 27) geben aus der erwähnten FORCE-Untersuchung an, daß Qualitätszirkel von 5%, Lernstatt von 2%, Job-Rotation von 4%, Austauschprogramme von 4% der Unternehmen genutzt werden.

Lernen am Arbeitsplatz vollzieht sich noch überwiegend als Unterweisung am Arbeitsplatz durch Vorgesetzte und Spezialisten. Sie dient der Einarbeitung neuer Mitarbeiter, vor allem ungelernter und angelernter Kräfte, bewegt sich damit im Segment niedriger Qualifikation, ist ein stark funktionales Lernen für meist einfache Arbeitsverrichtungen und läuft in der hergebrachten Weise des Vormachens und Nachmachens mit arbeitsbegleitenden Erläuterungen direkt im laufenden Arbeitsprozeß ab. Eine zweite Funktion hat die Unterweisung am Arbeitsplatz bei der Einführung moderner Maschinen und Anlagen und der damit verbundenen Umstellung von Fertigungstechnologien. Derartige Unterweisungen werden teilweise mit weiterführendem selbstorganisierten Lernen gekoppelt – Studium von Bedienanleitungen, Betriebsanweisungen, Programmen von Maschinen und Anlagen –, da die Unterweisung allein nicht ausreicht, um wechselnden, vielfältig vernetzten Arbeitstätigkeiten, die durch diese Anlagen erzwungen werden, gewachsen zu sein. Sie werden nur teilweise von Spezialisten des Betriebes durchgeführt, ergänzend treten externe Lieferanten, die zu ihren Maschinen, Anlagen, Programmen Kunden- bzw. Nutzerschulungen anbieten, an ihre Seite. In diese Form arbeitsintegrierten Lernens sind stärker gewerblich-technische und kaufmännische Fachkräfte einbezogen. Unterweisung und Einarbeitung sind keine regelmäßige Weiterbildung, sondern an Umstellungen in der Arbeitssituation gebunden. Erfolgskriterium ist das Erreichen der vorgesehenen Arbeitsleistung. Der Lernfortschritt wird nicht direkt erfaßt, sondern aufgrund der Arbeitsleistung beurteilt. Die prinzipielle Schranke dieser konventionellen Vorgehensweise ist die Bindung an den konkreten Arbeitsvorgang. Die Lernenden erreichen oft lediglich reproduktive Fähigkeiten und Fertigkeiten, die aus der Beobachtung der Tätigkeit des Unterweisenden herrühren. Sie werden auf eine stark eingeengte Arbeitsfunktion vorbereitet, auf Transfer und selbständiges Anwenden wird nicht explizit orientiert.

Neben den arbeitsintegrierten Weiterbildungsformen im Betrieb gehören verschiedene Formen des Informationserwerbs, z.T. in der Arbeitszeit, z.T. außerhalb und am Rande der Arbeitszeit gelegen, zur betrieblichen Weiterbildung im weiteren Sinne.

Vor allem für qualifizierte Fachkräfte aus Management, Forschung und Entwicklung, Technik, Verwaltung sind Fachvorträge, der Besuch von Tagungen und Kongressen, Messe- und Ausstellungsbesuche, überbetriebliche Arbeitskreise, Arbeitsgruppen bei Kammern und beruflichen Fachverbänden Bestandteile des beruflichen Lernens. Ergänzt wird die Palette von Informationsveranstaltungen durch selbstorganisiertes Lernen in der Freizeit, das von Fernunterricht und Fernstudien bis zum Lesen von Büchern, Fachzeitschriften und der Nutzung von Informations- und Lernangeboten im Internet reicht.

Zusammenfassend läßt sich die Ausdifferenzierung der betrieblichen Weiterbildung wie folgt darstellen (in Anlehnung an Severing 1994; Grünewald/Moraal 1996; Sauter 1998):

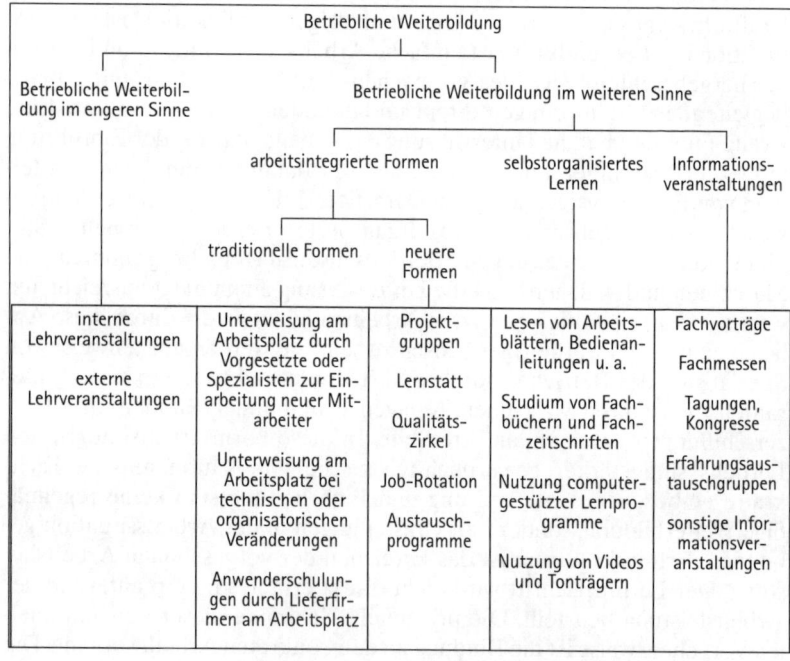

Anzunehmen ist, daß arbeitsintegriertes Lernen, Informationsveranstaltungen, selbstorganisiertes Lernen und Lehrveranstaltungen künftig funktionsadäquater zusammenwirken werden und vernetzte Lernstrukturen in der Arbeit schaffen (Dehnbostel 1995, S. 480), um insgesamt berufliche Handlungskompetenz hervorzubringen.

3.5 Arbeitsintegriertes Lernen in neuen Tätigkeitsfeldern

Die gegenwärtigen Wandlungsprozesse beziehen sich nicht nur auf die klassischen Sektoren der Wirtschaft, deshalb genügt die Orientierung an der großen Industrie nicht, wenn die Veränderung des Lernens in der Arbeit betrachtet werden soll. Auch der Dienstleistungsbereich expandierte und hat eine deutliche Binnendifferenzierung erfahren. Zusätzlich ist der Non-Profit-Sektor zu einer gesellschaftlich und volkswirtschaftlich bedeutenden Kraft geworden. In ihm dürften mehr als 1,4 Mio. Menschen beschäftigt sein (vgl. Anheier 1997, S. 36; Priller 1997, S. 112), zuzüglich Hunderttausender freiwillig Tätiger. Für Tätigkeiten in Kommunikationsdienstleistungen, in den Sozialen Diensten, im Gesundheitswesen, in Kultur und Bildung, Sport, Tourismus und Erholung, Gestaltung des Wohnumfeldes, Umwelt- und Naturschutz, Bürger- und Verbraucherberatung u. a. wird ebenfalls vor allem tätigkeitsintegriert gelernt.

Da viele dieser Tätigkeiten quer zu den etablierten Berufen liegen oder mehrere Berufe übergreifen, entstehen spezifische Lernerfordernisse. Zu beachten ist, daß in der Tendenz die anspruchsvollen Tätigkeiten zunehmen, Handreichungen, Hilfs- und einfache Pflegeleistungen sind zwar vorhanden, stellen aber nur einen kleinen Ausschnitt aus der breiten Palette dar. Eng funktionalisiertes Tätigsein geht in seiner Bedeutung zurück. Ein Charakteristikum dieser neuen Tätigkeiten ist ihre hohe Situationsgebundenheit und Komplexität. Dies sind in der Regel der Umgang mit Menschen und mit Information. Das dadurch gegebene, vielfältige soziale Beziehungsgefüge ist zu beachten und kann nicht einfach reduziert werden. Diese Besonderheit macht häufig das Anspruchsvolle, Selbstgewollte in der Tätigkeit aus, in Abgrenzung zu eng technikdeterminierter Funktionalität und hebt die besonderen Anforderungen an Handlungskompetenz mit einer starken Ausprägung ihrer sozialen Komponente hervor.

Es finden sich bei den Beschäftigten in den neuen Dienstleistungen und im Dritten Sektor ganz unterschiedliche Berufe und Studienabschlüsse. Sie sind allerdings – noch mehr als in den klassischen Erwerbsfeldern – nur bedingt ausreichend für erfolgreiche Tätigkeit und werden durch tätigkeitsbegleitende organisierte Weiterbildung und tätigkeitsimmanentes Lernen erweitert. Die Vielfalt und Komplexität der Aufgaben ziehen überwiegend selbstorganisiertes Lernen nach sich. Für viele Tätigkeiten stehen überhaupt keine Angebote fremdorganisierter Weiterbildung bereit. Professionelle Weiterbildner wären sachlich und ökonomisch überfordert, alles mit vorgefertigten Kursen abzudecken.

Verbände, Vereine, Projekte und Kooperativen, die sich stabilisiert haben, nehmen Kurs auf eine Durchmischung von selbst- und fremdorganisiertem Lernen, um die sich weiter ausdifferenzierenden beruflichen, teilberuflichen und freiwilligen Tätigkeiten qualitativ anzureichern.

Nicht übersehen werden dürfen tätigkeitsvorbereitendes und tätigkeitsbegleitendes Lernen in Verbindung mit geförderter Arbeit. In Sozialprojekten, Kulturprojekten, Umweltschutzprojekten, Projekten zur Entwicklung neuer Technologien werden beachtliche Lernanstrengungen entfaltet – z.T. in Kooperation mit Bildungsträgern, aber oft auch mit projektangehörigen Experten, die Lehrfunktionen übernehmen.

Die Nutzung eigener Experten für Lernprozesse in Projekten geförderter Arbeit hängt mit der Tatsache zusammen, daß auch qualifizierte Kräfte vom Arbeitsmarkt freigesetzt werden und über Projekte geförderter Arbeit Leistungen erbracht, Konzepte ausgearbeitet und erprobt werden sollen, mit denen Möglichkeiten des Wiedereintrittes in neu entstehende Gebiete von Erwerbstätigkeit erschlossen werden sollen.

Lebens-, Arbeits- und Lernerfahrung – vor allem mit selbstorganisiertem Lernen – bilden eine förderliche Voraussetzung, um unter derart instabilen Verhältnissen effektiv zu lernen, mit dem Ziel, eine neue Tätigkeit in weitgehender Eigenverantwortung aufzunehmen.

Es vollziehen sich ähnliche Ausdifferenzierungen des Lernens in der Tätigkeit wie sie beim arbeitsintegrierten Lernen im Betrieb beobachtet werden.

Als wichtige Form dieses tätigkeitsintegrierten Lernens – sowohl unter den Bedingungen geförderter Arbeit als auch angelagert an Vereine, Verbände, Kooperativen u. ä. – ist die Projektgruppe zu erkennen. Das Lernkonzept wird von ihr selbständig oder auch mit Beratung durch Weiterbildner für das jeweilige Projekt entwickelt, unter Beachtung der Voraussetzungen der Teilnehmer. Es entwickelt sich mit dem Projekt weiter, bleibt offen für Veränderungen, die sich aus der fortschreitenden Tätigkeit ergeben. Die Lernorte können sich direkt am Ort der Tätigkeit befinden oder auch räumlich getrennt – beim Verein oder Projekt – vor allem, wenn die Tätigkeit individuell stattfindet wie in vielen Kultur- oder Sozialprojekten und das Projekt selbst einen Ort braucht, an dem die Mitarbeiter zusammenkommen, um die Tätigkeit zu koordinieren, Erfahrungen auszutauschen und selbstorganisiert in der Gruppe zu lernen, in Ergänzung zum individuellen Lernen.

Aus Lernen und Tätigkeit in neuen Feldern ergeben sich Übergänge in »normale« erwerbliche Tätigkeiten. Aus Erfahrungen selbstorganisierter Bildungsarbeit in alternativen Projekten und selbstverwalteten Betrieben wird beschrieben, wie sich die thematischen Angebote in Richtung Marktgängigkeit und Beruf verbreitern und gleichzeitig Konsequenzen aus betrieblicher Personal- und Organisationsentwicklung in die Projekte übernommen werden (vgl. Beyersdorf 1996).

Künftig sind diese Übergänge zwischen erwerblichen und nichterwerblichen Tätigkeiten stärker zu beachten, weil unter den Bedingungen risikoreicher Lebensverläufe, zunehmender Instabilität von Erwerbsarbeitsverhältnissen und gleichermaßen wachsender Komplexität in den Tätigkeitsanforderungen der Transfer des Erlernten für wechselnde Verwendungszwecke immer wichtiger wird und betriebliches Lernen sich mit tätigkeitsintegriertem Lernen in neuen Tätigkeitsfeldern in den Arbeits- und Lebensbiographien abwechseln dürfte.

Die Ausdifferenzierung in beiden Bereichen wird sich fortsetzen, eine Gemengelage von Analogien und feld- bzw. tätigkeitsspezifischen Besonderheiten des Lernens wird kennzeichnend bleiben, die dem lernenden Subjekt Umstiege bei Nutzung vorhandener Lernerfahrungen ermöglichen.

3.6 Die widerspruchsvolle Stellung des Lernenden zwischen Partizipation und Funktionalisierung

Die weitere Ausdifferenzierung des Lernens in der Arbeit verlangt auch eine differenzierte Betrachtung der Stellung der Lernenden.

Lernen in der Arbeit ist prinzipiell auf alle Gruppen von Beschäftigten gerichtet – Un- und Angelernte, Facharbeiter und Fachangestellte sowie Angehörige der verschiedenen Ebenen des Managements –, denn Lernen in der Arbeit bezieht sich auf die Gesamtheit der Arbeitsprozesse im Unternehmen unter besonderer Beachtung der Verflechtung zwischen den einzelnen Teilprozessen. Lernen in der Arbeit reicht von der Einarbeitung in einfache und hochgradig standardisierte Arbeiten über das Aneignen neuer Technik und Technologie an modernen Arbeitsplätzen einschließlich der dafür notwendigen kooperativen und kommunikativen Beziehungen innerhalb und zwischen Gruppen bis zur Planung und Realisierung betrieblicher Ablauf- und Managementprozesse und der Gestaltung interner und externer Markt- und Kundenbeziehungen.

Zu den Charakteristika qualifizierten Personals gehören ausgezeichnetes Fachwissen und Können; dazu kommen Selbständigkeit, Eigenverantwortung und Selbstkontrolle. Selbstorganisation und Selbstkontrolle wachsen in den Teams und Abteilungen objektiv, weil Vorplanung und Außenkontrolle unter flexiblen Bedingungen nicht mehr umfassend realisierbar sind. Verständnis für und Mitgestaltung von betrieblichen Abläufen, innovatives Verhalten, Mitwirkung an Projekten und Entscheidungen eröffnen den abhängig Beschäftigten neue Partizipationschancen.

In der betrieblichen Praxis zeigt sich ein widerspruchsvolles Bild (vgl. Baethge/Baethge-Kinsky/Kupka 1998; Formen arbeitsintegrierten Lernens 1998). Die Arbeitsorganisation wandelt sich zögerlich. Partizipative Konzepte kommen nur langsam voran. Lernen in der Arbeit muß nicht unbedingt zur Persönlichkeitsentfaltung beitragen, es erlaubt sowohl die weitere Funktionalisierung für weniger qualifizierte, monotone, kurzgetaktete Arbeitsverrichtungen als auch die Mitgestaltung von umfassenden betrieblichen Abläufen und Mitarbeit an Planungen und Entwicklungen im Unternehmen. Sauter (1998, S. 52 f.) nennt als partizipationsförderliche Bedingungen schlanke Organisationsstrukturen mit größeren Verantwortungsbereichen, Verknüpfung qualitativ unterschiedlicher Tätigkeiten (Planung, Ausführung, Kontrolle, Disposition), Einführung von Gruppenarbeit und Projektgruppen mit hoher Kooperations- und Kommunikationsdichte. Gegenläufig wirken: die Reduzierung von Arbeitsinhalten und Arbeitsaufgaben, die Kürzung vorbereitender Arbeits- und Lernzeiten durch das Prinzip des just-in-time, die Reduzierung informeller Lern- und Kommunikationsprozesse durch das Vordringen von Telearbeit, weniger Lernmöglichkeiten für Randbelegschaften. Neben einer möglichen Erweiterung des Aufgabenprofils erfolgt im Zuge der Dezentralisierung und Einführung von Gruppenarbeit z.T. auch eine Absenkung des Einsatzstandards, denn neben qualifizierter Arbeit sind auch Hilfs- und Nebenprozesse mit zu erledigen. Dehnbostel (1995, S. 486–489) verweist aus Betriebsstudien darauf, daß Lernprozesse am Arbeitsplatz durchaus im Rahmen eines hochgradig standardisierten, eng getakteten Arbeitsablaufs verbleiben können, Verbesserungen sind auf die Optimierung dieser eng gefaßten Arbeitstakte gerichtet, die Selbstorganisation im Team soll diese Optimierung fördern, die Leistung wird immer mehr verdichtet unter Nutzung des Gruppendrucks. Das Lernen ist tätigkeits- und arbeitsplatzspezifisch ausgerichtet, die bestehenden Entscheidungsspielräume bleiben gering.

Das Zusammenführen betrieblicher und individueller Zielsysteme erfolgt auch beim Lernen in der Arbeit nicht reibungslos. Die Anreicherung und Erweiterung von Arbeitstätigkeiten steht unter dem Druck der zunehmenden Konkurrenz um Arbeitsplätze, die Optimierung von Gruppenarbeitsprozessen bringt gleichzeitig Leistungsverdichtung mit sich und erfordert ein neues Aushandeln von Unternehmensinteressen, Gruppeninteressen und persönlichen Interessen. Die subjektiven Lern- und Entwicklungsansprüche sind nicht identisch mit den Unternehmensansprüchen an das Lernen, sie weisen nur partielle Übereinstimmungen und Annäherungen auf.

Einen wichtigen Schritt in diese Richtung bildet das Konzept der qualifizierenden Arbeitsgestaltung (vgl. Frei, Hugentobler/Alioth/Duell/Ruch 1993) mit dem Versuch, nicht lediglich Mitarbeiterpotentiale zu aktivieren, sondern die Persönlichkeitsentwicklung zu gestalten, indem sie in Beziehung zur Weiterentwicklung der Arbeitssysteme gesetzt wird. Die individuellen Veränderungspotentiale befördern die systemische Entwicklung des Unternehmens und entfalten sich in diesem Prozeß als Anreicherung und Weiterentwicklung des Individuums im Kontext seiner sozialen Beziehungen.

Die technischen, technologischen Veränderungen und die neuen Unternehmenskonzepte drängen danach, die enge Funktionalisierung der Arbeitskraft zu überwinden. In der Praxis gilt das (noch) nicht generell – Führungskräfte erfahren zuerst eine Ausweitung ihrer sozialen Kompetenz, ihre Eigenverantwortung und Selbsttätigkeit wird weiterhin gestärkt, die Selbstverwirklichung im Arbeitsprozeß gefördert. Nur schrittweise weiten sich diese Entwicklungen auf Fachkräfte verschiedener Art, die im wesentlichen die Stammbelegschaften bilden, aus. Die soziale Selektivität von Persönlichkeitsentfaltung über qualifizierte Arbeitsgestaltung ist nicht außer Kraft gesetzt, wandelt sich in ihren Erscheinungsformen, hat eine Tendenz, größere Beschäftigtengruppen zu erreichen.

In der theoretischen Reflexion von Erwachsenenbildnern, Personal- und Arbeitswissenschaftlern werden diese divergierenden Tendenzen in der Stellung der Lernenden in den Unternehmen in unterschiedlichen Positionen deutlich (vgl. Arnold 1995; Faulstich 1994; Pawlowsky/Bäumer 1996; Weiß u. a. 1997; Wittwer 1995), die auf das gesellschaftlich nicht gelöste Problem der Gestaltbarkeit technischer und ökonomischer Prozesse unter unterschiedlichen Interessenkonstellationen hinführen.

Gegentendenzen zur Funktionalisierung in Richtung Mitgestaltung betrieblicher Abläufe erwachsen aus den wachsenden Anteilen qualifizierter Arbeit und qualifiziert ausgebildeter Arbeitnehmer, die in ihrer Biographie umfangreiche Lernerfahrungen erworben haben. Sie wollen diese Voraussetzungen einbringen, ihre eigenen Kompetenzen erweitern, modifizieren und notwendige betriebliche Restrukturierungen mitgestalten (vgl. Drexel 1997, S. 47 ff.). Diese mitgestaltende Rolle kann als Beitrag zur Festigung der eigenen Identität interpretiert werden, die sich durchaus im Spannungsfeld zu Unternehmensinteressen entfaltet und nicht in einem konfliktfreien Raum. Der Weg zur Beteiligung führt zunehmend über Lernprozesse, die sich in der Arbeit ereignen. Wenn der Arbeitsort auch Lernort ist, gehen technische, wirtschaftliche, arbeitsorganisatorische und soziale Probleme gleichermaßen in die Lernvorgänge ein, es können nicht einzelne Seiten ausgeblendet werden. Funktionalisieren ohne nennenswerte Einfluß- und Kontrollmöglichkeiten beeinträchtigt die Motivation für Arbeiten und Lernen gleichermaßen. Eingeräumte Gestaltungsmöglichkeiten regen dagegen Lernen und Arbeiten an. Weiterbildungsinteresse und Beteiligungsinteresse an der Lösung betrieblicher Probleme liegen nahe beieinander. Lernen für die Problemlösung und die Verantwortung für eine weitgehend selbstorganisierte Problemlösung werden einsichtig, stimulieren das Lernen und die Partizipation an der Veränderung im Unternehmen.

Literatur

Anheier, H.: Der Dritte Sektor in Zahlen: Ein sozial-ökonomisches Porträt. In: Anheier, H./Priller, E./Seibel, W./Zimmer, A. (Hrsg.): Der Dritte Sektor in Deutschland. Berlin 1997.

Arnold, R./Münch, J.: Pluralisierung der Lernorte und Lernverfahren in der betrieblichen Weiterbildung – eine Herausforderung für den erwachsenenpädagogischen Diskurs. In: REPORT Nr. 38. Literatur- und Forschungsreport Weiterbildung. Frankfurt/M 1996, S. 39–49.

Arnold, R.: Betriebliche Weiterbildung: Selbstorganisation – Unternehmenskultur – Schlüsselqualifikationen. Hohengehren 1995.

Baethge, M./Andretta, G./Naevecke, S./Roßbach, U./Trier, M.: Die berufliche Transformation in den neuen Bundesländern. Münster/New York 1996.

Baethge, M./Baethge-Kinsky, V./Kupka, P.: Facharbeit – Auslaufmodell oder neue Perspektive? In: SOFI Mitteilungen Nr. 26. Göttingen 1998, S. 81–97.

Bergmann, B.: Lernen im Prozeß der Arbeit. In: Kompetenzentwicklung '96: Strukturwandel und Trends in der betrieblichen Weiterbildung. Hrsg. von der Arbeitsgemeinschaft QUEM Berlin. Münster/New York/München/Berlin 1996, S. 153–262.

Berichtssystem Weiterbildung VI. Hrsg. vom Bundesministerium für Bildung, Wissenschaft, Forschung und Technologie. Bonn 1996.

Beyersdorf, M.: Von der Selbstverwirklichung zur Betriebswirtschaft. In: REPORT Nr. 38. Literatur- und Forschungsreport Weiterbildung. Frankfurt/M. 1996.

Bunk, G./Stenzel, M.: Methoden der Weiterbildung im Betrieb. In: Schlaffke, W./Weiß, R. (Hrsg.): Tendenzen betrieblicher Weiterbildung. Köln 1990, S. 177–213.

Dehnbostel, P.: Ziele und Inhalte dezentraler Berufsbildungskonzepte. In: Dehnbostel, P./Holz, H./Novak, P. (Hrsg.): Lernen für die Zukunft durch verstärktes Lernen am Arbeitsplatz. Dezentrale Aus- und Weiterbildungskonzepte in der Praxis. Reihe: Berichte zur beruflichen Bildung 149. Berlin/Bonn 1992, S. 9–24.

Dehnbostel, P.: Auf dem Weg zur hochentwickelten Arbeitsorganisation: Organisationslernen, Gruppenlernen, dezentrale Weiterbildung. In: Geißler, H.: Organisationslernen und Weiterbildung. Neuwied/Kriftel/Berlin 1995, S. 477–495.

Dehnbostel, P.: Lernorte, Lernprozesse und Lernkonzepte im lernenden Unternehmen aus berufspädagogischer Sicht. In: Lernen im Prozeß der Arbeit. Ergebnisse, Veröffentlichungen und Materialien aus dem BIBB. Berlin 1998, S. 115–134.

Dobischat, R./Lipsmeier, A./Drexel, I.: Der Umbruch des Weiterbildungssystems in den neuen Bundesländern. Münster/New York 1996.

Dohmen, G.: Das lebenslange Lernen. Bonn 1996.

Drexel, I.: Nutzung von Qualifikationspotentialen. In: QUEM-report H. 46. Berlin 1997, S. 9–62.

Faulstich, P.: Weiterbildung und Technik. In: Tippelt, R. (Hrsg.): Handbuch Erwachsenenbildung/Weiterbildung. Opladen 1994, S. 237–257.

Formen arbeitsintegrierten Lernens – Möglichkeiten und Grenzen der Erfaßbarkeit informeller Formen der betrieblichen Weiterbildung. QUEM-report, H. 53. Berlin 1998.

Franke, G.: Training und Lernen am Arbeitsplatz. In: Friede, C./Sonntag, Kh. (Hrsg.): Berufliche Kompetenz durch Training. Heidelberg 1993, S. 85–99.

Frei, F./Hugentobler, M./Alioth, A./Duell, W./Ruch, L.: Die kompetente Organisation. Qualifizierende Arbeitsgestaltung – die europäische Alternative. Stuttgart 1993.

Geißler, H.: Organisationslernen und Weiterbildung. Neuwied/Kriftel/Berlin 1995.

Görs, D.: Lernen im Prozeß der Arbeit zwischen Leistungsdruck und Problemlösungsbeteiligung. In: REPORT Nr. 38. Literatur- und Forschungsreport Weiterbildung. Frankfurt/M. 1996.

Götz, K.: Betriebliche Weiterbildungsinstitution im Wandel. In: Anforderungen an Weiterbildungseinrichtungen in Transformationsprozessen. In: QUEM-report, H. 47. Berlin 1997, S. 96–121.

Grünewald, U./Moraal, D.: Betriebliche Weiterbildung in Deutschland: Gesamtbericht, Ergebnisse aus drei empirischen Erhebungsstufen einer Unternehmensbefragung im Rahmen des EG-Aktionsprogramms FORCE. Bielefeld 1996.

Hacker, W./Skell, W.: Lernen in der Arbeit. Berlin 1993.

Hacker, W.: Arbeitspsychologie. Bern 1986.

Heidack, C. (Hrsg.): Lernen der Zukunft. München 1993.

Kompetenzentwicklung '96. Strukturwandel und Trends in der betrieblichen Weiterbildung. Hrsg. von der Arbeitsgemeinschaft Qualifikations-Entwicklungs-Management. Münster/New York/München/Berlin 1996.

Meyer-Dohm, P.: Bildungsarbeit im lernenden Unternehmen. In: Meyer-Dohm, P./Schneider, P. (Hrsg.): Berufliche Bildung im lernenden Unternehmen. Stuttgart/Dresden 1991.

Pawlowsky, P./Bäumer, J.: Betriebliche Weiterbildung. München 1996.

Priller, E.: Der Dritte Sektor in den neuen Bundesländern: Eine sozial-ökonomische Analyse. In: Anheier, H./Priller, E./Seibel, W./Zimmer, A. (Hrsg.): Der Dritte Sektor in Deutschland. Berlin 1997.

Sauter, E.: Neue Formen arbeitsintegrierten Lernens (organisierten Lernens am Arbeitsplatz). Grenzen und Perspektiven. In: Lernen im Prozeß der Arbeit. Ergebnisse, Veröffentlichungen und Materialien aus dem BIBB. Berlin 1998, S. 51–71.

Schlaffke, W.: Betriebliche Bildungsarbeit. In: Tippelt, R. (Hrsg.): Handbuch Erwachsenenbildung/Weiterbildung. Opladen 1994, S. 427–432.

Severing, E.: Arbeitsplatznahe Weiterbildung. Neuwied/Kriftel/Berlin 1994.

Staudt, E. u.a.: Weiterbildung von Fach- und Führungskräften in den neuen Bundesländern. Münster/New York 1996.

Staudt, E./Meier, A.J.: Reorganisation betrieblicher Weiterbildung. In: Kompetenzentwicklung '96: Strukturwandel und Trends in der betrieblichen Weiterbildung. Hrsg. von der Arbeitsgemeinschaft QUEM Berlin. Münster/New York/München/Berlin 1996, S. 263–336.

Volpert, W.: Entwicklungsfördernde Aspekte von Arbeits- und Lernbedingungen. In: Zeitschrift für Berufs- und Wirtschaftspädagogik, Beihefte, H. 8. Stuttgart 1989.

Weiß, R. u.a.: Nutzung von Qualifikationspotentialen – Perspektiven für einen multidisziplinären Forschungsansatz. In: Nutzung von Qualifikationspotentialen. QUEM-report, H. 46. Berlin 1997, S. 64–182.

Weiß, R.: Betriebliche Weiterbildung. Ergebnisse der Weiterbildungserhebung der Wirtschaft. Köln 1994.

Wittwer, W.: Betriebliche Weiterbildung und berufsbiografische Krisenbewältigung. In: Arnold, R. (Hrsg.): Betriebliche Weiterbildung zwischen Bildung und Qualifizierung. Frankfurt/M. 1995, S. 55–70.

V. Organisationslernen und individuelles Lernen – eine systemische Betrachtung

Klaus Götz

Der Beitrag hat zum Ziel, die Konzepte zum individuellen und organisationalen Lernen mit systemischen Organisations- und Managementverständnissen in Beziehung zu setzen. Zunächst wird ein Blick auf das individuelle und das organisationale Lernen geworfen, um die jeweiligen Unterschiede und Gemeinsamkeiten herauszufiltern. Im Punkt drei werden veränderte organisatorische und gesellschaftliche Umwelten beleuchtet und dann hinsichtlich ihrer Einflüsse auf innerbetriebliche Prozesse reflektiert. Dies hat ein verändertes Organisations- und Führungsverständnis zur Folge. Es lassen sich veränderte Betrachtungsweisen und Zugänge für die Weiterbildung ableiten, daorganisationales und individuelles Lernen unter diesen Rahmenbedingungenneu thematisiert werden müssen. Ein Ausblick auf zukünftigeForschungsfelder für die wissenschaftliche Weiterbildung schließt dieAusführungen ab.

Lernen und Wissen sind für Menschen und Organisationen notwendig zum Überleben, da sich verändernde Umfeldbedingungen permanent neue Anpassungsleistungen erfordern. Es geht vor diesem Hintergrund um die Erweiterung der Lernfähigkeit bei Menschen und Organisationen. Paradoxerweise wird viel Lesenswertes über lernende Organisationen in Systemen (Universitäten) erzeugt, denen von verschiedenster Seite, sei es durch die Wissenschaft selbst (Willke 1997a, 1997b), die Politik (Herzog 1997, Rüttgers 1998) oder die Wirtschaft, eher eine eingeschränkte Lernbereitschaft attestiert wird. Immer wieder sind deutliche Unterschiede zwischen den Systemen »Wissenschaft« und »Praxis« feststellbar. Gerade hier wäre eine Vermittlung dem gemeinsamen Lernen sehr dienlich (vgl. Willke 1997a, S. 17; Herzog 1997, S. 1003–1004).

In der Wissenschaft stehen »Erkenntnis«, »Forschung« und »Lehre« im Vordergrund, die Praxis bevorzugt das mentale Modell der »Verwertung«, des »Nutzens« und des »Erfolgs«. Entscheidend ist die Frage, wie die beiden Systeme miteinander in Verbindung treten können. Dies wird besonders dann deutlich, wenn es im Rahmen der Wissenschaft oder der Praxis um »Lernende Organisationen« geht. Ein entsprechendes Management von Lernen und Wissen scheint mehr denn je notwendig zu sein, um unter schwer prognostizierbaren Rahmenbedingungen handlungsfähig zu werden bzw. zu bleiben. Auf neue Herausforderungen muss deshalb mit hoher

Veränderungsbereitschaft reagiert werden, um adäquate Lösungen zu generieren. Dies kann u. a. durch Vernetzung und Erfahrungsaustausch geschehen. Hier ist die Frage zu stellen, wo Menschen und Organisationen überhaupt lernen wollen, bzw. wo sie prinzipiell lernbereit sind. Bei der Betrachtung der individuellen und der organisationalen Komponente von Lernen soll von dieser Position aus argumentiert werden.

1. Individuelles und organisationales Lernen – Unterschiede und Zusammenhänge

1.1 Begriffliche Klärungen

Individuelles Lernen ist der Prozess der Herstellung von überdauernden Veränderungen kognitiver Strukturen (kognitiv), des neuronalen Netzwerkes (neurophysiologisch) und des Verhaltens (behavioristisch) beim Individuum. Das »In-der-Welt-sein« des Menschen bedeutet für ihn das permanente Erfahren von Veränderung, und dies determiniert die permanente Bereitschaft zu lernen.

Organisationales Lernen ist der Prozess der Herstellung von überdauernden Veränderungen des Denkens und Handelns der Mitglieder einer Organisation, d. h. die Erhöhung und Veränderung
– des organisationalen Wissens,
– der organisatorischen Handlungs- und Problemlösekompetenz und
– des organisationalen Sinn-, Ordnungs- und Wirklichkeitsrahmens.

Träger organisationalen Wissens sind kollektive bzw. soziale Systeme. Speicher organisationalen Wissens (»Organisationales Gedächtnis«) sind die »*Struktur*«, nämlich die Normen, Rollen und Regeln, und die »*Kultur*«: die Werte, Symbole und Umgangsformen der Organisation. Innerhalb der Organisation werden bewusst oder unbewusst Theorien über das mögliche Funktionieren organisatorischer Abläufe angewendet, um diese Wirklichkeiten zu erzeugen (z. B. Wachstum).

1.2 Vom individuellen zum organisationalen Lernen

Basis des organisationalen Lernens ist das individuelle Wahrnehmen und Lernen. Fragen können in diesem Zusammenhang u. a. sein:»Mit welchen Fragen und Problemen habe ich es zu tun?«,»Was habe ich in letzter Zeit gelernt?.« und »Wie sehe ich momentan die Abteilung oder die Organisation?«. Damit jedoch individuelles Lernen in organisationales Lernen überführt werden kann, muss es externalisiert, transparent gemacht und integriert werden. Dazu benötigt man Kommunikationsprozesse, möglichst über die gesamte Organisation verteilt.

Im kommunikativen Austausch kann es zu divergierenden Wahrnehmungen und Lernerfahrungen kommen; zwischen den Organisationsmitgliedern entstehen Konflikte. Diese müssen in wechselseitigen Aushandlungsprozessen Bearbeitung finden. In dem Prozess der Auseinandersetzung mit anderen Wahrnehmungen und Lernerfahrungen wird das Individuum mit alternativen Problemen und Sichtweisen konfrontiert. Die einzelne Person wird durch andere zu Neuem angeregt und ist gezwungen, seine eigenen kognitiven Konstrukte zu überprüfen. Es wird dadurch möglich, eine kollektive Sichtweise der Dinge als neue Ordnungs- und Orientierungsbasis aufzubauen. Man nennt diesen Vorgang »Organisationale Selbstreflexion« (vgl. Abbildung 1).

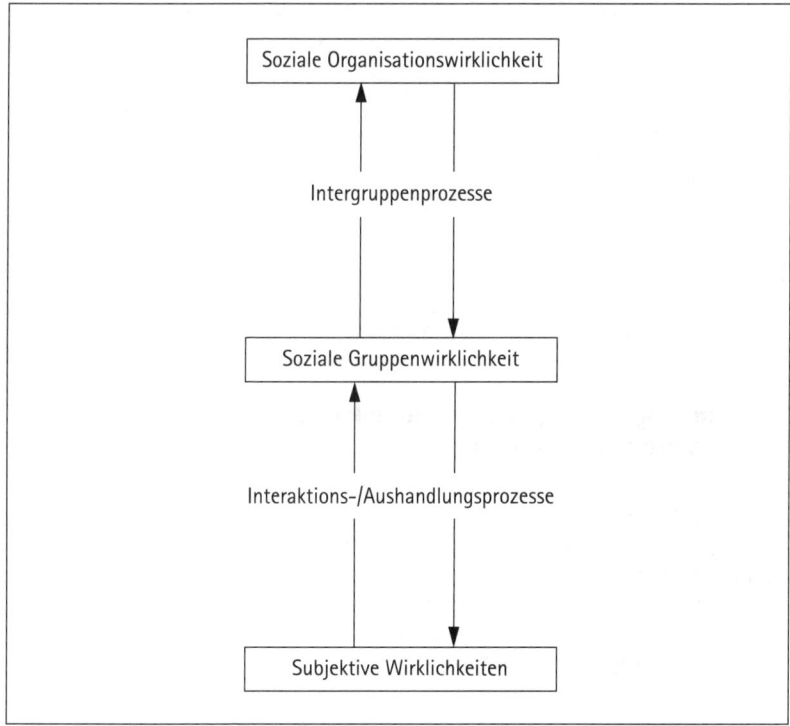

Abb. 1: Die Konstruktion sozialer Wirklichkeiten

Die neue sozial geteilte und dadurch objektivierte Wirklichkeit ist ein Produkt organisationalen Lernens, d. h., strukturelle und kulturelle Veränderungen als Pendant sozial geteilter Wirklichkeit finden statt und können neue Grundlage individuellen und kollektiven Handelns sein. Dieser Prozess könnte als »Organisationale Selbsttransformation« bezeichnet werden. Findet dieser Prozess organisationaler Selbstreflexion und -transformation bewußt und kontinuierlich statt, spricht man von einer »Lernenden Organisation« (vgl. Abbildung 2).

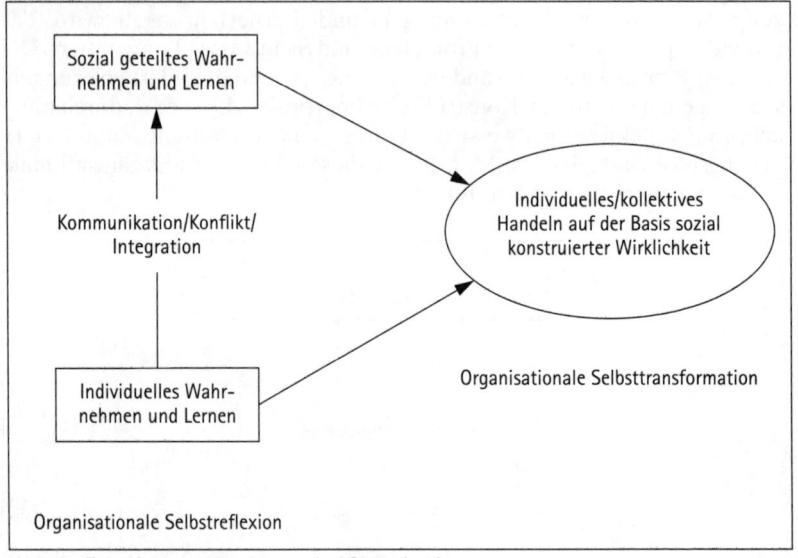

Abb. 2: Zum Konzept der »Lernenden Organisation«

1.3 Zur Abgrenzung von individuellem und organisationalem Lernen

Individuelles Lernen ist eine notwendige, aber noch nicht hinreichende Bedingung für organisationales Lernen, d. h., letzteres ist mehr als die Aufsummierung individuellen Lernens. Es bestehen quantitative und qualitative Unterschiede zwischen individuellem und organisationalem Lernen:
– Organisationales Lernen ist *mehr* als individuelles Lernen (z. B. durch wechselseitige Anregungen),

- organisationales Lernen ist *weniger* als individuelles Lernen (z. B. durch latente, nicht externalisierte oder nicht-externalisierbare Wissensbestände des Individuums),
- organisationales Wissen ist *sozial geteiltes* Lernen (durch den Prozess der Herstellung kollektiver Wissensbestände bzw. Wirklichkeitskonstruktionen im Interaktions- und Aushandlungsprozess entsteht etwas Neues).

1.4 Unterschiedliche Arten organisationalen Lernens

Das Management versucht die Operationsweisen von Organisationen mit dem Ziel der Veränderung zu beeinflussen. Das Anstoßen von individuellen oder organisationalen Lernprozessen soll die Optimierung der innerbetrieblichen Funktionalität zum Ergebnis haben. Die Interventionen können auf verschiedenen Systemebenen ansetzen (vgl. Abbildung 3).

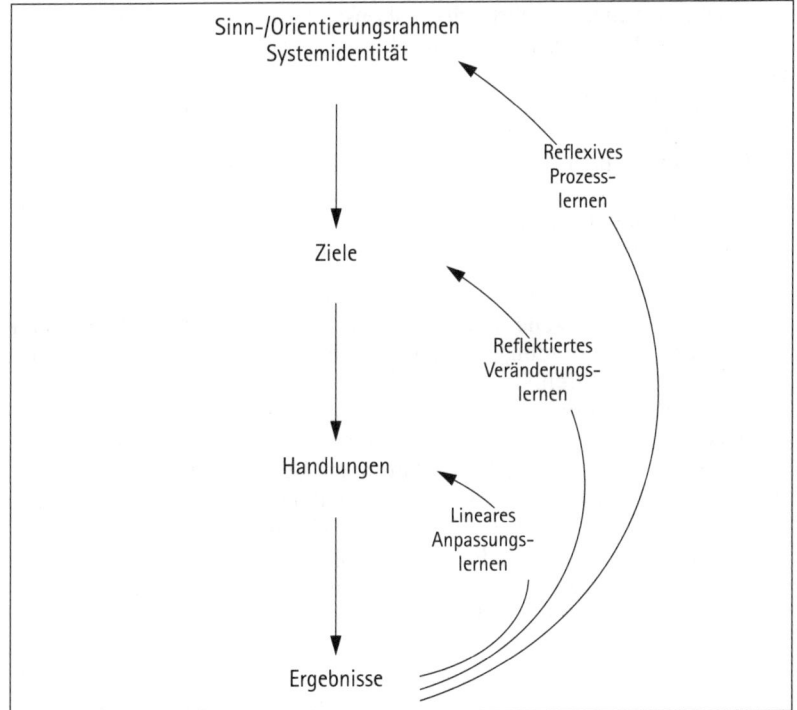

Abb. 3: Arten organisationalen Lernens

– Auf der Ebene der **Handlungen** spricht man von *linearem Anpassungs-lernen* (»Trial-and-error-learning«). Es geht hier um das Ausprobieren alternativer Handlungsmuster bis zur Erreichung des unverändert gebliebenen Ziels. Diese Art des Lernens entspricht den bisherigen Lernprozessen in Organisationen.

– Auf der Ebene der **Ziele** spricht man von *reflektiertem Veränderungslernen.* Häufen sich die Misserfolge eigener Handlungen, so geht man möglicherweise dazu über, die eigenen Handlungsziele zu hinterfragen.

– Auf der Ebene der **Wirklichkeitskonstruktionen** schließlich spricht man von *einem reflexiven Prozesslernen.* Wenn es wenig nützt, nur einzelne Zielvorstellungen zu korrigieren, muss ein Reflexionsprozess eingeleitet werden, der das gesamte eigene (Um)Welt-/Wirklichkeitsbild und damit auch die eigene Identität zum Gegenstand hat.

Um die letzte Stufe, das organisationale Lernen im engeren Sinne, zu erreichen, muss es das Ziel sein, sich einer dynamischen Umwelt durch die ständige Rekonstruktion der organisationalen Wirklichkeit anzupassen und dabei trotzdem Orientierungssicherheit für die Mitarbeiter als kontinuierliche gemeinsame Wirklichkeitskonstruktion zu gewährleisten.

Als Beispiele für organisationales Lernen (oder Verlernen!) wären u. a. zu nennen:

– **Bereichsentwicklung:** Lernen und Verlernen; aus Altem etwas Neues schaffen; Kulturentwicklung etc.

– **kollegiale Supervision:** nicht nur Individuen werden beraten, sondern Gruppen.

– **Projektarbeit:** Lernen über Netzwerke

– **»Katastrophenlernen«:** Elchtest, Brent Spar, Tschernobyl etc.

Übertragen wir die bekannten fünf Kategorien Senge's, die im Mittelpunkt seines Buches »Die fünfte Disziplin« (1990, S. 14–21) stehen, auf die betriebliche Weiterbildung, so ließen sich im Einzelnen z. B. folgende Maßnahmen aufführen:

1. **Personal Mastery** (die Fähigkeit, seine wahren Ziele konsequent zu verwirklichen) Maßnahmen: Persönlichkeitsentwicklung, Meditation, lebenszyklusorientierte Veranstaltungen, Beruf und Familie etc.

2. **Mentale Modelle** (tief verwurzelte Annahmen über die Wahrnehmung der Welt) Maßnahmen: Coaching, Bereichsentwicklung etc.

3. **Teamlernen/Dialog** (die Fähigkeit, eigene Annahmen aufzuheben und sich auf ein gemeinsames Denken einzulassen) Maßnahmen: Teamentwicklung, Bereichsentwicklung, Strategiedialoge etc.

4. **Systemdenken** (die Fähigkeit, übergreifende Muster klarer zu erkennen und besser zu begreifen) Maßnahmen: Szenarioanalysen, systemische Beratungs- und Interventionstechniken, Wissens-und Netzwerkmanagement etc.

5. **Gemeinsame Vision** (die Fähigkeit, eine gemeinsame Zukunftsvision zu schaffen und zu erhalten) Maßnahmen: Unternehmensleitbilder, visionäres Management etc.

2. Was bewegt das Management?

Vielleicht ist es nicht viel, aber doch einiges, was im Management für Wirbel und Bewegung sorgt. Zunächst könnte behauptet werden, daß Organisationen (an sich) genauso wenig lernen können, wie Autos (an sich) fahren können. Weshalb sollte also das Management sich und andere bewegen? Es kann bei beiden, an sich starren Gebilden, etwas bewegt werden, es kann etwas vorangebracht werden, wenn Menschen dabei in irgendeiner Weise beteiligt sind. Organisationen ohne »Geist« sind leblos und deshalb nicht lernfähig. Erst der personale Geist ermöglicht Entwicklung und Veränderung, die durch Lernen begleitet wird.

In beiden Systemen wird von außen gestaltend und verändernd in die Abläufe eingegriffen. Es geht um die Einflussnahme in die Interaktionsprozesse unter einer bestimmten Zweckbestimmtheit. Ein Auto dient dem Zweck, Personen oder Sachen von A nach B zu bewegen. Der Zweck kann in Organisationen unterschiedlich akzentuiert sein. Es kann in Wirtschaftsorganisationen entweder die *Wertorientierung* im Vordergrund stehen, d. h. »(...) Wettbewerbsvorteile zu erreichen, den Wert des Unternehmens zu steigern und Nutzen für die Anspruchsgruppen zu stiften« (Gomez 1993, S. 107), oder es kann um *Werteorientierung* gehen, »(...) die Ausrichtung einzelner Menschen, Gruppen, Unternehmen oder einer Gesellschaft auf bestimmte Werte« (Wunderer 1997, S. 108).

2.1 Veränderungen der organisationalen Umwelt

Die permanenten Veränderungen der organisationalen Umwelt beeinflussen das individuelle Lernen und das Organisationslernen ganz elementar. Als spezifische Aspekte lassen sich nennen:
— multiple Einflussfaktoren auf die Organisation (Kompliziertheit),
– zunehmende Vernetztheit der Einflussfaktoren (Komplexität) und
– zunehmend beschleunigter Wandel (Dynamik).

Darüber hinaus sind die multiplen Auswirkungen organisationalen Handelns zu nennen, die Einflüsse auf die Wechselwirkungen zwischen der Organisation und der Umwelt haben (vgl. Abbildung 4). Insgesamt sind

»chaotische Entwicklungen« im Bezugsnetz »Organisation und Umwelt« festzustellen. Kleine Veränderungen in einem Subsystem können große Wirkungen im Gesamtsystem haben und umgekehrt (sog. »Schmetterlingseffekt«). Auf Lernen bezogen wäre hieraus ableitbar, dass durch turbulente und nicht-kalkulierbare Umwelten sowohl das individuelle als auch das organisationale Lernen wechselseitig beeinflusst wird, wobei die Richtung des Prozesses offen bleibt. Diese prinzipielle Offenheit lässt Menschen und Organisationen immer wieder die Frage nach einer möglichen Vorhersehbarkeit und Steuerbarkeit stellen.

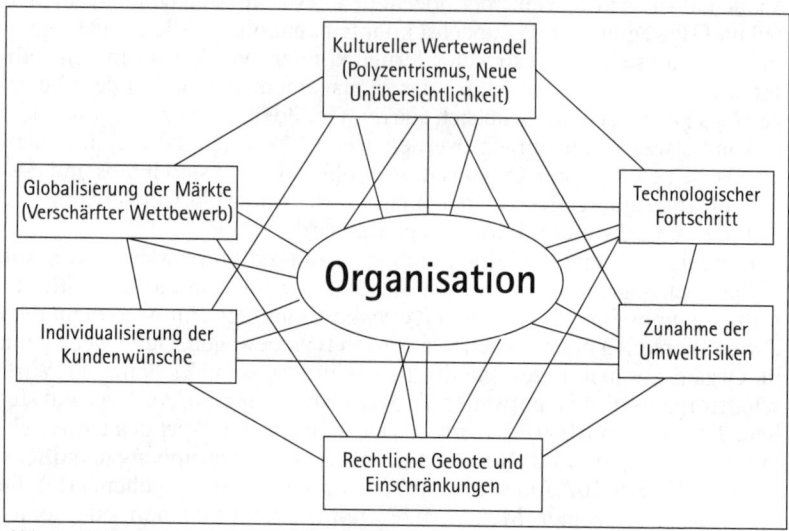

Abb. 4: *Veränderungen der organisationalen Umwelt*

2.2 Veränderungen der Organisation

Die fortschreitende Bürokratisierung (Weber 1922) der Gesellschaft führte zu stark arbeitsteiligen und hierarchischen Organisationen. Die dahinter stehende Annahme war die einer vollständig rationalen Planbarkeit, Beherrschbarkeit und Steuerbarkeit von Menschen und Organisationen. Die Orientierung an dieser Vision führte zur

– Tendenz zur fortschreitenden **Ausbildung selbstähnlicher Strukturen;**
  (Spezialisierung forciert zunehmende Differenzierung; ab einem gewissen Grad benötigt es zusätzliche Hierarchiestufen mit Koordinations- und Kontrollfunktion),

– Tendenz zur **einseitigen Kommunikation** von oben nach unten bzw. zu **Informationsblockaden;**
 (oben wird analysiert, entschieden und befohlen; unten wird gehorcht und ausgeführt),
– Tendenz zur verstärkten **Beschäftigung mit sich selbst;**
 (Circulus vitiosus: Um Menschen zu organisieren, braucht man Regeln; Regeln müssen aufgestellt, kommuniziert und ihre Einhaltung muß kontrolliert werden; dazu braucht man wieder bestimmte Spezialisten),
– Tendenz zur zunehmenden **Unpersönlichkeit;**
 (große Apparate müssen vom Individuum abstrahieren und ihr Funktionieren durch die Ausformulierung von Rollen und Regeln sichern; der Mensch galt und gilt als größter Unsicherheitsfaktor in der Organisation).

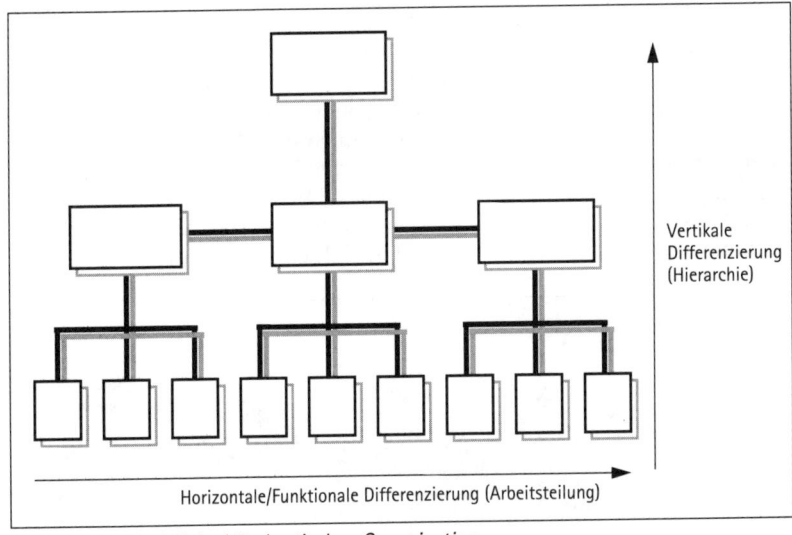

Abb. 5: Das Modell der bürokratischen Organisation

Bürokratische Organisationen (vgl. Abbildung 5) weisen eine Reihe von Problemen auf, die ihre Lern- und Entwicklungsfähigkeit stark begrenzen. Die dominante Innenkonzentration auf Strukturen, Normen, Kontrollen usw. führt zur Abkopplung von der Umwelt, eine »verlorene Anschlussfähigkeit« ist die Folge. Diejenigen, die entscheiden, sind von wesentlichen Interaktionen mit der Umwelt zu weit entfernt (Informations- und Wissensdefizit) und diejenigen, die in direktem Kontakt zur Umwelt stehen, durften nicht entscheiden (Kompetenzdefizit). Als weitere Probleme sind zu nennen, dass die fortschreitende Differenzierung bzw. Fraktionierung zu mangelnder Integration, Identität und Kooperation führt. Die Unpersönlichkeit und die Einengung der Mitarbeiter zieht deren Entfremdung von ihrer Arbeit und der Organisation nach sich.

Solange die organisationale Umwelt noch vergleichsweise stabil und überschaubar war, galt das Modell der bürokratischen Organisation als Garant für ökonomischen Erfolg. In einer komplexer und dynamischer gewordenen Umwelt (Außenwelt und Innenwelt) bzw. im Stadium der »Überbürokratisierung« (relativ zur Umwelt) treten die Schwächen der bürokratischen Organisation jedoch deutlich zu Tage.

2.3 Veränderung des Organisations- und Führungsverständnisses

Selbstorganisation sozialer Systeme

Organisationen sind auf Prozesse der Selbstorganisation angewiesen (vgl. Arnold/Siebert 1995, Götz 1997a, Götz 1997b). Als soziale Systeme sind Organisationen sinngesteuerte Handlungssysteme, wobei nach Luhmann (1984, 1990) Handlungen und nicht Personen zum System gehören. Als offene Systeme stehen sie in permanenten System-Umwelt-Interaktionen und sind operativ geschlossen. Ihre Umweltkontakte werden durch systeminterne Umweltmodelle vorbestimmt. Diese haben primär die Funktion der Komplexitätsreduktion für ihre Mitglieder, was u. a. durch Grenzziehung und Selektion geschieht (vgl. Abbildung 6).

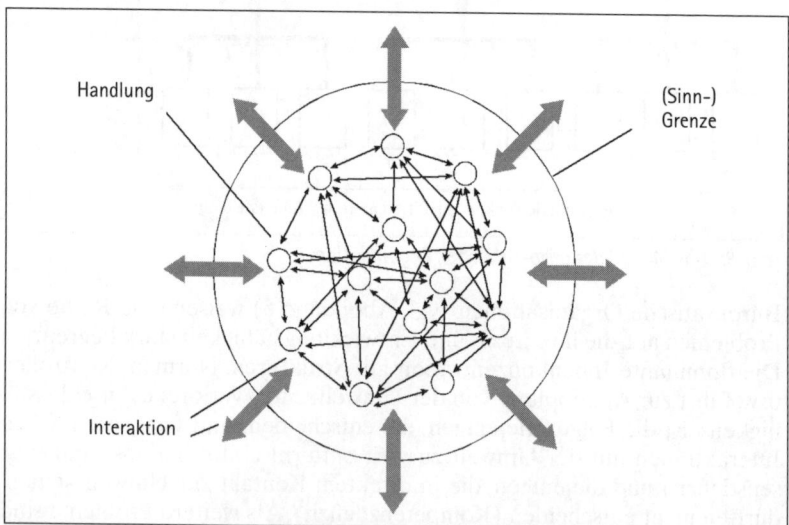

Handlung

(Sinn-)
Grenze

Interaktion

Abb. 6: Organisationen als selbstorganisierende soziale Systeme

Bei der Diskussion um Selbstorganisation muss zunächst das Zusammenwirken aller dem Systemzusammenhang zuzurechnenden Handlungen als
eigentlicher Steuerungsmechanismus der Organisation reflektiert werden.
Eine klassische Ausformung dieser Betrachtungsweise war der Mythos
vom Manager als »Macher« und »Lenker«. Dieser Aspekt steht im Zusammenhang mit dem Mythos der völligen Rationalität und Planbarkeit der
Organisation, womit Systemhandlungen aller Hierarchieebenen und aller
Spezialbereiche gemeint sind. Es geht hier um formelle und informelle
Handlungen in ihrem Zusammenspiel. In diesem Kontext betrifft Selbstorganisation letztlich das Entstehen »spontaner Ordnungen«.

In welchem Zustand sich ein System zu einem gegebenen Zeitpunkt be-
findet bzw. in welche Richtung es sich in Zukunft entwickeln wird, lässt
sich aus zweierlei Gründen nicht genau sagen bzw. aus der Warte einer
Einzelperson bestimmen:
1. vielfältige Einflüsse wirken in immer größerer Geschwindigkeit auf die
   Organisation ein (Umweltkomplexität und -dynamik) und
2. alle Organisationsmitglieder gestalten die Organisation kontinuierlich
   mit (Selbstorganisation).

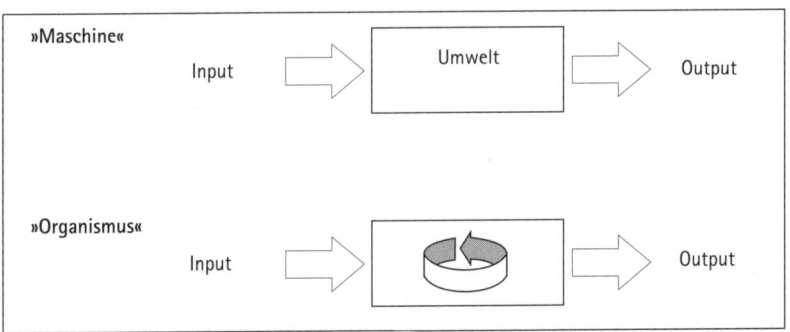

Abb. 7: Bilder von Organisationen

Systemisches Management

Die Tendenz zur Selbstorganisation sozialer Systeme hat Konsequenzen
für das Verständnis und die Praxis von Management. Management bedeutet unter dieser Betrachtung im Wesentlichen nicht mehr *direktes*, sondern
eher *indirektes* Eingreifen in organisationale Prozesse und Strukturen.
Ansatzpunkte bieten dazu vor allem die in der Organisation arbeitenden
Menschen, indem sie in die Verantwortung mit eingebunden werden können. Es müssen ferner eine Bereitschaft und die Fähigkeit zur bewußten
Selbstorganisation sichergestellt und Möglichkeiten zum Lernen und zur

Entwicklung gegeben werden. Es dürfen Fehler gemacht werden, wenn aus diesen gelernt wird.

Bei der Gestaltung organisationaler Rahmenbedingungen hat die Unternehmenskultur (Identität, Kommunikation, Umgang mit Konflikten etc.) hohe Priorität. Prinzipiell müssen Bedingungen für organisationales Lernen geschaffen werden. Der systemische Manager ist damit ein

- **Rahmen- und Prozessgestalter**, der Entwicklungsvoraussetzungen optimiert,
- **Unternehmer**, der zu Kreativität und Innovation anregt, und
- **Coach**, der persönliche Unterstützung und Beratung anbietet.

Der ganzheitliche Manager zeichnet sich im Weiteren durch folgende Merkmale aus (vgl. Probst 1987):

- er nimmt Komplexität an und versucht nicht, sie künstlich zu reduzieren,
- er denkt vernetzt (in Kreisläufen) und verschiebt sein Denken und Handeln auf der Zeitachse nach vorne (antizipatorisches Lernen),
- er kombiniert analytisches mit synthetischem Denken,
- er simuliert System-Umwelt-Szenarien,
- er betrachtet Probleme aus verschiedenen Blickwinkeln,
- er ist lern- und verlernbereit,
- er führt Veränderungen aus dem System heraus herbei (Anerkennung der Autonomie der Teile).

Es hat den Anschein, daß als Konsequenz einer notwendigen Auflösung der klassischen Hierarchie diese in subtileren Formen wieder auftaucht. Wenn Komplexität z. B. durch den Abbau von Hierarchie(-stufen) zu reduzieren versucht wird, schließt sich die Frage an »Wohin verschwindet die Komplexität bzw. die Hierarchie?«. Wenn es immer schwerer fällt, Mitarbeiterinnen und Mitarbeiter zu managen, wird Ersatz geschaffen durch das »Management von Wissen«. Dies hat einen unpersönlicheren Anschein, und dennoch wird vor allem mit Hilfe der neuen Technologien, wie u. a. digitalen Netzen, elektronischen Terminkalendern, multimedialen Präsentationsformen, Internet und Intranet, versucht, hierarchische Steuerung in neuer Form zu ermöglichen. Das vordergründige Anliegen einer Transparenz und des Zugangs zu Wissen kollidiert mit der Entwicklung einer »Bigbrother«-Unternehmenskultur.

3. Systemischer Ansatz und organisationales Lernen

Die Ausführungen waren von der Fragestellung geleitet: »Wie lässt sich die Forderung nach einer lernenden Organisation vor dem Hintergrund des

systemischen Ansatzes (zu Organisation und Management) verstehen?«
Dies soll abschließend und zusammenfassend noch einmal kurz skizziert
werden (vgl. Abbildung 8).

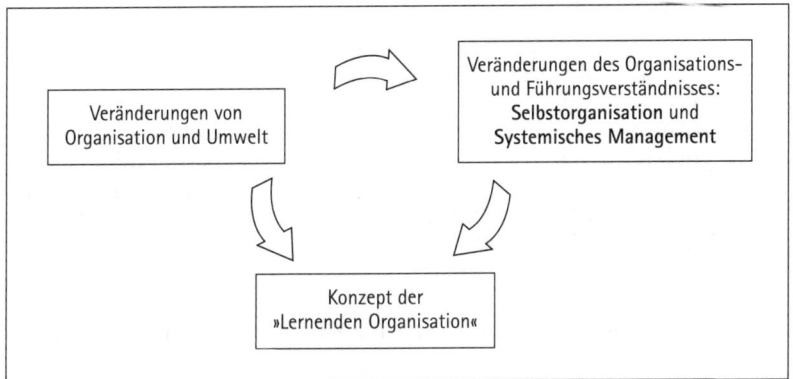

*Abb. 8: Der Ansatz des »Systemischen Managements« und seine Bedeutung für das
Konzept der »Lernenden Organisation«*

Wenn sich die organisationale Umwelt in einem ständigen Wandel befin-
det, steht die Organisation unter einem ständigen Anpassungsdruck. Dies
bedeutet nichts anderes, als dass sie gezwungen ist, kontinuierlich zu lernen und sich selbst dementsprechend zu verändern. Fördernde und hem-
mende Faktoren des Lernens müssen untersucht werden. Umweltkomplexität und -dynamik erfordern ein ununterbrochenes »Screening« verschiedenster Umweltausschnitte durch Spezialisten und ein Zusammenfügen
der unterschiedlichen Perspektiven analog der Vernetzung verschiedenster Umwelteinflüsse zu einem ganzheitlichen System-Umwelt-Szenario.

Wenn jedes Organisationsmitglied an der Steuerung der Organisation
beteiligt ist (Selbstorganisation), so wird deutlich, dass eine Organisation
nur lernen und sich gezielt entwickeln kann, wenn

– jeder Einzelne zu lernen bereit ist und Lernen (z. B. auch Fehler ma-
    chen dürfen) zugelassen wird; es geht um das »Lernen lernen« und die
    Etablierung einer **Lernkultur**;
– alle die nötige Motivation und Möglichkeit zum wechselseitigen Aus-
    tausch von Lernerfahrungen haben; hier geht es um die Etablierung
    einer **Kommunikations- und Konfliktkultur**.

Das sogenannte organisationale Lernen vermag vor diesem Hintergrund
Folgendes zu leisten:

– Wiedergewinn und Aufrechterhaltung der Anschlussfähigkeit an die
    relevante Umwelt, d. h. Flexibilität durch Umweltbeobachtung und
    Wandlungsfähigkeit sowie Wandlungsbereitschaft der Strukturen,

- Reintegration der Teile, ihrer Perspektiven und Identitäten, d. h., die Organisationskultur ist im Zusammenhang mit der Stabilität konstruierter Wirklichkeitsdefinitionen zu sehen,
- offene Kommunikations- und Informationsflüsse, offene Bearbeitung von Konflikten,
- wechselseitige Anregung und Ergänzung der Organisationsmitglieder (Kreativität, Innovation, Kooperation etc.),
- Motivation der Mitarbeiter durch die Übertragung von sinn- und verantwortungsvollen Tätigkeiten, Partizipation, Sozialkontakte etc. und
- die Humanisierung der Arbeitswelt durch eine stärkere Positionierung des Menschen als wichtigen Wettbewerbsfaktor, denn Produktivitätssteigerung und Persönlichkeitsentwicklung könnten zwei Seiten ein und derselben Medaille sein.

3.1 Konsequenzen für die wissenschaftliche Weiterbildung

Wenn sich die Wissenschaft auf »Lernen zweiter Ordnung« einlassen will, müssen bisher **zu Grunde liegende Glaubenssysteme in Frage gestellt** werden. Eine andere Betrachtungsweise könnte für die Wissenschaft bedeuten, dass entscheidende Erkenntnisgewinne aus interdisziplinären Netzwerkstrukturen zu erwarten wären. Pädagogik und Psychologie, die Betriebswirtschaftslehre, die Informatik, aber auch die Physik und die Biologie, könnten im Feld des Organisationslernens durch ein gezieltes Zusammenwirken Nutzen schaffen. Bei der Erforschung der Bedingungen und der Wirkungen des Organisationslernens wären zwischen Theorie und Praxis einige Kooperationsfelder vorstellbar, die beiden Bereichen nützlich sein könnten. Hier wären abschließend u. a. zu nennen (vgl. Dierkes/ Hähner 1995):

1. Mustererkennung
Das sich nach dem zweiten Weltkrieg bildende gesellschaftliche und wirtschaftliche Umfeld war relativ überschaubar und planbar. Aus den Umfeldbedingungen entstanden Beharrungs- und Verfestigungstendenzen, die dazu führten, dass immer wieder Verhaltensmuster reproduziert wurden, die sich in der Vergangenheit bewährt hatten. In dynamisch sich verändernden Umfeldern erscheint aber der Einsatz bislang bewährter Strategien als fraglich. Zu erforschen wäre hier u. a., wie entwicklungshemmende Muster erkannt und verändert werden können und was bei sogenannten Phasenübergängen geschieht (vgl. Götz/Häfner 1997, Götz 1997c).

2. Lernen durch Krisen

Organisationen reagieren auf äußeren Druck und in krisenhaften Situationen sehr unterschiedlich. Manche passen sich an, andere nutzen den Druck zur Weiterentwicklung, wieder andere gehen zu Grunde (vgl. Heintel/Götz 1998). Die interessierende Frage könnte hier sein, weshalb Krisen allenfalls zu kleinen Veränderungen bzw. höchstens zu Modifizierungen führen. Wie kann die Anpassungsfähigkeit von Organisationen so weit entwickelt werden, dass sie selbst in einem turbulenten Umfeld noch handlungsfähig bleiben? Welche Umfeldbedingungen beeinflussen die Lernfähigkeit oder die Lernunfähigkeit von Organisationen?

3. Beziehungen zwischen individuellem und organisationalem Lernen

In welchen Kontexten und bei welchen Zielen ist individuelles oder organisationales Lernen sinnvoller bzw. zweckdienlicher? Wie werden die Schnittstellen gestaltet und wie wird die Differenz bestimmt? Können Teams zu Lösungen kommen, zu denen Einzelpersonen nicht gekommen wären? Trifft dies auch umgekehrt zu? Wie und wo entstehen Ideen?

4. Ablaufprozesse des organisationalen Lernens

Hier interessiert die Frage, wie Lernschritte auf Organisationsebene erfolgen, wie sie ablaufen und in welchem zeitlichen Verhältnis sie zueinander stehen. Sind diese Prozesse mit den erforschten Prozessen des individuellen Lernens vergleichbar?

5. Vergessen

Die Halbwertszeit des Wissens erfordert gerade von Organisationen gezieltes Vergessen. Die »Festplatte« bzw. der »Arbeitsspeicher« einer Organisation braucht deshalb nicht nur »Updates« sondern völlige Neustrukturierungen oder einen kompletten Austausch, um Raum für Neues zu schaffen. In welchen Phasen ist es für Organisationen wichtig zu vergessen? Was hindert sie daran? Was kann dabei verloren gehen?

6. Organisationsstruktur

Zur Bewältigung ihrer Aufgaben und zur Sicherung ihres Überlebens haben Organisationen unterschiedlichste Strukturen hervorgebracht. Wir wissen aber sehr wenig darüber, unter welchen Bedingungen diese Strukturen die Lernfähigkeit von Einzelpersonen, Teams oder der gesamten Organisation unterstützen oder behindern. Es ist notwendig die Strukturen im Hinblick auf die lernende Organisation so zu gestalten, dass sie in den unterschiedlichsten Funktionsbereichen eines Unternehmens wirksam werden können.

7. Organisationskultur

Die Kultur einer Organisation wirkt als Wahrnehmungsfilter. Nur die Dinge werden wahrgenommen, die durch diesen Filter dringen; für vieles bleibt die Organisation blind. Die Organisationskultur ist von entscheidender Bedeutung für die Sensibilität gegenüber dem Umfeld und stellt eine wichtige Bestimmungsgröße für organisationales Lernen dar. Es wären die Einflüsse verschiedener Kulturelemente, unternehmerischer Subkulturen und Normen und Werte daraufhin zu untersuchen, in welcher Weise sie Grundlagen für Lernprozesse bieten.

Literatur

Arnold, R./Siebert, H.: Konstruktivistische Erwachsenenbildung. Von der Deutung zur Konstruktion von Wirklichkeit. Baltmannsweiler 1995.

Baitsch, Ch./Knoepfel, P./Eberle, A.: Prinzipien und Instrumente organisationalen Lernens. Dargestellt an einem Fall aus der öffentlichen Verwaltung. Organisationsentwicklung, 15 (3), 1996, S. 4–21.

Dierkes, M./Hähner, K.: Lernen Organisationen anders? Neues Ladenburger Kolleg »Organisationslernen unter verschiedenen Umfeldbedingungen«. Info. Gottlieb Daimler und Karl Benz Stiftung, 5/1995, S. 1–3.

Götz, K.: Management und Weiterbildung. Führen und Lernen in Organisationen. (Reihe: »Grundlagen der Berufs- und Erwachsenenbildung«, hrsg. von R. Arnold, Band 9). Baltmannsweiler 1997a.

Götz, K.: »Selbstorganisation« in der Weiterbildung von Führungskräften. In H. Siebert (Hrsg.): Literatur- und Forschungsreport Weiterbildung. Band 39. Frankfurt am Main 1997b, S. 138–145).

Götz, K.: Spiele in Organisationen. Didaktisches Design – Zeitschrift für Wissenschaftliche Weiterbildung und Angeleitetes Selbststudium, 2./1997c.

Götz, K./Häfner, M.: Erfolgsgeheimnisse der Natur – Denkanstöße zur Führung von Organisationen? AGOGIK – Zeitschrift für Fragen sozialer Gestaltung, 15/1997, S. 33–49.

Heintel, P./Götz, K.: Den Wandel begleiten (...). In K. Götz, P. Brunner, F. Gairing/ S. Schuh (Hrsg.), UmBrüche – AufBrüche. Menschen und Organisationen im Wandel (2. Auflage). Würzburg 1998, S. 153–171.

Herzog, R.: Aufbruch in der Bildungspolitik. (Rede des Bundespräsidenten auf dem Berliner Bildungsforum am 5. November 1997). Presse und Informationsamt der Bundesregierung Bonn 1997.

Luhmann, N.: Soziale Systeme. Grundriß einer allgemeinen Theorie. Frankfurt/M. 1984.

Luhmann, N.: Soziologische Aufklärung 5. Konstruktivistische Perspektiven. Opladen 1990.

Probst, G.J.B.: Selbst-Organisation. Ordnungsprozesse in sozialen Systemen aus ganzheitlicher Sicht. Berlin 1987.

Rüttgers, J. »Wir brauchen ein durchlässigeres Bildungssystem«. Süddeutsche Zeitung. München 7./8. Februar 1998.

Senge, P.M.: Die fünfte Disziplin. Stuttgart 1990.

Weber, M.: Wirtschaft und Gesellschaft. Tübingen 1922.

Willke, H.: Wissensarbeit. Organisationsentwicklung, 16 (3), 1997a., S. 5–18.

Willke, H.: Dumme Universitäten, intelligente Parlamente. In: R. Grossmann (Hrsg.): Wie wird Wissen Wirksam? (Reihe: iff texte Band 1). Wien und New York 1997b, S. 107–110.

Wunderer, R.: Führung und Zusammenarbeit. Beiträge zu einer unternehmerischen Führungslehre (2. Auflage). Stuttgart 1997.

VI. Projektmanagement im Bildungs- und Sozialbereich – eine Konkretion organisationsbewußten Lernens

Christiane Schiersmann/Heinz-Ulrich Thiel

Angesichts der Tatsache, daß Projekte besonders geeignet erscheinen, um organisationales Lernen zu unterstützen, ist die Beobachtung nicht verwunderlich, daß in zunehmend mehr konzeptionellen Ansätzen sowie in der Praxis der Organisationsentwicklung und -beratung das Entwickeln, Planen und Steuern von Projekten als das ›Herzstück‹ innovativer Veränderungsstrategien angesehen wird. Anders als im gewerblichen und Dienstleistungssektor sind entsprechende Publikationen und Weiterbildungsangebote zum Projektmanagement im Sozial-, Kultur- und Bildungsbereich noch selten. Unter Bezugnahme auf Konzepte des ›organisationalen Lernens‹, des ›Organisationslernens‹ und der ›lernenden Organisation‹ arbeitet der Beitrag die spezifischen Merkmale von Projekten heraus, durch die individuelle und kollektive Lernprozesse und Kompetenzen gefördert und organisationale Wandlungen gestaltet werden können.

1. Problemaufriß

In gewisser Parallelität zu Entwicklungen in der gewerblichen Wirtschaft ist auch der soziale Dienstleistungssektor unter einen erheblichen *Veränderungsdruck* geraten. Zu den Ursachen hierfür zählen u.a. Novellierungen von Gesetzen, der Rückgang öffentlicher Fördermittel, wachsende Konkurrenz zwischen Einrichtungen mit einem vergleichbaren Angebot, gewandelte Interessen und Ansprüche von ›Kunden‹ (Teilnehmern, Probanden, Klienten, Besuchern)[6], neue Technologien in der Arbeitsorganisation, die zunehmende Bedeutsamkeit der je individuellen Berufsbiographie von Mitarbeitern sowie aus den genannten Faktoren resultierende Modifikationen des institutionellen Aufgaben- und Selbstverständnisses.

---

6   Aus sprachästhetischen Gründen wählen wir durchgängig die männliche Bezeichnung. Frauen sind selbstverständlich mitgemeint.

Nun ist es wenig erfolgversprechend, auf die skizzierten Anforderungen durch eher willkürliche Maßnahmen nach dem Versuch-Irrtum-Prinzip zu reagieren. Vielmehr erweist es sich als notwendig, den Herausforderungen mit gezielten *Innovationen* zu begegnen. Diese können sich auf Produkte – z. B. neue Themen, Zielgruppen, Angebotsformen –, die Verfahren zur Erstellung der sozialen Dienstleistungen – z. B. neue Finanzierungs- und Kooperationsstrategien, Einführung von EDV – sowie die sozialen Beziehungen bzw. das ›Betriebsklima‹ und die Unternehmenskultur erstrecken. In den meisten Fällen tangieren Innovationen alle drei Dimensionen – allerdings in unterschiedlicher Gewichtung bzw. variantenreichem Mischungsverhältnis.

Organisationen lassen sich auch kaum radikal – auf einmal und insgesamt – erneuern. Daher liegt aus unserer Sicht ein vielversprechender Ansatzpunkt darin, die Veränderungsstrategien und Verbesserungsschritte in Form von *Projekten* zu gestalten. Darunter verstehen wir die Bearbeitung einer für das Profil und die Weiterentwicklung der Organisation relevanten neuartigen Aufgabe durch zumeist fach-, abteilungs- und hierarchieübergreifend zusammengesetzte Teams mit begrenzten sachlichen, personellen und zeitlichen Ressourcen. Die Definition eingegrenzter Aufgaben ermöglicht ein schnelles und flexibles Reagieren auf neue Herausforderungen. Diese Arbeitsform nutzt die hohe Problemlösekompetenz und Kreativität von Teams, bezieht die Mitarbeiterschaft in den institutionellen Wandel ein und verbessert damit die Dienstleistungsqualität.

Im Vergleich zur gewerblichen Wirtschaft und dem sächlichen Dienstleistungssektor, in denen Projekten und der entsprechenden Literatur bereits seit den achtziger Jahren ein wachsender Stellenwert zukommt (vgl. Heintel/Krainz 1988; Heeg 1993; Hansel/Lomnitz 1993), existieren für den Sozial-, Bildungs- und Kulturbereich bislang keine Publikationen, die das Entwickeln, Planen und Steuern solcher innovativen Vorhaben ausführlich thematisieren. Vereinzelt gibt es in der Bundesrepublik Weiterbildungsangebote zum Projektmanagement – vor allem auf dem Gebiet der Jugendhilfe und Sozialarbeit.

Unter Einbeziehung der vorhandenen Literatur haben wir auf der Grundlage eigener Erfahrungen in der Projekt- und Organisationsberatung ein Projektmanagement-Konzept für pädagogische und soziale Institutionen entwickelt (vgl. Schiersmann/Thiel 1999b). Dabei gehen wir von der Überzeugung aus, daß die Initiierung, Durchführung und Evaluation von organisationsbezogenen Projekten in pädagogischen und sozialen Institutionen keinen grundlegend anderen Ansatz erfordern, es sich allerdings im Vergleich zum industriellen Sektor bzw. sächlichen Dienstleistungsbereich um einen graduell andersartigen Anwendungsbereich handelt. Beispielsweise spielen technische Design- und Planungsmodelle keine so große Rolle, und es lassen sich Kosten-Nutzen-Analysen nicht mit der gleichen Detailgenauigkeit erstellen.

In diesem Beitrag setzen wir uns mit der Frage auseinander, in welcher Weise die Spezifika des Arbeits- und Lernarrangements ›Projekt‹ zum organisationalen Wandel beitragen. Wir beziehen uns dabei auf Konzepte des ›organisationalen Lernens‹, des ›Organisationslernens‹ bzw. der ›lernenden Organisation‹. Die Begriffe haben allerdings auf weiten Strecken den Charakter von »schwindeligen Etiketten« (Geißler/Orthey 1997, S. 21) in einem »semiotischen Krieg« (vgl. Alheit 1994, S. 15) angenommen. Nach unserem Überblick über die Literatur zum organisationalen Lernen wird die Debatte – abgesehen von der nach wie vor fehlenden »übergeordneten interdisziplinären Rahmentheorie« (Geißler 1998, S. 9; vgl. Probst/Büchel 1994, S. 18) und dem Mangel an empirischen Überprüfungen – zu sehr geprägt von der Polarisierung zwischen individuellen Lernprozessen, die über Jahrzehnte vorrangig in der Psychologie und Erziehungswissenschaft im Mittelpunkt des Interesses standen, und dem zumeist systemtheoretisch gefaßten Begriff des ›ganzheitlichen‹ Lernens sozialer Systeme im Sinne der Selbstthematisierung und -aufklärung. Zu dem ›Ich‹ des lernenden Individuums und dem ›Wir‹ der lernenden Organisationseinheit müssen zudem die Art und »Qualität« der Inhalte (vgl. Arnold 1995, S. 15) bzw. thematischen Aufgaben einbezogen werden. Die Frage lautet folglich: ›Wer‹ reflektiert (mit wem) in einer Organisation ›auf welche Weise/wie‹ im Hinblick auf ›was‹?

Um zu einer konkreteren Darstellung der Art und Weise zu gelangen, in der individuelle und kollektive Lernprozesse in Projekten zum organisationalen Wandel beitragen können, unterscheiden wir unter(halb) der Chiffre des organisationalen Lernens heuristisch zwischen *organisationsbezogenen* und *organisationsbewußten* Lernprozessen. Von Organisationsbezug sprechen wir dann, wenn bei der Bewältigung der Projektaufgabe der »institutionelle Handlungskontext« (Filsinger 1992) – beispielsweise Aufbaustrukturen, Abläufe und/oder Kulturen einer Organisation – als Bezugspunkt der Lern- und Gestaltungsprozesse tangiert ist. Wir legen als Analyse- bzw. Bezugskategorien zentrale organisationstheoretische Dimensionen zugrunde, die in neueren organisationssoziologischen, -psychologischen und betriebswirtschaftlichen Modellen – trotz im einzelnen divergierender Begrifflichkeiten – konsensfähig zu sein scheinen (vgl. Bleicher 1992; Glasl 1990; Neuberger/Kompa 1987): Neben der Struktur einer Organisation als formaler (und informeller) Gliederung, den Marktstrategien, den Prozeßabläufen und kommunikativen Beziehungen gehören die ›Identität‹ (u.a. die übergeordneten Unternehmensziele, die Geschichte und Kultur) ebenso dazu wie fachliche, methodische und soziale Kompetenzen bzw. skills, insbesondere solche, die – ebenfalls in weitgehender Übereinstimmung der damit beschäftigten Wissenschaftsdisziplinen – zentral sind für die zukünftige Gestaltung und Weiterentwicklung von Organisationen. Als solche lassen sich u.a. Fertigkeiten und Fähigkeiten wie systemisches Denken und Problemlösekompetenz als prozedurales Wissen, Teamfähigkeit sowie Umgang mit Risiko und Konflikten benennen.

Mit dieser Beschreibung des Organisationsbezugs von Lernen grenzen wir uns von Positionen ab, die jeglichen arbeitsbezogenen Wissenszuwachs, der in einer konkreten Einrichtung stattfindet, bereits aufgrund dieses Kontextes als organisationales Lernen definieren. Organisationsbezogen lernen in unserem Sinne können sowohl Individuen als auch Teams (vgl. Senge 1996). Die gruppendynamische Selbstthematisierung im Hinblick auf vorhandene Sympathien oder Antipathien hat dann einen Institutionsbezug, wenn Übereinstimmung darin besteht, daß Teamfähigkeit zu den relevanten zukunftsorientierten skills im Kontext organisationalen Lernens zählt.

Von »Organisationsbewußtsein« bzw. »-bewußtheit« (vgl. Heintel/Krainz 1988, S. 12; Nevis 1988; Buchinger 1991) bzw. *organisationsbewußtem* Lernen sprechen wir, wenn auf einer Meta-Ebene Aspekte einer konkreten Organisation (vgl. die o. g. organisationstheoretischen Dimensionen) in weitere Zusammenhänge gestellt, kritisch hinterfragt und im Hinblick auf Muster und Mythen reflektiert werden. Es geht dann beispielsweise nicht nur um die einfache Festlegung oder Anpassung von Zielen und Wegen einer Organisation an gegenwärtige Erfordernisse (im Sinne des single-loop-learning), sondern um deren Reflexion als institutionsbezogene Denk- und Handlungsmuster. Dies entspricht weitgehend dem Veränderungs- und Prozeßlernen als double-loop-learning bei Argyris/Schön (1978). Eine gruppendynamische Selbstreflexion ließe dann auf Organisationsbewußtheit schließen, wenn die ›Gruppenmatrix‹ vor dem Hintergrund der ›Institutionsmatrix‹ (Pühl 1998) interpretiert wird. Eine Projektgruppe, die sich mit der Einführung von Qualitätsentwicklung und -sicherung beschäftigt, muß sich z. B. mit der ›Passung‹ zwischen unterschiedlichen Konzeptansätzen und dem bisherigen bzw. zukünftigen Selbstverständnis der Einrichtung auseinandersetzen. Diese organisationsbewußte Reflexionsebene kann – ebenso wie der Organisationsbezug – sowohl individuell als auch kollektiv vorhanden sein oder erworben werden.

Im folgenden präzisieren wir, inwiefern die spezifischen Merkmale von Projekten Lernprozesse bzw. Kompetenzen fördern, die sich als organisationsbezogen bzw. organisationsbewußt kennzeichnen lassen und damit die Voraussetzungen für eine produktive Gestaltung des organisationalen Wandels stärken. Dabei konzentrieren wir uns auf vier zentrale Aspekte:

1. die spezifische Projektorganisation,
2. die problemlöseorientierte Prozeßgestaltung,
3. die Beziehungsklärung und Konfliktbewältigung in Projektteams sowie
4. die Reflexionskultur als Kern organisationsbewußten Lernens.

2. Spezifika des Projektmanagements als Medium organisationsbezogener und -bewußter Lernprozesse

2.1 Erweiterung der organisationalen Wissensbasis durch die fach-, abteilungs- und hierarchieübergreifende Projektorganisation

Organisationsbezogenes sowie -bewußtes Lernen beginnt bereits bei der Auswahl von *Projektthemen.* Im Verlauf der Entscheidung für die Bearbeitung bestimmter Aufgaben muß deren systematische Einbindung in die vorhandene Organisation, ihre Geschichte, Struktur und Kultur geklärt werden. Dies erfordert die Reflexion der bislang von der Organisation gelebten und vertretenen Prinzipien und eröffnet damit Perspektiven für den organisationalen Wandel. Häufig werden die Themen aus einem vorhandenen Leitbild und/oder einer Stärken-Schwächen-Analyse entwickelt.

Angesichts des einleitend skizzierten aktuellen Innovationsdrucks in den sozialen, pädagogischen und kulturellen Institutionen überrascht nicht, daß Themen wie die Erschließung neuer Zielgruppen, die Neuakzentuierung des Selbstverständnisses, Qualitätssicherung, Verbesserung interner und externer Kommunikationsstrukturen, Teamentwicklung, Effektivierung der Arbeitsabläufe, Intensivierung der Öffentlichkeitsarbeit und des Marketing etc. als Projektthemen gewählt werden. Die Verortung der Identität einer Organisation im Spannungsfeld von öffentlicher Förderung und betriebswirtschaftlicher Effizienz, von Institutionalisierung und Selbstorganisation, zwischen pädagogischem Selbstverständnis und Marktorientierung prägen dabei häufig die Ziele der Veränderungsrichtung.

Bei der Prioritätensetzung hinsichtlich zu bearbeitender Projektthemen handelt es sich um eine Führungsaufgabe, die zwar unter Einbeziehung der Mitarbeiterschaft erfolgen, aber nicht vollständig dieser überlassen werden sollte, denn es ist unabdingbar für den Erfolg von Projektarbeit, daß diese neue Arbeits- bzw. Lernform aktiv von der Einrichtungsleitung bzw. dem Träger unterstützt wird. Darüber hinaus muß transparent gemacht werden, wer das Projekt initiiert hat und wer die Entscheidung über sein Zustandekommen trifft – dies können verschiedene Personen bzw. Instanzen sein –, denn Unklarheiten über die Verantwortlichkeiten können sich später als hinderlich für die Akzeptanz und Umsetzung der Projektergebnisse erweisen. Die Sichtbarmachung dieser Entscheidungsprozesse verstärkt das Verständnis für die Geamtabläufe und -zusammenhänge in der Organisation, insbesondere für beteiligte Mitarbeiter aus unteren Hierarchieebenen.

Als Spezifikum der Projektgruppen ist bereits ihre *fach-, bereichs- bzw. abteilungs- sowie hierarchieübergreifende Zusammensetzung* betont worden, die in der Regel bereits aufgrund der Komplexität der Aufgabenstellung naheliegt, damit aber auch wesentlich dazu beiträgt, innovative Lernprozesse zu fördern (vgl. Nonaka/Takeuchi 1997). Aus diesem Grund kommt der gezielten Zusammensetzung der Projektteams hohe Bedeutung zu. Neben der Beteiligung von Mitarbeitern mit unterschiedlichen Berufsausbildungen und aus unterschiedlichen Abteilungen stellt sich die Frage nach dem optimalen Einbezug der verschiedenen hierarchischen Ebenen. Für eine Beteiligung von Mitarbeitern aus der oberen Führungsebene spricht, daß diese potentiell intensiv dazu beitragen können, daß die Projektergebnisse auch wirklich in der Einrichtung umgesetzt werden (vgl. Kraus/Westermann 1997, S. 29 f.). Als Problem könnte sich erweisen, daß deren Zeitbudget besonders begrenzt und daher die Kontinuität der Mitarbeit nur schwer realisierbar ist. Auch dürfte es der Leitungsebene aus personellen sowie finanziellen Überlegungen leichter fallen, Mitglieder der unteren oder – soweit noch vorhanden – mittleren Führungsebene für die Projektarbeit freizustellen. Außerdem ist eine Ausgewogenheit unter geschlechtsspezifischen Gesichtspunkten erstrebenswert, um so – angesichts einer in der Regel geringen Beteiligung von Frauen an Führungspositionen – Projektarbeit zugleich als einen Ansatz zur Frauenförderung zu nutzen.

Im Interesse einer erfolgreichen Projektarbeit hat es sich als zentral erwiesen, die Aufgaben und Verantwortlichkeiten der Person klar zu definieren, die die *Funktion des Leiters, Sprechers oder Koordinators der Projektgruppe* übernimmt. Diese Rolle sollte keineswegs vorschnell Personen zugewiesen werden, die auch in der Linienorganisation eine Leitungsfunktion innehaben. Die herausgehobene Position des Projektleiters, die nicht mit traditionellen Leitungsfunktionen identisch ist, der aber mehr Verantwortung als den übrigen Projektmitgliedern zugewiesen wird, impliziert neue Erfahrungen mit einer ungewöhnlichen aufgaben- und interaktionsbezogenen Rollendefinition. Trotz dieser partiellen Verlagerung von Zuständigkeiten aus der traditionellen Hierarchie auf die Projektgruppe und insbesondere ihren Leiter bzw. Sprecher muß allen Beteiligten bewußt sein, daß die Entscheidungsbefugnisse auf der Vorgesetzten-, Leitungs- bzw. Trägerebene in der bisherigen Form nicht außer Kraft gesetzt werden. Auf damit verbundene Konflikte kommen wir noch zurück. In der Praxis kommt es häufig vor, daß diesen »Leitungen auf Zeit« sehr viel Verantwortung zugewiesen wird, ohne daß sie mit entsprechenden Entscheidungsbefugnissen ausgestattet sind (vgl. Kraus/Westermann 1997, S. 31 f.)[7]. Dies

---

7 Im Gegensatz zum gewerblichen Sektor haben die Projektleiter im Sozial-, Bildungs- und Kulturbereich in der Regel keine disziplinarische und fachliche Weisungsbefugnis.

kann zu Friktionen und Unstimmigkeiten bei der Durchführung der Projektarbeit beitragen.

In Abhängigkeit u.a. von der Einrichtungsgröße wird es in manchen Institutionen zu einem bestimmten Zeitpunkt »nur« ein Projekt geben, während in größeren u.U. mehrere Projekte gleichzeitig laufen. In letzterem Falle ist es notwendig, eine *Koordinierungs- oder Steuerungsgruppe* einzurichten, deren Aufgabe in der Verzahnung der unterschiedlichen Projektgruppen sowie in der Rückkoppelung der Projektarbeit an die bestehenden institutionellen Strukturen besteht. Damit entsteht eine Dreigliedrigkeit, die die Unternehmensleitung, eine Steuerungs- bzw. Koordinationsgruppe und die Projektteams umfaßt. Durch diese Vernetzung der (Hierarchie)-Ebenen mit Vertretern »von der Basis bis zur Unternehmensspitze« können neue Handlungsmöglichkeiten eröffnet und Synergieeffekte erzeugt werden.

Die in bezug auf die oben genannten Kriterien heterogene Gruppenzusammensetzung ermöglicht eine hohe *Leistungsfähigkeit* (vgl. Schleiken 1997, S. 182) und *Kreativität der Projektteams*. Die Vielfalt vorhandener Kenntnisse und Fähigkeiten der einzelnen Teammitglieder erhöht die Wahrscheinlichkeit, daß die gestellten Aufgaben zugleich effizient und umfassend bearbeitet und verschiedene Ideen und Problemlösestrategien zusammengetragen werden. Als positive Lernerfahrung kann die Tatsache hervorgehoben werden, daß die unterschiedlichen Sichtweisen auf das gemeinsam zu bearbeitende Problem durch Kommunikation, Interaktion bzw. Kooperation ausgehandelt werden müssen. Durch die Austauschprozesse in den Gruppen und die Aggregation unterschiedlicher Kenntnisse, verschiedener Fähigkeiten und divergierender Erfahrungen wird neues Wissen generiert und damit die organisationale Wissensbasis erweitert (vgl. Probst/Büchel 1994, S. 64). Im Vergleich zu traditionellen Formen der Bearbeitung von fach-, abteilungs- und hierarchieübergreifenden Problemstellungen werden die notwendigen Kommunikations- und Kooperationswege entscheidend verkürzt. Zugleich kann – zumindest bei der in pädagogischen und sozialen Einrichtungen in der Regel freiwillig erfolgenden Beteiligung von Mitarbeitern an den Projektgruppen – von einem hohen Engagement ausgegangen werden, das die Wahrscheinlichkeit der Zielerreichung erhöht. Die hier beschriebenen Prozesse können mit Senge (1996) als Gruppenlernen gefaßt werden.

Das Lernen in den Projektgruppen zeichnet sich durch ein hohes Maß an *Selbststeuerung* und *Selbstorganisation* sowie einen vergleichsweise hohen Grad an Dispositionsspielräumen aus, d. h. es handelt sich um selbstorganisiertes, kooperatives Lernen. Dies betrifft z. B. die Konkretisierung der angestrebten Zielperspektiven sowie die Entwicklung der Vorgehensweisen bei der Analyse der Ausgangssituation, die Herausarbeitung von Lösungsmöglichkeiten und die Planung der Umsetzung. Der Erwerb von

Kompetenzen für selbstorganisierte Lern- und Arbeitsprozesse wird in der arbeitssoziologischen und betriebswirtschaftlichen Literatur übereinstimmend als ein zentraler Faktor für die Bewältigung des sich immer rascher vollziehenden Wandels hervorgehoben: Angesichts der Geschwindigkeit der Veränderungszyklen und der zunehmenden Komplexität ist es zukünftig wenig erfolgversprechend für ein Unternehmen, diese von oben zentral steuern zu wollen (vgl. Baethge/Schiersmann 1998).

2.2 Erhöhung der Methodenkompetenz durch prozeß- und problemlöseorientiertes Gestalten des Projektverlaufs

Nach der Festlegung eines organisationsrelevanten Rahmenthemas als Projektgegenstand und der institutionellen Absicherung der spezifischen Projektstruktur können die Mitglieder lernen, einen Projektverlauf zu gestalten. Dazu gehört beispielsweise die Entwicklung einer Vorstellung – eines Bildes oder Planes – vom Projektprozeß insgesamt, eine Sensiblisierung für Phasen und kritische Situationen. Um mit der Dynamik, Unsicherheit und Komplexität in einem längerfristigen, risikoreichen Prozeß – wie es ein Projekt darstellt – umgehen zu können, benötigen die Mitarbeiter prozessuale Gestaltungsfähigkeiten. In der Literatur zum Projekt*management* – d. h. im Hinblick auf den Prozeß der Planung und Steuerung – wird das Konzept einer systemischen (›ganzheitlichen‹) Problemlösemethodik als Referenzrahmen favorisiert (vgl. u.a. Heeg 1993; Ulrich/Probst 1991).

Ein Problem – hier ein innovatives Projektvorhaben – ist dadurch definiert, daß ein unerwünschter Anfangs- bzw. Ist-Zustand – über Hindernisse hinweg – in einen erwünschten End- bzw. Sollzustand – den erfolgreichen Abschluß – transformiert werden soll (vgl. Dörner 1989). Das Problemlösekonzept als Handlungstheorie teilt den Ablaufprozeß in Phasen auf, die bei verschiedenen Autoren in der Anzahl und Bezeichnung variieren, aber in der Grundstruktur einem ähnlichen Muster folgen (vgl. z. B. Boy/Dudek/Kuschel 1997, S. 35 f.; Küchler/Schäffter 1997; Thiel 1998). Dazu gehören beispielsweise die Zieloperationalisierung, Motivationsklärung und genauere Problemanalyse, die Entscheidung über alternative Handlungsstrategien und kreative Lösungswege, eine detaillierte Planung der Durchführung, die Steuerung der Realisierungsphase sowie die Projektevaluation bzw. das -controlling.

Nach unserer Erfahrung haben Projektmitarbeiter im pädagogisch-sozialen Bereich in der Regel vergleichsweise bessere Kompetenzen im Hinblick auf die Phase der Entwicklung von Zielvorstellungen und alternativen Lösungswegen. Häufig fehlen demgegenüber für die Planung und Steuerung der »Verlaufskomplexität« (Luhmann/Schorr 1979) Mittel und

Wege, Verfahren und Techniken der Planung der Umsetzung (z. B. Planungsraster) und Methoden des Controlling während der Durchführung (Umsetzung der Planung). Wie eingangs erwähnt, sind Projekte geradezu durch den effizienten Umgang mit begrenzten Ressourcen an Zeit, Personal, Finanzen und Sachmitteln gekennzeichnet. Wenn das spezifische Methodeninstrumentarium zu dieser Aufgabenbewältigung fehlt und das ›Technologiedefizit‹ nicht bemerkt oder eingestanden wird, steht ein Projektteam in der Gefahr, diese Anforderung zu bagatellisieren oder als gruppendynamisches Problem auf die ›Beziehungsebene‹ zu verschieben.

Trotz der transparenten Struktur des Problemlösungszyklus, der die Komplexität zu reduzieren versucht, ist der Projektverlauf nicht genau prognostizierbar, weil er durch organisationsexterne Faktoren (z. B. Gesetzesnovellierungen mit einhergehenden Änderungen der Finanzierungsmodi) und interne Entscheidungen in jeder einzelnen Phase beeinflußt werden kann. So sind die einzelnen ›abzuarbeitenden‹ Stadien mit ihrer je spezifischen Aufgabenstellung miteinander vernetzt, rückgekoppelt und in einen zirkulären Prozeß integriert, wodurch Komplexität folglich wiederum erhöht wird. Deshalb ist der Problemlösekreislauf eher als Spiralmodell mit mehreren Durchläufen zu konzeptualisieren (vgl. Baumgartner u.a. 1996). Hierbei ist ein schöpferischer Umgang mit Ordnung und Chaos notwendig – wie das Fallbeispiel eines EU-Projektes zur Curriculumentwicklung in Ungarn illustriert (vgl. Kersting 1998).

Die bei der Projektbearbeitung erforderliche Einübung in das ›ganzheitliche‹ Denken und Handeln in komplexen Systemen kann als wesentliches Element eines organisationsbezogenen und -bewußten Lernprozesses angesehen werden. Mitarbeiter im Projektteam lernen für die (zukünftige) Weiterentwicklung der Organisation analytische Fähigkeiten einer Problemanalyse, normativ-reflexive Kompetenzen der Zielfindung und -definition, kreative Wege der Lösungssuche und Methoden der Entscheidungsfindung, planerisch-strategische Qualifikationen und Controllingfertigkeiten beim Steuern während des praktischen Umsetzungsprozesses – alles wichtige Problemlöse- bzw. Managementkompetenzen. Diese prozeßhafte Organisation der Projektplanung und -steuerung als »Prozeßbegleitungskompetenz« (Geißler 1998, S. 22) hat nach unseren Erfahrungen eine Vorbildwirkung für die selbständige Weiterentwicklung einer Organisation. Diese kann darin bestehen, daß z. B. projektanaloge Arbeitsformen wie ad-hoc-Problemlösegruppen, Qualitätszirkel, Lern- oder Zukunftswerkstätten installiert werden. Noch wichtiger ist für eine Organisation das sinnliche Erleben der zunehmend wichtiger werdenden ›Prozeßorientierung‹ der Arbeit bzw. der Dienstleistung*erstellung* durch das Projektmanagement gegenüber der vorschnellen Fixierung auf Produkte und Ergebnisse.

2.3 Stärkung der Sozialkompetenz durch Beziehungsklärung und Konfliktbewältigung im Projektteam

Ein Großteil der spezifischen Lernchancen, aber auch der Unwägbarkeit und Unübersichtlichkeit von Projektverläufen wird durch den psycho-sozialen Faktor hervorgerufen. Dieser Sachverhalt wird in der betriebswirtschaftlich orientierten Literatur häufig vernachlässigt oder nur recht oberflächlich beleuchtet.

Es ist davon auszugehen, daß Projektteams eine gewisse Zeit benötigen, um sich zusammenzufinden, und im Prinzip die gleichen Phasen durchlaufen, wie sie generell für Gruppen variantenreich, aber im wesentlichen übereinstimmend als typisch beschrieben worden sind. So unterscheiden z. B. Langmaack/Braune-Krickau (1995) eine Orientierungs-/Testphase, die Phase der Gärung und Klärung, die Produktivitäts- sowie die Abschlußphase. In diesen unterschiedlichen Phasen variiert die Beziehung zwischen den Gruppenmitgliedern. Ist für die beteiligten Individuen in der ersten Phase ein Schwanken zwischen Nähe-Suchen und Distanz-Bewahren typisch, so zeichnet sich die Gruppe als Ganzes durch ein noch eher unpersönliches Klima aus, während erste Bindungen entstehen. In der Phase der »Gärung und Klärung« werden jeweils eigene Interessen und Erwartungen dezidiert formuliert und dem Aushandeln des individuellen Status in der Gruppe kommt hohe Bedeutung zu. Das Gruppenklima ist durch die Konfrontation unterschiedlicher Standpunkte geprägt, gemeinsame Ziele und Normen müssen erarbeitet werden. In der produktiven Phase überwiegt bei den einzelnen das hohe persönliche Engagement, und die Gruppe insgesamt ist durch ein starkes »Wir«-Gefühl, intensive und zielorientierte Kommunikation, kreative Aufgabenbewältigung und hohe Solidarität gekennzeichnet. In dieser Phase ist die Gruppenkohäsion am ausgeprägtesten.

Allerdings machen bereits die verschiedenen Schemata zur Entwicklung von Gruppen darauf aufmerksam, daß die Zusammenarbeit in Gruppen nicht nur positive Auswirkungen hat. Als negativ kann sich zum einen ein erhöhter Gruppendruck auswirken, der zur *Konformität* beiträgt und damit die offene Diskussion unterschiedlicher Strategien und Wege erschwert. Dies führt dann häufig zu vorschnellen und nicht hinreichend durchgearbeiteten Kompromißbildungen und kann zudem den Anreiz für die individuelle Leistungsbereitschaft verringern. Es kann auch eine Situation eintreten, in der die Gruppe sich vor internen Konflikten rettet, indem sie sich über Gebühr nach außen abschottet und einen gemeinsamen Außenfeind definiert. In die entgegengesetzte Richtung weist die Gefahr, daß das individuelle *Konkurrenzdenken* in der Gruppensituation nicht überwunden wird und diejenigen, die Ideen einbringen, empfindlich reagieren, wenn sie sich mit ihren Vorschlägen nicht durchsetzen können.

Die Arbeit in Projektteams ist aufgrund der Art der Aufgabenstellung durch eine besonders hohe *Komplexität* und *Unsicherheit* im Hinblick auf die Zielerreichung gekennzeichnet (vgl. Gregor-Rauschtenberger/Hansel 1993, S. 29). So ist zu klären, was noch zum Projektauftrag gehört und was nicht. Wie ist mit Umwegen und Zeitverzögerungen umzugehen? Soll die Gruppe ›große‹ Lösungen wagen oder sich mit bescheidenen Veränderungen zufrieden geben? Wie viel an Kreativität und Chaos ist verträglich, an welchen Stellen müssen in welchem Umfang Strukturen eingezogen werden, um die Zielerreichung in der vorgegebenen Zeit zu gewährleisten?

Im Vergleich zu anderen Gruppenkonstellationen kommt für die Projektteams erschwerend hinzu, daß die Projektmitglieder sich in der Projektarbeit in anderen *Rollen* erleben, als sie ihnen vom beruflichen Arbeitsalltag her vertraut sind. Insbesondere müssen die beteiligten Führungskräfte aus ihrer Vorgesetztenposition in die Rolle eines gleichberechtigten Gruppenmitglieds wechseln und die Mitarbeiter Führungskräfte als nicht weisungsbefugte Gruppenmitglieder wahrnehmen lernen. So erleben die Mitarbeiter sowie die Führungskräfte sich gegenseitig aus einer neuen Perspektive und erkennen im Berufsalltag nicht sichtbare Stärken und Schwächen. Allerdings muß darauf geachtet werden, daß – aufgrund der tradierten Rollen – den Äußerungen von Führungskräften nicht mehr Aufmerksamkeit zugemessen wird als denen von Projektteammitgliedern mit geringem beruflichen Status (vgl. Heeg 1993, S. 75). Gerade die Überwindung dieser Dichotomie macht innovative Lernprozesse aus (vgl. Nanoka/Takeuchi 1997).

Eine weitere Schwierigkeit besteht darin, daß zwischen der Rolle im Projektteam und der sonstigen Berufsrolle intrapsychische Friktionen (Intra-Rollenkonflikte) auftreten können, die es zu bearbeiten und auszubalancieren gilt. So kann z.B das gleichzeitige Arbeiten in der stark demokratisch agierenden Projektgruppe und der eigenen, noch stark autoritär geführten Abteilung Probleme verursachen. Der organisationsbezogene Lerneffekt besteht darin, daß alle Beteiligten für die unterschiedlichen, in einer Organisation vorhandenen Rollen sensibilisiert werden. Dies erweitert ihren Blick auf die Organisation und das dafür insgesamt erforderliche Spektrum an aufgaben- und interaktionsbezogenen Rollen. Ein organisationsbewußtes Lernen findet dann statt, wenn die in der Organisation vorfindliche Rollenverteilung reflektiert und gegebenenfalls partiell in Frage gestellt wird.

Um sich die konkrete Arbeit zu erleichtern und Gruppen- und Rollenkonflikte möglichst produktiv zu gestalten, hat es sich als hilfreich erwiesen, daß sich die Projektteams auf organisatorische und gruppenbezogene *Regeln* verständigen, die z. B. festlegen, wer moderiert, wer das Protokoll schreibt, in welcher Form zu Sitzungen eingeladen wird, wie das Rederecht definiert wird, wann Störungen auf der Beziehungsebene aufgegriffen werden und in welcher Weise Entscheidungen getroffen werden.

Trotz der Einführung von Regeln für die Gruppenarbeit ist zu erwarten, daß in Projektteams – wie in jedem anderen Team – im Laufe der Zeit *Konflikte* auftreten. Die ungewöhnliche – fach-, abteilungs- und hierarchieübergreifende – Zusammensetzung macht Konflikte sogar besonders wahrscheinlich. Im Hinblick auf organisationsbezogene Lernprozesse ist es dabei wichtig, zwischen den unterschiedlichen Konflikttypen unterscheiden zu lernen, die sowohl die Beziehungs- als auch die Sachebene betreffen können. Bei letzteren kann es sich sowohl um Ziel-, Beurteilungs- oder Verteilungskonflikte handeln (vgl. Boy/Dudek/Kuschel 1996, S. 58). Konflikte können nicht nur innerhalb der Projektgruppe, sondern auch in bezug auf die übrigen Mitarbeiter in der jeweiligen Abteilung, andere Beschäftigte oder die Führungsebene auftreten. Nach unserer Erfahrung besteht ein wichtiger organisationsbezogener Lernprozeß darin, daß die Projektmitglieder im Laufe ihrer Arbeit eine andere Einstellung zu Konflikten entwickeln und diese nicht nur als Störfaktor, sondern auch als produktive Herausforderung begreifen lernen. Hierfür kann es hilfreich sein, auch die Konfliktregelung auf der Basis der Problemlösemethodik zu bearbeiten (s. auch den Punkt ›Erhöhung der Methodenkompetenz‹). Konfliktfähigkeit wird in neueren Managementkonzepten als zentrale Kompetenz für die Bewältigung zukünftiger organisationsbezogener Herausforderungen (vgl. z. B. Blake/Mouton 1990) angesehen.

2.4 Die Reflexionskultur als Kern ›organisationsbewußten‹ Lernens

Eine Projektentwicklung erfordert und fördert nicht nur organisationsbezogene Fach-, Methoden- und Sozialkompetenzen durch das innovative, traditionelle Wissens- und Organisationsstrukturen transzendierende, prozessuale und beziehungsgestaltende Lernen, sondern umfaßt darüber hinaus eine Meta-Ebene, die hier als ›Reflexionskultur‹ einer Einrichtung bezeichnet wird. Hierbei geht es um ein die gesamte Projektentwicklung begleitendes ›organisationsbewußtes‹ Lernen im Sinne des double-loop-learning. Generell bezieht sich diese Reflexion auf die eingangs genannten organisationstheoretischen Dimensionen, die zugleich Gegenstände der Veränderung durch Projekte sein können. Differenziert man die Meta-Ebene im Hinblick auf die Bewertung der Ergebnisse und Auswirkungen auf die Organisation und das Bewußtmachen der Lernprozesse auf den verschiedenen Ebenen, so entspricht dies in etwa der Unterscheidung in ›Veränderungs-‹ und ›Prozeßlernen‹ bei Probst/Büchel (1994, S. 37 ff.).

Eine kontinuierliche Reflexion im Hinblick auf den Projektprozeß und sein Ergebnis ist sowohl Aufgabe des Projektteams als auch der übrigen Mitarbeiterschaft. Inwiefern verändert sich die Einrichtung durch diese Projektarbeit und ihre Produkte? Diese »metakommunikative Selbsteinschätzung« (H. Geißler 1998, S. 22) betrifft u.a. auch die Frage nach dem Transfer der Erfahrungen aus der Projektarbeit in den sonstigen beruflichen Alltag. Zu dieser Reflexionsebene gehört auch der Umgang mit interindividuellen Differenzen in der Wahrnehmung von Problemen einer Organisation, der unterschiedlichen Vorstellungen über deren zukünftige Entwicklung und der Beurteilung von Projektergebnissen. Bedeutet der organisationale Wandel eine scharfe Zäsur oder gewisse Kontinuität zur bisherigen Geschichte und Kultur der Einrichtung?

Im folgenden sollen drei besondere Gegenstands- bzw. Problembereiche eines organisationsbewußten Lernens hervorgehoben werden. Der erste resultiert aus der Tatsache, daß die neue Arbeits- und Lernform ›Projektmanagement‹ mit ihrem hohen Anteil an Selbstorganisation und Kooperationsdichte in Widerspruch zur vorhandenen hierarchischen Organisationsstruktur steht:

»Projektmanagement ›verletzt‹ nun die Funktionslogik hierarchisch strukturierter Organisationen gröblichst, es ist ein System, das nach ganz anderen Gesichtspunkten aufgebaut ist. Es verstößt sowohl gegen die hierarchische Ordnung, weil verschiedene Hierarchieebenen kurzgeschlossen werden, als auch gegen die sachlogisch funktionsteilige Organisationsstruktur, weil in Projekten Mitarbeiter aus verschiedenen Abteilungen eines Unternehmens kombiniert werden.« (Heintel/ Krainz 1991, S. 329).

Dieser Umstand ist konfliktträchtig, weil das Projektmanagement die Schwächen bestehender hierarchischer und bürokratisch-funktionaler Arbeitsorganisation aufdeckt (vgl. das ›hierarchische Syndrom‹ nach Lauterburg 1980). Dies führt zur »*Systemabwehr*«, d. h. es besteht die Gefahr, daß die Hierarchie als System Projektmanagement abwehrt, indem sie beispielsweise Projekte als folgenlose ›Sandkastenspiele‹ handhabt. Die genannten Autoren (vgl. Heintel/Krainz 1994) haben verschiedene »Manöver der Systemabwehr« (wie Verleugnung, Suche nach dem Schuldigen, Verweis auf Schicksalhaftigkeit, Aktionismus und Selbstverkomplizierung) identifiziert. Es muß daher darauf geachtet werden, daß beispielsweise eine schwache und/oder zerstrittene Leitungsebene die Idee des Projektmanagements nicht nur anfänglich befürwortet, sondern die Projektteams auch aktiv während der konkreten Umsetzung unterstützt. Die Systemabwehr ist insbesondere deshalb folgenschwer, weil sie dazu führen kann, daß sich die Mitarbeiter in ihrem Engagement für die Projekte nicht ernst genommen fühlen und in diesem Fall langfristig deren Motivation eher geschwächt als gestärkt wird. Die mit der Projektarbeit intendierten Lernprozesse verkehrten sich dann in ihr Gegenteil. Gerade durch die

Thematisierung der Differenz zwischen Projektorganisation und Hierarchie läßt sich eine »Enttabuisierung von Organisationsverhältnissen« erreichen (Heintel/Krainz 1991, S. 331).

Zur Reflexionskultur im Sinne einer größercn Organisationsbewußtheit bzw. »Organisations-Selbsterfahrung« (Heintel 1992, S. 362) gehört ebenfalls die Thematisierung und Aufklärung von dysfunktionalen, institutionellen ›Mustern‹, Normen, Regeln und Tabus. Aufgrund der Konfliktbearbeitung in einem Projektteam können beispielsweise ähnliche Muster – als ›*Fraktale*‹ in der Chaostheorie bezeichnet – auch in anderen Abteilungen und Hierarchieebenen aufgedeckt werden. In einer größeren Erwachsenenbildungseinrichtung gelang es z. B., die Vermeidung direkter, persönlicher und offener Kommunikationsformen zwischen Vorstand und Direktion, zwischen der Direktion und den Fachbereichsleitungen sowie zwischen den Fachbereichsleitungen und ihren jeweiligen Kursleitern bzw. Honorarkräften zu beobachten, reflektieren und lösungsorientiert zu bearbeiten.

»*Institutionsmythen*« (Pühl 1995) stellen einen weiteren Gegenstandsbereich der Reflexionskultur dar. Das ist der Fall, wenn beispielsweise zwischen dem schriftlich formulierten Leitbild – oder einer vergleichbaren Selbstdarstellung einer Einrichtung – und der alltäglichen Organisationsrealität ein unübersehbarer Widerspruch zu konstatieren ist. »Wir sind eine lernende Organisation!« – Eine solche Aussage kann einem Mythos gleichkommen, wenn das einzige durchgeführte Projekt ohne Konsequenzen versandet ist und an eine Fortführung vergleichbarer Veränderungsstrategien in der Zukunft gar nicht gedacht ist. Das propagierte Wunschbild eines kompetenten kreativen Mitarbeiters als ›höchstes Gut‹ kann in einer andersartigen Projektrealität, in der alle kreativen Ansätze ›von oben‹ im Keim erstickt werden, auf die Dauer zur Farce geraten.

Um eine kontinuierliche Reflexionskultur bzw. »innerbetriebliche Selbstreflexion« (Buchinger 1991) im Zusammenhang des Projektmanagements einzuführen und zu installieren, bedarf es spezifischer Organisationsformen in einer Einrichtung. Die Rückbindung von Lernerfahrungen und -ergebnissen an die übrige Mitarbeiterschaft kann z. B. durch organisationsöffentliche Projektforen und Zwischenbilanzen erfolgen, in denen Lernerfahrungen und vorläufige Arbeitsergebnisse präsentiert und diskutiert werden. An die Mitarbeiterschaft in gewissen Zeitabständen verteilte Zeitungen von ca. 2–3 Seiten mit Informationen aus der/den Projektgruppe/n können ebenso eine ›Tiefenwirkung‹ in die Organisation hinein erzielen wie z. B. regelmäßige Berichte der Projektteammitglieder auf den Dienstbesprechungen in ihren jeweiligen Abteilungen bzw. auf Mitarbeiterversammlungen, der Einbezug von Experten aus der eigenen Einrichtung (ohne Projektmitgliedstatus) und – so vorhanden – das hauseigene ›Internet‹. Workshops und Klausuren – innerhalb und zwischen unterschiedlichen Hierarchieebenen und Gremien (z. B. Steuerungsgruppe, Projektgruppenleiter, Abteilungsleitungen) bereits während des Projektprozesses stellen nicht nur Gelegenheiten zur Korrektur und zum ›weichen‹ Controlling des Projektverlaufs dar, sondern unterstützen potentiell eine kontinuierliche Reflexionskultur in der Einrichtung.

Professionelle Unterstützungsformen im Hinblick auf bestimmte Aspekte der Reflexionskultur sind nach unseren Erfahrungen sinnvoll, weil eine selbstorganisierte Weiterentwicklung der eigenen Einrichtung notwendigerweise ›blinde Flecken‹ hat.

»Die Funktion externer Berater (...) ist dabei vor allem die, den »Hintergrundspielen«, die jede Organisation lebt, nicht aufzusitzen, nicht mitzuspielen.« (Heintel/Krainz 1991, S. 331).

Die projektbegleitende »Prozeß-« und die auf Methoden des Vermittelns und Aushandelns basierende »Strukturautorität« (Heintel 1992) erlaubt es Projekt- und Organisationsberatern, im Interesse einer Steigerung der »Reflexionsfähigkeit der Organisation« (Girschner 1990) insbesondere bei der Aufdeckung und Bearbeitung von Phänomenen wie ›Systemabwehr‹, fraktalen Mustern, ›Institutionsmythen‹ und Widerstand gegen Veränderungen unterstützend zu wirken[8]. Gerade angesichts der genannten komplizierten und komplexen institutionellen Phänomene würde es einer ideologischen Überfrachtung des Begriffs des ›organisationalen Lernens‹ (als permanente Selbstüberprüfung und Weiterentwicklung der Kultur, Strategie und Kultur von Organisationen) gleichkommen, wenn damit – wie bei Geißler (1998) – der Verzicht auf externe ›change agents‹ begrifflich verbunden wird.

Reflexivität – das soll kritisch angemerkt werden – bedeutet nicht nur demokratische Partizipation von Mitarbeitern und diskursives Infragestellen von Standards und Prinzipien auf der operativen, strategischen und normativen Ebene einer Organisation, sondern stellt zugleich eine betriebs(wirtschaft)liche Notwendigkeit dar, um Arbeitszufriedenheit der Mitarbeiter, ihre Identifikation und Loyalität mit der Institution zu gewährleisten sowie der Komplexität des Unternehmenswandels durch Ausschöpfung der Mitarbeiterpotentiale begegnen zu können (vgl. Geißler/Orthey 1997).

---

8 Wir gehen davon aus, daß es hilfreich sein kann, die Projektmitglieder auch bei der Bearbeitung der anderen Dimensionen (Projektorganisation, Prozeßgestaltung und Beziehungsklärung) durch externe Berater zu unterstützen. Es hat sich als förderlich erwiesen, die Projektmitglieder zu Beginn ihrer Arbeit für die neue Tätigkeit zu qualifizieren und die vorhandenen Fähigkeiten und Kenntnisse weiterzuentwickeln sowie als Prozeßbegleiter bei kritischen Stationen im Verlauf der Projektarbeit zur Klärung zur Verfügung zu stehen. Dies gilt insbesondere im Hinblick auf solche gruppendynamische Konflikte, die in der Regel von den Gruppen selbst nur schwer gelöst werden können.

3. Voraussetzungen und Grenzen organisationalen Lernens

Wir haben in diesem Beitrag die Arbeits- und Lernform ›Projekt‹ im Hinblick auf ihren Beitrag zum organisationalen Lernen abgeklopft. Um den inflatorischen Begriff des organisationalen Lernens zu konkretisieren, differenzieren wir heuristisch zwischen ›Organisationsbezug‹ und ›Organisationsbewußtheit‹. Organisationsbezogenes Lernen wird durch die spezifischen Merkmale des Projektmanagements (z. B. Bearbeitung einer organisationsrelevanten, neuartigen Aufgabe durch ein zumeist fach-, abteilungs- und hierarchieübergreifend zusammengesetztes Projektteam mit begrenzten sachlichen, personellen und zeitlichen Ressourcen) ermöglicht und gefördert. Die sachbezogene organisationale Wissensbasis wird erweitert, die Methodenkompetenz zur prozessualen Gestaltung des Projektverlaufs erhöht und die Sozialkompetenz zur Beziehungsklärung bzw. Konfliktbewältigung gestärkt. Die Thematisierung des Zusammenhangs des innovativen Projekts mit unterschiedlichen Organisationsdimensionen sowie der Bedingungen und Auswirkungen von Projekten auf die Gesamteinrichtung konstituieren das organisationsbewußte Lernen bzw. die Reflexionskompetenz auf der Ebene von Mitarbeitern, Teams und der Gesamteinrichtung.

Angesichts der Tatsache, daß Projekte besonders geeignet erscheinen, um organisationales Lernen zu unterstützen, ist die Beobachtung nicht verwunderlich, daß in zunehmend mehr konzeptionellen Ansätzen (vgl. Baumgartner u.a. 1996; Winkelhofer 1997) sowie in der Praxis der Organisationsentwicklung und -beratung das Entwickeln, Planen und Steuern von Projekten als das ›Herzstück‹ der Veränderungsstrategien angesehen wird.

Organisationsbezogene – und insbesondere organisationsbewußte – Lernprozesse im Rahmen des Projektmanagements setzen allerdings ein gewisses ‚Klima‹ bzw. einen Grad an Veränderungsbereitschaft in der Organisation voraus sowie die Einschätzung der Mitarbeiterschaft, daß die Vorhaben realisierbar erscheinen, die neuartige Arbeitsform von der obersten Führungsebene getragen wird und der Veränderungsprozeß nicht der Wegrationalisierung von Arbeitsplätzen dient. Projektmanagement stößt dann auf Widerstände und an Grenzen, wenn – gemessen an dem Stufenschema einer Konflikteskalation nach Glasl (1990) – betroffene Personen, Abteilungen oder Hierarchieebenen so ›verhakelt‹ und verfeindet sind, daß Diskussion und Diskurs nicht mehr möglich sind, d. h. die wechselseitigen Lernblockaden überwiegen.

101

Literatur

Alheit, P.: Zivile Kultur. Verlust und Wiederaneignung der Moderne. Frankfurt/M. New York 1994.

Argyris, C./Schön, D.: Organizational Learning: A Theory of Action Perspective. Reading (Massachusetts) 1978.

Arnold, R.: Bildungs- und Systemtheoretische Anmerkungen zum Organisationslernen. In: Arnold, R./Weber, H. (Hrsg.): Weiterbildung und Organisation. Berlin 1995, S. 13–29.

Baumgartner, I. u.a.: OE-Prozesse – Die Prinzipien systemischer Organisationsentwickung. 4. Aufl., Bern/Stuttgart/Wien 1996.

Baethge, M./Schiersmann, Ch. (unter Mitarbeit von Böttcher, A.): Prozeßorientierte Weiterbildung – Perspektiven und Probleme eines neuen Paradigmas der Kompetenzentwicklung für die Arbeitswelt der Zukunft. In: QUEM (Hrsg.): Kompetenzentwicklung '98. Münster 1998 (im Druck).

Blake, R.R./Mouton, J.S.: Verhaltenspsychologie im Betrieb. Der Schlüssel zur Spitzenleistung. 3. Aufl., Wien 1990.

Bleicher, K.: Das Konzept integriertes Management. 2. rev. u. erw. Aufl., Frankfurt/M./ New York 1992.

Boy, J./Dudek, C./Kuschel, S.: Projektmanagement: Grundlagen, Methoden und Techniken, Zusammenhänge. 4. Aufl., Offenbach 1997.

Buchinger, K.: Organisationsbewußtsein und innerbetriebliche Selbstreflexion oder: Organisationen müssen radikale strukturelle Veränderungen bewältigen. In: Gruppendynamik 1991, H. 4, S. 391–414.

Dörner, D.: Die Logik des Mißlingens. Strategisches Denken in komplexen Situationen. Reinbek bei Hamburg 1989.

Filsinger, D.: Der institutionelle Handlungskontext als Gegenstand von Supervision und Organisationsberatung. In: Auckenthaler, A./Kleiber, D. (Hrsg.): Supervision in Handlungsfeldern der psychosozialen Versorgung. Tübingen 1992, S. 78–100.

Geißler, H.: Organisationslernen als Aufgabe einer zukunftsorientierten Weiterbildung. In: Kompetenzentwicklung '98. Münster 1998 (i. Dr.).

Geißler, K.A./Orthey, F.M.: Weiterbildungspolitik und Modernisierung im Betrieb: (k)ein Beitrag zum lernenden Unternehmen? In: Berufsbildung in Wissenschaft und Praxis 26 (1998), H. 3, S. 16–21.

Girschner, W.: Theorie sozialer Organisationen. Weinheim/München 1990.

Glasl, F.: Konfliktmanagement. Diagnose und Behandlung von Konflikten in Organisationen. 2. Aufl., Bern/Stuttgart 1990.

Gregor-Rauschtenberger, B./Hansel, J.: Innovative Projektführung. Erfolgreiches Führungsverhalten durch Supervision und Coaching. Berlin u.a. 1993.

Hansel, J./Lomnitz, G.: Projektleiter-Praxis. Erfolgreiche Projektabwicklung durch verbesserte Kommunikation und Kooperation. 2. Aufl., Berlin u.a. 1993.

Heeg, F.-J.: Projektmanagement. Grundlagen der Planung und Steuerung von betrieblichen Problemlöseprozessen. 2. Aufl., München 1993.

Heidack, C.: Veränderung der Lernenden Organisation – Gestaltung durch Projekte und kooperative Selbstqualifikation. In: Schleiken, T./Winkelhofer, G. (Hrsg.): Unternehmenswandel mit Projektmanagement: Konzepte und Erfahrungen zur praktischen Umsetzung in Unternehmen. München/Würzburg 1997, S. 28 ff..

Heintel, P./Krainz, E.E.: Projektmanagement. Eine Antwort auf die Hierarchie-krise? Wiesbaden 1988.

Heintel, P./Krainz, E.E.: Führungsprobleme im Projektmanagement. In: Rosensticl, L. v./Regnet, E./Domsch, M. (Hrsg.): Führung von Mitarbeitern. Handbuch für erfolgreiches Personalmanagement. Stuttgart 1991, S. 327–335.

Heintel, P./Krainz, E.E.: Was bedeutet »Systemabwehr«? In: Götz, K. (Hrsg.): Theoretische Zumutungen. Vom Nutzen der systemischen Theorie für die Managementpraxis. Heidelberg 1994, S. 160–193.

Heintel, P.: Läßt sich Beratung erlernen? Perspektiven für die Aus- und Weiterbildung von Organisationsberatern. In: Wimmer, R. (Hrsg.): Organisationsberatung. 1992, S. 345–378.

Kersting, H.J.: Curriculumentwicklung als Organisationsberatung in Ungarn. Das TEMPUS-Projekt SWEEL. In: Organisationsberatung – Supervision – Clinical Management 2 (1998), S. 151–164.

Kraus, G./Westermann, R.: Projektmanagement mit System: Organisation, Methoden, Steuerung. 2. erw. Aufl., Wiesbaden 1997.

Küchler, F./Schäffter, O.: Organisationsentwicklung in Weiterbildungseinrichtungen. Frankfurt/M. 1997.

Langmaack, B./Braune-Krickau, M.: Wie die Gruppe laufen lernt. Anregungen zum Planen und Leiten von Gruppen. 5. Aufl., Weinheim/Basel 1995.

Lauterburg, C.: Das hierarchische Syndrom. In: Trebesch, K. (Hrsg.): Organisationsentwicklung in Europa. Bd. 1A. Bern/Stuttgart 1980.

Luhmann, N./Schorr, E.: Reflexionsprobleme im Erziehungssystem. Stuttgart 1979.

Neuberger, O./Kompa, A.: Wir, die Firma. Der Kult um die Unternehmenskultur. München 1987.

Nevis, E.: Organisationsberatung. Ein Gestalttherapeutischer Ansatz. Köln 1988.

Nonaka, I./Takeuchi, H.: Die Organisation des Wissens. Frankfurt/M./New York 1997.

Probst, G.J./Büchel, B.: Organisationales Lernen. Wettbewerbsvorteil der Zukunft. Wiesbaden 1994.

Pühl, H.: Der institutionelle Mythos. In: Bauer, A./Gröning, K. (Hrsg.).: Institutionsgeschichten/Institutionsanalysen. Sozialwissenschaftliche Einmischungen in Etagen und Schichten ihrer Regelwerke. Tübingen (Ed. diskord) 1995, S. 70–79.

Pühl, H.: Team-Supervision. Neuwied 1998.

Schiersmann, C./Thiel, H.-U.: Innovationen in der Familienbildung – Ergebnisse einer bundesweiten Institutionenanalyse. In: Zeitschrift für Erziehungswissenschaft 2 (1999a) 1 (im Druck).

Schiersmann, C./Thiel, H.-U.: Projektmanagement als Organisationsentwicklung im Sozial- und Bildungsbereich. Opladen 1999b.

Schleiken, T.: Aspekte der Gruppendynamik im Projektmanagement. In: Schleiken, T./Winkelhofer, G. (Hrsg.): Unternehmenswandel mit Projektmanagement: Konzepte und Erfahrungen zur praktischen Umsetzung in Unternehmen, München/Würzburg 1997, S. 180–200.

Senge, P.M.: Die fünfte Disziplin: Kunst und Praxis der lernenden Organisation. 2. Aufl., Stuttgart 1996.

Thiel, H.-U.: Fortbildung von Leitungskräften in pädagogisch-sozialen Berufen. Ein integratives Modell für Weiterbildung, Supervision und Organisationsentwicklung. 2. Aufl., Weinheim/München 1998.

Ulrich, H./Probst, G.: Anleitung zum ganzheitlichen Denken und Handeln. Ein Brevier für Führungskräfte. 3. erw. Aufl., Bern/Stuttgart 1991.

Winkelhofer, G.: Projektmanagement im Wandel der Zeit: Von der Aufgabenplanung zur Lernenden Organisation. In: Schleiken, T./Winkelhofer, G. (Hrsg.): Unternehmenswandel mit Projektmanagement: Konzepte und Erfahrungen zur praktischen Umsetzung in Unternehmen. München/Würzburg 1997, S. 11–27.

VII. Technikentwicklung und Arbeitsorganisation als Impulsgeber für und Konsequenz von Weiterbildung

Gisela Wiesner

Technikentwicklung/-nutzung, Arbeitsorganisation und Bildung werden in ihren Interdependenzen betrachtet. Die Schwerpunktsetzung liegt dabei auf den Bereichen Beruf und Arbeit. Multivariable Technikentwicklung bzw. -nutzung und veränderte Arbeitsorganisationsformen ermöglichen Entwicklungspotentiale für breite Beschäftigungsgruppen unter der Voraussetzung entsprechender Bildung. Die Entwicklung hin zur Wissensgesellschaft kann durch begründete Entscheidungen über Bildungsinhalte und -methoden/-formen durch Bildungsprozesse unterstützt werden, die zur Beteiligung an humaner Arbeitsgestaltung sowie menschengerechter Technikentwicklung bzw. -nutzung beitragen. Selbstorganisiertes Lernen von Personen und Gruppen nimmt dabei – mit Unterstützung durch Phasen organisierten Lernens – einen hohen Stellenwert ein.

Die Beschäftigung mit Technikentwicklung und Arbeitsorganisation im Bildungszusammenhang impliziert häufig die Gefahr eines linearen, kausalen Denkens möglicher Konsequenzen für Bildung aufgrund neuer Techniken oder Arbeitsorganisationsformen. Es läßt sich jedoch über viele Beispiele generieren, daß Technik – d. h. Maschinen, Apparate, Geräte, Verfahren bzw. Prozesse – und Arbeitsorganisation in jeweiliger Abhängigkeit von vorhandener Qualifikation und Bildung sehr verschieden entwickelt, genutzt bzw. gestaltet werden können. Die Interdependenzen zwischen Technikentwicklung, Arbeitsorganisation und Bildung sind ein durchgängiger Leitgedanke dieses Kapitels. Es wird im folgenden bewußt Technikentwicklung und -gestaltung betrachtet und nicht auf »neue Technologien« (oder auch Techniken?) wie z. B. Fertigungstechniken, Informations- und Kommunikationstechnologien bzw. integrative Konzepte wie CIM -computerintegrierte Produktion – (vgl. dazu Kaluza 1989, S. 9) eingeengt.

Techniknutzung bezieht alle Lebensweltbereiche ein und kann diese nachhaltig beeinflussen. Insofern sind die folgenden Darlegungen zwar vorrangig durch die Verknüpfung von Technikentwicklung und Arbeitsorganisation auf Berufs- und Arbeitsfelder gerichtet, dennoch sind Zusammenhänge zwischen Technikentwicklung und Bildung im Alltag, insbesondere im Freizeitbereich offensichtlich und werden im folgenden mit in die Betrachtung einbezogen.

Die immer kürzeren Entwicklungszeiten von Technik sind eine Herausforderung für Bildungspolitik und -gestaltung – gerichtet auf mündige Subjekte –, die Chancen und Risiken technischer Entwicklung rational abwägen und zu menschengerechter Arbeitsgestaltung beitragen können sowie Verantwortung für gesellschaftliche Gestaltung tragen wollen. Das rechtfertigt auch, sich im Berufs- und Arbeitsbereich nicht nur des Qualifikationsbegriffes zu bedienen, sondern ganz bewußt von »Bildung« zu sprechen und Bildungschancen bzw. -möglichkeiten zu erwägen.

Auf folgende Fragestellungen wird sich dieses Kapitel konzentrieren:

1. Wodurch sind Technikentwicklung bzw. -nutzung und Wandel der Arbeitsorganisation auf dem Weg in eine Wissensgesellschaft charakterisiert und welche Chancen oder auch Risiken eröffnen sich damit für unterschiedliche Lebensweltbereiche?

2. Durch welche Techniknutzung und Arbeitsorganisation werden Entwicklungspotentiale für breite Beschäftigtengruppen unter der Voraussetzung entsprechender Bildung ermöglicht?

3. Worauf muß Bildung gerichtet sein, um Technikentwicklung und Arbeitsorganisation für eine humane Arbeitswelt zu nutzen bzw. in allen Lebensweltbereichen verantwortbare, menschengerechte Technikanwendung einzufordern, und wie können organisiertes und selbstorganisiertes Lernen dabei verknüpft werden?

1. Technikentwicklung und Wandel der Arbeitsorganisation

Die technischen Entwicklungen der letzten Jahrzehnte haben maßgeblich die gesellschaftliche Entwicklung beeinflußt und zahlreiche Berufs- und Beschäftigungsfelder, aber auch Lebenswelten außerhalb von Beruf und Beschäftigung verändert. Dazu gehören insbesondere die Informations- und Kommunikationstechnologien mit ihren vielfältigen Anwendungsfeldern wie z. B. die computerunterstützte Entwicklung (CAD), Fertigung (z. B. CNC-Technik, Produktionsüberwachung und -steuerung) oder Multimediatechnik in allen Lebensweltbereichen, aber auch neue Werkstoffe und Verarbeitungstechnologien.

In einer beachtlichen Anzahl von Themenfeldern wird aufgrund von Experteneinschätzungen (vgl. Studie zur globalen Entwicklung von Wissenschaft und Technik 1998) eine hohe Innovationsdynamik innerhalb der nächsten Jahrzehnte erwartet. Das betrifft z. B. Bereiche wie Information und Kommunikation, Dienstleistung und Konsum, Management und Produktion, Chemie und Werkstoffe, Gesundheit und Lebensprozesse, Landwirtschaft und Ernährung, Umwelt und Natur, Energie und Rohstoffe, Bauen und Wohnen oder Mobilität und Transport. Für die Gestaltung dieser Innovationsbereiche wird ein enormer Zuwachs an Wissen prognostiziert, der sowohl die technische Entwicklung als auch die Veränderung der Arbeitsorganisation umfassen wird. Insofern verdeutlichen die Prognose und die gegenwärtige Realität die wachsende Bedeutung von Wissen als ein wesentliches Merkmal des Wandels von der Industriegesellschaft zur Wissensgesellschaft (vgl. auch Hortsch/Wiesner 1999): Die Informationsflut wird nur durch eine vom Menschen beherrschbare Wissensstruktur und mittels entsprechender unterstützender Expertensysteme bewältigt werden können; dies erzeugt auch einen Bedarf an Dienstleistung zur Unterstützung dieses Prozesses in allen Lebensbereichen unserer Gesellschaft. Die vorherrschenden Produktionsfaktoren der Industriegesellschaft – Arbeit, Boden und Kapital – werden zunehmend durch einen vierten Faktor Wissen überlagert, der dadurch einen Wandel hin zur Wissens- und Dienstleistungsgesellschaft bewirkt.

Die Entwicklung neuer Werkstoffe, Maschinen, Apparate, Geräte, Verfahren und Prozesse als Ausdruck von Technikentwicklung führt noch nicht per se zu einer qualitativen Anreicherung von Arbeitstätigkeiten und damit zu zwingenden Notwendigkeiten einer Weiterbildung. Technik ist immer multivalent gestaltbar, d. h. die Schnittstelle zwischen Mensch und Technik kann einerseits so konzipiert werden, daß der Mensch Restfunktionen – weil durch Technik nicht wirtschaftlich lösbar – übernimmt, sich also der Technikgestaltung anpaßt bzw. unterordnet. Andererseits kann Technikentwicklung, mit unterschiedlicher Arbeitsgestaltung verknüpft, in Abhängigkeit verfügbarer Qualifikation des Menschen gezielt und alternativ erfolgen. Staudt zeichnet ein sehr drastisches Bild des technikzentrierten, d. h. den Menschen zur Anpassung an Technik zwingenden Ansatzes:

»Ähnlich wie in den Fabriken der Gründerzeit, als man die Produktion um die Dampfmaschine ordnete, wurden in jüngster Zeit auch in Dienstleistungs- und Verwaltungsbetrieben Techniken installiert, die die Aufbau- und Ablauforganisation bestimmen. Während einst die Arbeitsplätze über Transmissionsriemen an zentrale Energiequellen angekoppelt waren und Automationsgrad und Rhythmus der Technik Arbeitsinhalt und -ablauf determinierten, wird in computerisierten Betrieben die Einbindung des Arbeitsplatzes durch Vernetzung und Standleitungen zur zentralen Datenverarbeitung gesichert. Der Intelligenzgrad des Terminals bestimmt den Arbeitsinhalt. Soweit die Anpassung der Technik an den Menschen mißlang, wurde der Mensch, weil eben elastischer, an die harten Schnittstellen der Technik angepaßt« (Staudt 1990, S. 209).

Technikentwicklung läßt sich statt dessen sozial verträglich durchführen, d. h. z. B. umweltgerecht und Arbeitsmarktungleichgewichte verringernd (vgl. Blazejczak/Kirner 1990), und besonders auch menschengerecht gestalten. Technische Systeme können flexibel eingesetzt werden, wobei zwei Effekte hervorzuheben sind: Zum einen wächst die Möglichkeit einer zeitlichen Entkopplung des Menschen vom realen Prozeßgeschehen und zum anderen erhöhen sich Handlungsspielräume und Freiheitsgrade. Herpich/Krüger/Nagel charakterisieren dies so:

>»Die Technik selbst erlegt also der Arbeitsgestaltung (der Gestaltung von Arbeitsinhalten, von Arbeitsstrukturen und der Ablauforganisation) immer weniger Barrieren auf und wird mehr und mehr für unterschiedliche Gestaltungsalternativen offen. Dabei scheinen sich mit dem Einsatz fortgeschrittener Technologie insbesondere auch die Optionen für eine menschengerechte, qualifikationsförderliche Gestaltung zu verbessern«
>(Herpich/Krüger/Nagel 1992, S. 49).

Gerade High-Tech-Bereiche scheinen besonders günstige Bedingungen für alternative Arbeitsgestaltungskonzepte zu bieten. Computergestützte Technologien z. B. in der Überwachung von Prozeßabläufen ermöglichen »neue Arbeits- und Produktionskonzepte« als Teil betrieblicher Rationalisierungsstrategien, die nicht mehr auf die klassische tayloristische Arbeitsteilung setzen, sondern das Arbeiten in Gruppen und damit das Beherrschen komplexer, angereicherter Arbeitstätigkeiten erfordern. Nach Dehnbostel/Heckel/Walther-Lezius sind diese Konzepte »als Ausdruck der mit den neuen Technologien einhergehenden betrieblichen Veränderungen zu verstehen« (Dehnbostel/Heckel/Walther-Lezius 1992, S. 12).

Schroeder vergleicht die Konsequenzen politischer Konzepte – eines »marktzentrierten Konzepts« mit einem »arbeitszentrierten Konzept« (Schroeder 1990, S. 160): Während das marktzentrierte Konzept lediglich sozioökonomische Akzeptanz und Anpassung des Menschen an Technikentwicklung zuläßt, verlangt das arbeitszentrierte Konzept eine Technikgestaltung für den Menschen. Nach Schroeder geht es »unter Akzeptanz der Marktbedingungen (...) hierbei in erster Linie um die Steuerung sozialer Prozesse. Im Zentrum der Überlegung steht weiterhin der Faktor Arbeit. Hiernach ermöglichen die neuen Technologien eine positive Identitätsstiftung durch die Arbeit und erfordern eine erweiterte und verbesserte Qualifikation des Einzelnen.« (Schroeder a.a.O.)

Baethge polemisiert gegen eine Entgegensetzung von Technik und Arbeitskraft, gegen die bloße Anpassung des Menschen an die Technik; seiner Auffassung ist zuzustimmen: Typisch für die Computertechnik ist »(...) gerade das Verständnis für die dynamische Interdependenz zwischen den technischen Möglichkeiten und dem menschlichen Arbeitsvermögen, das sie realisiert, und das als unabdingbare Voraussetzung in die Planung eingeht. Mehr noch, sie versperrt den Blick auf den gesellschaftlichen Charakter dieser Technik, also auch auf ihre Abhängigkeit vom Bildungssystem. Wir haben es in weiten Bereichen, in denen Computertechnik eingesetzt ist, nicht mit einem starren Determinismus von Arbeitskraft durch Technik, nicht mehr mit kaum veränderbaren Arbeitsplätzen, sondern mit Arbeitssituationen zu tun, die so oder so organisiert werden können, je nach dem, welches qualitative menschliche Arbeitsvermögen zur Verfügung steht« (Baethge 1990, S. 194).

Am deutlichsten lassen sich Veränderungen des Wesens der Arbeit und veränderte Produktionsorganisation aufgrund der Nutzung der Informations- und Kommunikationstechnologien zeigen: Die Produktion läßt sich in Abkehr von der Massenproduktion flexibler auf spezielle Kundenwünsche einstellen. Qualitätsparameter der Fertigung und Erzeugung erreichen eine höhere Genauigkeit und schlagen sich in der Produktqualität und der Kundenzufriedenheit nieder. Insofern versuchen Unternehmen, durch Flexibilität aber auch Dezentralisierung auf Nutzungsmöglichkeiten der Informations- und Kommunikationstechnologien zu reagieren (vgl. Weißbuch 1996), z. B. durch Kooperationen in Netzwerken, verstärkte Nutzung von Zuliefererfirmen und Erhöhung des Anteils an Teamarbeit.

Das Weißbuch betont nachdrücklich die Ambivalenz der Nutzung der Informationstechnologien:

»Durch Informationstechnologien können Aufgaben besser dezentralisiert und koordiniert werden, die sowohl zwischen Kontinenten wie zwischen Büros ein und derselben Etage anfallen. Daraus ergibt sich einerseits eine größere Eigenständigkeit des einzelnen Arbeitnehmers in der Gestaltung seiner Tätigkeit, andererseits aber auch ein schlechterer Überblick über den Gesamtrahmen dieser Tätigkeit. Auswirkungen dieser neuen Technologien sind: Einerseits die verstärkte Rolle des menschlichen Faktors im Produktionsprozeß, andererseits die Anfälligkeit der Arbeitnehmer gegenüber der Arbeitsorganisation, da der Einzelne einem komplexen Netzwerk gegenüber steht« (Weißbuch 1996, S. 14).

Am Beispiel der Telearbeit wird deutlich, daß Arbeitstätigkeiten nicht auf Dauer an den Betriebsort gebunden sein müssen, wobei allerdings arbeitspsychologische Probleme der so Beschäftigten weitgehend noch ungeklärt sind. Für Forschungs- und Entwicklungsarbeiten wird es zugleich durch weltweite Vernetzung möglich, Problemlösungen an unterschiedlichen Orten zu erstellen und über Kommunikation zusammenzuführen.

Informations- und Kommunikationstechnologien haben auch zu erheblichen Veränderungen im Freizeitbereich geführt. Auch hier sind Ambivalenzen unschwer erkennbar. Einerseits bietet sich die Chance einer sehr selbständigen Informationsrecherche und der weltweiten Kommunikation, andererseits ist die Gefahr offensichtlich, multimediale Technik als Ersatz für traditionelle Kulturtechniken anzuwenden und somit die Entfaltung menschlicher Möglichkeiten zunehmend einzugrenzen. Das Bewegen in virtuellen Welten kann zu Isolation, zu dem ›nicht-mehr-zurechtkommen‹ in realen Welten führen.

Es ist Herzog zuzustimmen, wenn er bei der Vorbereitung von Menschen auf das Informationszeitalter hervorhebt, das es »um weit mehr als nur das Einüben neuer Techniken (geht). Es geht um eine umfassende Heranführung junger Menschen an eine grundlegend veränderte Lebenswelt« (Herzog 1998, S. 12).

Zusammenfassend zur ersten Fragestellung (s. Einleitung) geht es also um ein Begreifen der Ambivalenzen von Technikentwicklung, der Möglichkeiten einer Beeinflussung der Technikentwicklung für menschengerechte Arbeitsgestaltung und der Einflußnahme auf Technikentwicklung und Arbeitsgestaltung in Abhängigkeit vom erreichten Bildungsstand und dessen gezielter, konsequenter Entwicklung.

2. Menschliche Entwicklungspotentiale – Bildung als Konsequenz und Voraussetzung für Technikentwicklung und Arbeitsorganisation

Wenn Technikentwicklung und Arbeitsgestaltung Optionen enthält, dann gilt es, die Bildung des Menschen als wesentlichen Einflußfaktor zur Wirkung zu bringen. Diese Entwicklung bzw. Gestaltung bedarf somit einer Ermöglichung von Partizipation in unterschiedlichen gesellschaftlichen Ebenen und Feldern (vgl. Rauner 1986), um stärker das sozial Wünschbare als ein wesentliches Auswahlprinzip im Hinblick auf das technisch Machbare zur Wirkung zu bringen. Die Idee der Partizipationsfähigkeit des Menschen an Technikentwicklung und Arbeitsgestaltung erfordert ein Verständnis von »technischer Qualifikation«, das über die innere Funktionslogik von Technik weit hinausgeht. Gerds kritisiert diesbezügliche Einengungen und verweist zugleich auf einen gangbaren Weg:

»Von den sozialen und wünschbaren Zwecken/Anforderungen an Technik wird weitgehend abstrahiert. Daß Technik auch anders sein kann, daß sie einen Gebrauchswert hat, daß in ihre Entwicklung und Durchsetzung gesellschaftliche Interessen und subjektive Wünsche eingehen, daß Technik soziale und ökologische Auswirkungen hat, wird in diesem Verständnis nicht erwogen. Eine technische Bildung, der die Idee der Gestaltbarkeit von Arbeit und Technik zugrundeliegt, stellt den Prozeß der Transformation der erwünschten und verantwortbaren Zwecke in reale Technik in den Mittelpunkt« (Gerds 1992, S. 36 f.).

Eine solche Bildung schließt unzweifelhaft ein, daß Kritik- und Diskursfähigkeit sowie Phantasie mit instrumenteller Qualifikation zu verbinden ist, d. h., die traditionellen Schwerpunkte beruflicher Bildung – »das technisch-instrumentelle Handeln« – sind stärker durch eine gestaltungsorien-

tierte Perspektive – »das kommunikative Handeln« – zu erweitern, wobei
es hierbei um integrative und nicht additive Konzepte für Bildung gehen
muß (vgl. Gerds a.a.O.).

Es ist Kreibich zuzustimmen, wenn er von staatlicher Politik stärkere
Gestaltungsvorgaben als Anregung der Wirtschaft zu technischen und sozialen Innovationen fordert, die z. B. folgende Ziele anstreben:

– »Humanisierung der Technikgestaltung und Arbeitsorganisation etwa
  zur Überwindung der Arbeitsteilung zwischen den Arbeitselementen
  und zwischen Hand- und Kopfarbeit
– Technikeinsatz zur Förderung der Gruppenarbeit mit anspruchsvollen
  Qualifikationsstrukturen« (Kreibich 1989, S. 43).

Die Diskussionen zur Technikfolgenabschätzung berücksichtigen zwar zunehmend auch soziale Konsequenzen, sind aber noch zu vordergründig auf
Sicherheitsrisiken, ökologische Aspekte oder Arbeitszeitregimes gerichtet. Goldberg geht hierbei schon einen wesentlichen Schritt weiter, wenngleich Qualifikation der Techniknutzer als entscheidender Ausgangspunkt
noch zu kurz kommt:

»Es gilt, alle Unternehmungen, welcher Art auch immer, die neue Technik (von der
sie keine oder nur begrenzte Erfahrung haben), einführen wollen, dazu zu motivie-
ren, diese Technik auf ihre Folgen **in jeglicher Beziehung** (Hervorhebung G. Wiesner) zu bewerten, bevor die Entscheidung zur Einführung getroffen wird« (Goldberg 1990, S. 413).

Die wachsende Komplexität der Arbeitsaufgaben auch als Folge von Tech-
nikimplementationen, insbesondere neuer Technologien, erfordert zunehmend ›neue‹ Arbeitsorganisationsformen, z. B. solche, in denen Entscheidungen und Problemlösungen im Team vorgenommen werden. Dies kann
durchaus bedeuten, daß trotz einer Zunahme an Eigenverantwortung für
den Arbeitsprozeß und das -ergebnis die Arbeitsaufgabe nur effektiv in
der Gruppe gelöst werden kann, z. B. bei der Bewältigung von Störsitua-
tionen in Prozeßüberwachungen der stoffwandelnden Produktion oder
aber bei der Fehlersuche in Fertigungsprozessen. Das Entscheiden für
Gruppenarbeit und das Einführen dieser Form der Arbeitsorganisation ist
an bildungsseitige Voraussetzungen und selbstverständlich das Schaffen
weiterer günstiger betrieblicher Rahmenbedingungen geknüpft. Es kann
nicht wegdiskutiert werden, daß Gruppenarbeit im Unternehmen zunächst als betriebs- bzw. personalwirtschaftliches Instrument dazu dient,
die Ressourcen der Mitarbeiter besser auszuschöpfen. Aus sozialwissen-
schaftlicher Sicht muß jedoch hervorgehoben werden, daß angstfreie
Gruppenarbeit – gemeint ist hier Arbeitsplatzsicherheit – wesentliche Entwicklungspotentiale für den Einzelnen enthält. Die Gruppe besitzt Freiräume für die Arbeitsausführung und kann verantwortungsbewußt in einem Aushandlungsprozeß über die personelle Zuordnung zu diesen Frei-

räumen entscheiden. Dies kann insbesondere auch für die Integration Älterer unter Berücksichtigung ihrer intellektuellen Leistungsfähigkeit, d. h. ihrer Stärken und Schwächen, sehr vorteilhaft sein (vgl. Wenzel/ Flöter 1993).

Gruppenarbeit muß nicht auf operative Aufgaben begrenzt bleiben, sondern kann vorbereitende, planende, überwachende und kontrollierende sowie verwaltende Tätigkeiten einbeziehen. Das bedeutet: Als Voraussetzung bzw. Konsequenz der Entscheidung für Gruppenarbeit sind sowohl wichtige Kompetenzen zu entwickeln wie Kommunikations-, Problemlöse- und Kooperationsfähigkeit, verbunden mit einer Reihe personaler Kompetenzen und deren Entwicklung, als auch fachliche und methodische Kompetenzen zur Lösung bisher nicht von diesen Personen zu erledigender Arbeitsaufgaben. Gruppenarbeit erfordert somit in besonderem Maße, Lernen und Arbeiten zu verbinden (vgl. dazu z. B. Strötgen 1993).

Bildung kann wesentliche Voraussetzungen für erfolgreiche Gruppenarbeitsprozesse schaffen, wobei diese Gruppenarbeit im Idealfall auch durch höhere Selbstverantwortung und Freiheitsgrade der Entscheidung zur Identitätsentwicklung jedes Gruppenmitgliedes beitragen kann. Ob dies Wunschdenken, vielleicht auch nur Deklaration bleibt oder Realität wird, hängt ganz entscheidend vom Stellenwert dieser Gruppenarbeit in der Unternehmensphilosophie und -kultur, von der Motivation und den Fähigkeiten der beteiligten Mitarbeiter aber auch von der Gestaltung der Schnittstellen zwischen Mensch und Technik und damit dem Inhalt der Arbeit für die Gruppe ab. Die Lernhaltigkeit der Arbeit beeinflußt somit ebenfalls wesentlich die Entwicklungspotentiale jedes Gruppenmitglieds.

Daß eine humane Gestaltung der Mensch-Technik-Schnittstelle möglich ist, zeigen zahlreiche Beispiele. An dieser Stelle soll kurz auf die Entwicklung der Robotertechnik in Verbindung mit Gruppenarbeit eingegangen werden. Nach Henning/Ochterbeck vollzog sich die rasche Entwicklung der Robotertechnik »parallel mit den ersten Ansätzen zur Einführung von Gruppenarbeit anstelle einer tayloristischen Arbeitsorganisation. Da der Übergang von ›harten‹ zu ›weichen‹ Automatisierungskonzepten oft gleichzeitig einen Ansatz zu Herstellungsverfahren nach dem Prinzip der Gruppenarbeit ermöglichte, ergaben sich schon frühzeitig Kombinationen zwischen Gruppenarbeit und Robotereinsatz. Bestimmte Teile des Produktes werden zunächst in Gruppenarbeit zusammengesetzt. Handhabungsgeräte übernehmen eine zweite Phase der Produktion. Abschließende Prüfungen und Qualitätsüberwachungen erfolgen wiederum oft durch Menschen. Verpackungsautomaten schließen häufig die Fertigungskette ab« (Henning/Ochterbeck 1988, S. 228 f.).

Auf einen weiteren interessanten Gedanken zur Arbeitsteilung zwischen Mensch und Technik machen die o.g. Autoren aufmerksam. In Prozeßüberwachungen garantiert die automatische Einrichtung nicht Fehlerfreihcit und ersetzt damit den »Unsicherheitsfaktor Mensch«, sondern der Mensch muß in der Lage sein, als Operator bei auftretenden Störungen mit seinen Entscheidungen die Einrichtung bei der Prozeßsteuerung zu »unterstützen«. Nach Henning/Ochterbeck (a.a.O., S. 230) kann das Dilemma einer Sicherung größtmöglicher Zuverlässigkeit technischer Anlagen bei gleichzeitiger Minimierung menschlicher Unzulänglichkeit nur so überwunden werden:»Das Phänomen ›Fehler‹ und damit auch das Phänomen ›Risiko‹ muß als solches bewußt akzeptiert und in den technischen Entwicklungsprozeß als Einflußgröße einbezogen werden«.

Um eine solche Auffassung in erfolgreiches Handeln umsetzen zu können, bedarf es neben dem Zubilligen entsprechender Freiheitsgrade für das Arbeitsteam spezifischer Fähigkeiten, um unter Zeitdruck hierarchieübergreifend zweckmäßig handeln zu können und diese verantworten zu wollen. Dafür ist eine kontinuierliche Aktualisierung von Wissensbeständen und Handlungsorientierungen im konkreten Arbeitsbezug über Lern- bzw. Trainigsprozesse zu sichern.

In diesem Zusammenhang machen Böhle/Rose auf die fehlende Anerkennung der Leistungen erfahrungsgeleiteter Arbeit von Anlagenfahrern – also Operatortätigkeit insbesondere in stoffwandelnden Prozeßüberwachungen – aufmerksam. Die Anforderungen an das möglichst störungsarme Fahren von Anlagen lassen sich auch durch flexible und komplexe Automatisierungslösungen allein nicht bewältigen, sondern sind nur durch verantwortungsbewußtes Reagieren unter Einbeziehung kognitiv geleiteter Erfahrungen erfüllbar. Nun ist aber folgendes Dilemma zu verzeichnen: Einerseits werden die erforderlichen Qualifikationen und Leistungen von Anlagenfahrern unterschätzt.

»Zugleich wird aber von den Anlagenfahrern generell ein verantwortungsbewußter Umgang mit den technischen Anlagen gefordert, er wird danach beurteilt, ob er einen störungsfreien Ablauf und eine möglichst hohe Auslastung der Anlagen gewährleisten kann. (...) Für die Anlagenfahrer entsteht damit eine Situation, in der sie sich einer allgemeinen Erwartung an ihre Arbeitsleistung (und entsprechende Beurteilung) gegenübersehen, diese jedoch nur dann erfüllen können, wenn sie nicht offiziell definierte Arbeitsaufgaben übernehmen und ausführen« (Böhle/Rose 1992, S. 166).

Auch Kern/Schumacher betonen – wenngleich aus unüberhörbarer Verwertungssicht – die Bedeutung menschlicher Arbeitsleistung bei der Umsetzung flexibler Automatisierungslösungen:

»Die neuen Strategien beruhen auch auf einer veränderten Nutzung der menschlichen Arbeitskraft: Im Arbeiter wird heute eine Person mit komplexen Fähigkeiten und vielfältigen Entwicklungspotentialen gesehen, die man in der veränderten Produktion gerade dann besonders wirksam nutzen kann, wenn man ihr Vermögen umfassend betrieblich bindet und funktionalisiert, statt nur entsprechend der traditionellen Konzepte Fragmente davon aufzugreifen und den Rest brachliegen und verkümmern zu lassen« (Kern/Schumacher 1988, S. 170).

Neue Arbeitsorganisationen sind sehr eng mit Visionen von lernenden Unternehmen verbunden. Bleicher versucht, mit dem Herunterbrechen dieser Vision auf folgende drei Leitbilder eine entsprechende Handlungsorientierung aufzuzeigen, in der Bildung implizit einen hohen Stellenwert erhält: »Attraktive Arbeit«, »Technik als Werkzeug«, »sozial und ökologisch produzieren« (Bleicher 1993, S. 18).

Gruppenarbeit bietet günstige Bedingungen, sich diesen Leitbildern zu nähern, wenn genügend Freiräume für die Selbstorganisation des Arbeitsablaufs in Verbindung mit inhaltlich anspruchsvollen Arbeitsaufgaben vorhanden sind. Bei aller Offenheit des Problems, wie Unternehmen lernen, sowie zahlreicher kontroverser Diskussionen ist es im Kontext der hier zu bearbeitenden Problematik nicht unwichtig, auf das hinter dem »lernenden Unternehmen« stehende Ideal des Menschen mit seinem ganzheitlichen Anspruch, mit seiner Lernfähigkeit und -bereitschaft zu verweisen. In bezug auf erfolgreiche Gruppenarbeit heißt das aber auch, daß Vorgesetzte bereit sein müssen, ihr Führungsverständnis zu überdenken und zu verändern (vgl. auch Götz/Mindermann/Schmidt-Prange 1995; Behr u.a. 1991).

Behr u.a. charakterisieren dies drastisch:

»Auch und gerade im Führungspersonal sind manche ›Bremser‹, die befürchten, daß ihre Kompetenzbereiche eingeschränkt werden. Vielen Führungskräften fällt es immer noch schwer, den Beschäftigten mehr Verantwortung und mehr Autonomie im Arbeitshandeln zuzubilligen und sie in einem stärkeren Maße an dem Aushandlungsprozeß um die Gestaltung neuer Technologien, der Informations- und Kommunikationswege mitwirken zu lassen« (Behr u.a. 1991, S. 63).

Nach Hayn/Sell erfordert die Entwicklung hin zu auftragsgebundenen Fertigungen und steigenden Kundenanforderungen schließlich eine Flexibilität in Produktion und Dienstleistung, die das Lösen immer komplexerer Problemstellungen enthält, die neue strategische Ansätze im Unternehmen erfordern.

»Die Lösung dieser komplexen Problemstellungen kann in diesem Umfeld nicht wie bisher allein den betrieblichen Entscheidungsträgern und Beschlußgremien überlassen bleiben. Vielmehr sind Unternehmen heute zunehmend darauf angewiesen, Erfahrungswissen aller Mitarbeiter zur Lösung betrieblicher Problemstellungen heranzuziehen« (Hayn/Sell 1993, S. 78).

Auch diese Tatsache impliziert ein neues Führungsverständnis im Management, das eine intensive Beteiligung aller Mitarbeiter an der Problemlösung einschließt und Spielräume für Entscheidungen zuläßt. Dies wiederum erfordert Lernprozesse mit dem Ziel der Entwicklung von Problemlösekompetenzen bei allen Mitarbeitern.

Auf die Fragestellung nach Entwicklungspotentialen durch Technikentwicklung und Arbeitsgestaltung unter Voraussetzung entsprechender Bildung kann nunmehr eine erste zusammenfassende Antwort gegeben werden: Da Technikentwicklung bzw. -nutzung und Arbeitsgestaltung verschiedene Optionen offen lassen, eröffnet Bildungsfähigkeit und -motivation aller Betroffenen gegenwärtig noch gar nicht absehbare Möglichkeiten menschlicher Entfaltung. Von den gesellschaftlichen, politischen, sozialen und betrieblichen Rahmenbedingungen und vor allem von dem Einzelnen selbst – seinen Ansprüchen, Fähigkeiten und Motiven – wird es wesentlich abhängen, welche Möglichkeiten in die Realität umgesetzt werden. Weiterbildung hat hierfür einen entscheidenden und konkreten Beitrag zu leisten, auf den abschließend im folgenden Abschnitt eingegangen werden soll.

2.1 Einige Schlußfolgerungen für die Weiterbildung

Zunächst einmal geht es darum, sich langfristig darauf einzustellen, daß ein Denken in traditioneller Beruflichkeit (vgl. Herz 1992; Buck 1989) den notwendigen Anforderungen an die Qualifikation des Menschen nicht gerecht werden kann, da weitgehend »geregelte und regelbare Arbeitsprozesse« – »in der Tendenz – zunehmend von offenen, unbestimmten, situativ zu erfassenden und persönlich vom Arbeitenden zu ergreifenden Handlungsanforderungen abgelöst werden« (Herz 1992, S. 88).

Auf zahlreiche lebensweltliche außerberufliche Prozesse dürfte bereits heute diese Charakteristik zutreffen. Dies hat grundsätzliche Konsequenzen für Inhalte und Formen der Weiterbildung. Für den beruflichen Bereich geht es hierbei um »Gestaltungsfähigkeit« (Buck, 1989, S. 215). Diese integriert nach Herz »notwendige fachliche Kompetenz und Professionalität in einen Kranz von situativ zu aktivierenden Fähigkeitskomplexen zur Wahrnehmung, zur Analyse, zur Problembewertung, zur Urteils- und Entscheidungsfindung, zur Interaktion und Kommunikation, die die fachliche Professionalität erst zu ihrer vollen Wirkung bringen« (Herz 1992, S. 89). Hier sind z. B. auch die von Del Tedesco u.a. beschriebenen »qualitätssichernden Handlungskompetenzen« einzuordnen, denn eine Sicherstellung der Produktqualität bedarf der Sicherung der Prozeßqualität der Arbeitsabläufe. Diese ist »als eine die gesamte betriebliche Ablauforganisation umfassende Qualitätssicherung von vornherein auf die Einbindung der Mitarbeiter aller Funktionsbereiche angewiesen. Statt ›endkontrollierender Qualitätsexperten‹ ist jeder Mitarbeiter als ›Experte‹ seiner Arbeit gefragt, womit betriebliche Organisationskonzepte obsolet werden, die – als Produkt einer rigiden Arbeitsteilung – Qualitätssicherung zur Aufgabe einer ausgegliederten eigenen betrieblichen Funktion machen« (Del Tedesco 1996, S. 34 f.).

Wenngleich an dieser Stelle nicht auf die Vielfalt erforderlicher »Schlüsselqualifikationen« – wie immer diese auch von den zahlreichen, diese als Notwendigkeit hervorhebenden Autoren verstanden werden – eingegangen werden soll, so sei als ein Beispiel neuer Arbeitsgestaltungsformen auf die bildungsseitig zu entwickelnde Teamfähigkeit verwiesen. Zahlreiche Arbeitsorganisationsformen reklamieren für sich diese Kompetenz, weil unterschiedliche, z.T. betriebsspezifische Varianten des Gruppenarbeitskonzeptes diese erfordern. Seyfried hebt diesbezüglich aber hervor: »Aus der Sicht des Gruppenarbeitskonzeptes kann erst dann von Gruppen- bzw. Teamarbeit gesprochen werden, wenn die tägliche Arbeit in Gruppen erledigt wird, die sich als Teams mit einem eigenständigen Planungs-, Entscheidungs- und Handlungsspielraum beschreiben lassen« (Seyfried 1994, S. 24). Die Fähigkeiten zur Beherrschung dieser Spielräume sind über Lern- und Trainingsprozesse entwickelbar, wobei vielfältige Wechselbeziehungen in Interaktionsprozessen zu berücksichtigen sind, was allein mit »Kooperationsfähigkeit« nicht faßbar ist (vgl. Seyfried 1994).

Das Zurechtkommen mit dem exponentiellen Wissenswachstum bedeutet für Weiterbildung, sowohl eine inhaltliche als auch eine methodische Seite zu beachten. d. h., entscheidend ist nicht nur, welche neuen Wissenstatbestände zu Gestaltung/Nutzung von Technik und Arbeit befähigen, sondern wie sich Menschen – über weite Strecken selbstorganisiert – neues Wissen aneignen, wie sie dieses in vorhandene Wissensstrukturen einordnen bzw. auch in der Lage sind, Wissen umzustrukturieren. Rüttgers betont hierfür die Notwendigkeit der Verbindung von Informations- und Kommunikationstechnologien mit »alten Kulturtechniken« (Rüttgers 1996, S. 158).

Bildung im Interesse einer humanen Arbeitswelt und Gestaltbarkeit aller Lebensweltbereiche, einschließlich einer aktiven Freizeitgestaltung (»Freizeitfähigkeit« nach Affemann 1995, S. 344) muß letztlich Bedingungen schaffen, etwa im Sinne von Lernarrangements als didaktisches Konstrukt (vgl. Egger 1990) oder Lernumgebungen, die von Lernenden weitgehend selbstorganisiert nach ihren Interessen und Fähigkeiten genutzt werden. Es geht damit um ein Plädoyer für die Herausbildung von mehr methodischen und sozialen Kompetenzen, damit Lernende nicht nur zunehmend selbst darüber entscheiden können, *was* sie lernen wollen, sondern daß sie genauso selbständig auch in der Lage sind, das *Wie* des Lernens für sich zu bestimmen, d. h. das als notwendig Erkannte sich auch möglichst effektiv erschließen zu können.

Insofern bedarf es auch eines Überdenkens des Verhältnisses von Erstausbildung und Weiterbildung, von allgemeiner, beruflich-spezieller sowie berufsübergreifender Bildung, um in allen Lebensweltbereichen Möglichkeiten selbstorganisierten Lernens – unter Stützung notwendiger organisierter Lernphasen – ausschöpfen zu können.

Literatur

Affemann, R. Mensch und Arbeitsumwelt. Leonberg 1995.

Baethge, M.: Die Bedeutung der neuen Technologien für Bildung und Ausbildung. In: Süß, W./Schroeder, K. (Hrsg.): Technik und Zukunft. Berlin 1990, S. 193–207.

Behr, M. u.a.: Neue Technologien in der Industrieverwaltung. Opladen 1991.

Blacejcjak, J./Kirner, W.: Neue Technologien und Strukturwandel bei Produktion und Beschäftigung. In: Biervert, B./Monse, K. (Hrsg.): Wandel durch Technik? Opladen 1990, S. 43–55.

Bleicher, R.: Neue Anforderungen an die Gestaltung. In: Bullinger, u.a. (Hrsg.): Alter und Erwerbsarbeit der Zukunft. Berlin/Heidelberg 1993, S. 16–21.

Böhle, F./Rose, H.: Technik und Erfahrung. Frankfurt/M./New York 1992.

Buck, B.: Technologie oder Praxis? Berufsbildungsverständnis und seine Auswirkungen auf Vermittlungsformen. In: Neue Berufe – neue Qualifikationen. Dokumentation des BIBB-Kongresses 1989, Band K. Nürnberg 1989.

Dehnbostel, P./Hecker, O./Walter-Lezius, H.-J. : Technologie- und Qualifikationsannahmen im Modellversuchsbereich »Neue Technologien in der beruflichen Bildung«. In: Dehnbostel, P. u.a. (Hrsg.): Neue Technologien und berufliche Bildung. Berlin/Bonn 1992, S. 11–32.

Del Tedesco, D./Kuhn, M./Landwehr, J./Raming, G.: Qualitätssichernde Handlungskompetenzen – ein neues Aufgabenfeld der beruflich-betrieblichen Weiterbildung. In: BWP 1996, Jg. 25, H. 1, S. 34–38.

Egger, P.: Alternative Lernarrangements in der Erstausbildung. In: Bullinger, u.a. (Hrsg.): Alter und Erwerbsarbeit der Zukunft. Berlin/Heidelberg 1993, S. 119–122.

Gerds, P. : Zum Verhältnis Arbeit, Technik und Bildung in gestaltungsorientierter Perspektive. In: : Dehnbostel, P. u.a. (Hrsg.): Neue Technologien und berufliche Bildung. Berlin/Bonn 1992, S. 33–46.

Goldberg, W.: Zur Bewertung sozialer Folgen neuer Technik – ein Ansatz zur Synthese. In: Biervert, B./Monse, K. (Hrsg.): Wandel durch Technik? Opladen 1990, S. 413–425.

Götz, K./Mindermann, D./Schmidt-Prange, M.: Führungskräfte und neue Technologien – haben die »neuen Produktionskonzepte« eine Chance? In: BWP 1995, Jg. 24, H. 1, S. 24–31.

Hayn, J./Sell, R.: Das Training von Problemlösekompetenzen. In: Bullinger, u.a. (Hrsg.): Alter und Erwerbsarbeit der Zukunft. Berlin. Heidelberg 1993, S. 78–83.

Henning, K./Ochterbeck, B.: Dualer Entwurf von Mensch-Maschine-Systemen. In: Meyer-Dohm, P./Tuchtfeldt, E./Wesner, E.: Der Mensch im Unternehmen. Bern/Stuttgart 1988, S. 225–245.

Herpich, M./Krüger, D./Nagel, A.: Technikeinsatz, Organisationsgestaltung und Qualifizierung – Ergebnisse aus betrieblichen Fallstudien. In: Dehnbostel, P. u.a. (Hrsg.): Neue Technologien und berufliche Bildung. Berlin/Bonn 1992, S. 47–85.

Herz, G.: Der Markt, die Arbeit, die Technik, die Organisation, die Qualifikation – Konsequenzen aus der Veränderung des Marktgeschehens für den Wirkungszusammenhang von Technik, Organisation und Qualifikation. In: Dehnbostel, P. (Hrsg.): Neue Technologien und berufliche Bildung. Berlin/Bonn 1992, S. 86–97.

Herzog, R.: Erziehung im Informationszeitalter. In: L. A. Multimedia, 3/1998, S. 12–17.

Hortsch, H./Wiesner, G. : Wandel von der Industriegesellschaft zur Wissensgesellschaft – Inhalte und Strukturen beruflicher Bildung in Sachsen. Veröffentlichung vorgesehen in: Wissenschaftliche Zeitschrift der TU Dresden 1999, H.1.

Kaluza, B.: Wettbewerbsstrategien und neue Technologien. Duisburg 1989.

Kern, H./Schumann, M.: Das Ende der Arbeitsteilung? In: Meyer-Dohm, P. u.a. (Hrsg.): Der Mensch im Unternehmen. Bern/Stuttgart 1988, S. 169–179.

Kreibich, R.: Zukunftsoptionen in der Wissenschafts- und Hochtechnologiegesellschaft. In: Hesse, J.J./Zöpel, Ch. (Hrsg.) Baden-Baden 1989, S. 25–49.

Rauner, F.: Elektrotechnik – Grundbildung. Soest 1986.

Rüttgers, J. : Erwachsenenbildung im 21. Jahrhundert. In: EB 4/1996, S. 158–161.

Schroeder, K.: Technischer Wandel und gesellschaftliche Modernisierung in der Bundesrepublik Deutschland. In. In: Süß, W./Schroeder, K. (Hrsg.): Technik und Zukunft. Berlin 1990, S. 151–165.

Seyfried, B. : Team und Teamfähigkeit. : In: BWP 1994, Jg. 23, H. 3, S. 23–27.

Staudt, E. : Arbeit und Technik. In: Süß, W./Schroeder, W. (Hrsg.): Technik und Zukunft. Berlin 1990, S. 208–221.

Stötgen, J.: Anforderungen an die Gruppenarbeit. In: Bullinger, u.a. (Hrsg.): Alter und Erwerbsarbeit der Zukunft. Berlin/Heidelberg 1993, S. 55 f..

Studie zur globalen Entwicklung von Wissenschaft und Technik. (Delphi 98). Fraunhofer-Institut für Systemtechnik und Innovationsforschung im Auftrag des BMBF. Bonn 1998.

Wenzel, B./Flöter, R.: Produktivität durch Gruppenarbeit – gemeinsames Arbeiten jüngerer und älterer Mitarbeiter. In: Bullinger, u.a. (Hrsg.): Alter und Erwerbsarbeit der Zukunft. Berlin. Heidelberg 1993, S. 47–49.

Weißbuch zur allgemeinen und beruflichen Bildung: Lehren und Lernen auf dem Weg zur kognitiven Gesellschaft. EG. Brüssel 1996.

Teil 2

Begründungen zu lebenslangem Lernen und neue Formen der Professionalität

VIII. Sozialhistorische Aspekte der Erwachsenenbildung

Horst Siebert

Weiterbildung ist in doppelter Hinsicht Bestandteil des gesellschaftlichen Gesamtsystems. Gesellschaftliche Phänomene beeinflussen die Beteiligung an Weiterbildung und das Lernverhalten. Bildungsangebote thematisieren und reflektieren gesellschaftliche Prozesse und Strukturen. Insofern läßt sich eine ›Verflechtung‹ sozialhistorischer Trends und institutionalisierter Erwachsenenbildung konstatieren. Trotz aller Kontroversen über einzelne Aufgaben und Schwerpunkte scheint ein Grundkonsens über die spezifische Funktion des öffentlichen Weiterbildungssystems zu bestehen, nämlich die Lernfähigkeit und Lernmotivation Erwachsener zu fördern, um verantwortliches und erfolgreiches Handeln zu ermöglichen. Diese Kompetenz läßt sich auch mit dem »alteuropäischen« Begriff Bildung umschreiben.

Diese Zielsetzung steht durchaus in Einklang mit der Bildungstheorie W. v. Humboldts, die er vor zwei Jahrhunderten (1793) formuliert hat:

»Die letzte Aufgabe unseres Daseins: dem Begriff der Menschheit in unserer Person, sowohl während der Zeit unseres Lebens, als auch noch über dasselbe hinaus, durch die Spuren des lebendigen Wirkens, die wir zurücklassen, einen so großen Inhalt als möglich zu verschaffen, diese Aufgabe löst sich allein durch die Verknüpfung unseres Ichs mit der Welt zu der allgemeinsten, regesten und freiesten Wechselwirkung« (v. Humboldt 1964, S. 6).

Der Schul- und Universitätsreformer Humboldt ignorierte keineswegs die Notwendigkeit instrumenteller, beruflicher Qualifizierung, aber er war überzeugt, daß solche Spezialbildungen nur im Kontext einer allgemeinen Menschenbildung fundiert und nachhaltig erworben werden. Allgemeinbildung und Berufsbildung sind bei Humboldt keine Gegensätze, sondern die allgemeine Bildung ist ein Rahmen für die Vielfalt spezieller, nützlicher Qualifizierungen.

Ich will an dieser Stelle nicht erörtern, inwiefern der Begriff der Allgemeinbildung heute anders konkretisiert werden sollte als um 1800. Es geht hier um die These, daß es die spezifische **Funktion** des (Weiter-)Bildungssystems ist, Bildungsprozesse Erwachsener zu fördern und daß deshalb der Erwachsenenbildung eine relative, pädagogische Autonomie zuzusprechen ist. Zugleich erfüllt Weiterbildung **Leistungen** für benachbarte Bereiche – z. B. für Gesundheit, für den Arbeitsmarkt, für die Sozialpolitik, für die demokratische Partizipation etc.. So läßt sich auch das Verhältnis von

Sozialwissenschaften und Erwachsenenpädagogik klären. Erwachsenenpädagogische Fragen und Antworten lassen sich nicht aus Gesellschafts-
theorien »ableiten«, sie lassen sich aber auch nicht isoliert von dem gesellschaftlichen und ökonomischen Kontext diskutieren. Weiterbildung ist in
doppelter Hinsicht Bestandteil des gesellschaftlichen Gesamtsystems:
– Gesellschaftliche Phänomene (z. B. Wertewandel) beeinflussen die Beteiligung an Weiterbildung und das Lernverhalten.
– Die Bildungsangebote thematisieren und reflektieren gesellschaftliche
  Prozesse und Strukturen.

Es scheint z.Zt. keine sozialwissenschaftliche Theorie mit allgemeingülti-
gem Wahrheitsanspruch zu geben, sondern eine Pluralität von Zeitdiagnosen und Zukunftsentwürfen, die sich teilweise ergänzen, teilweise wider-
sprechen. Schon die Modernitätstheorien sind vielfältig und kontrovers.
Mich überzeugt das Konzept der reflexiven Modernisierung von U. Beck
u.a. am meisten, das durchaus mit einigen postmodernen Beobachtungen
»verträglich« ist. Axel Honneth schreibt über die aktuellen Diskussionen:
»Kaum ein theoretisches Unternehmen wird heute voreiliger und unbe-
sonnener betrieben als das der Zeitdiagnose. (...) Aber keine von ihnen hat
die anschließende Phase der gewissenhaften empirischen Überprüfung
unbeschadet überstanden. Sie alle haben sich schnell als Produkte einer
Überverallgemeinerung von gesellschaftlichen Entwicklungen erwiesen,
die nur eine beschränkte Reichweite, sei es in historischer, sei es in sozialer
Hinsicht, besitzen« (Honneth 1994, S. 7). Dies gilt sowohl für »große«
Theoriegebäude – wie z. B. den Postmodernismus – als auch für einzelne
Trends und Problembereiche – z. B. die Individualisierung. Dennoch ist
nicht zu bestreiten, daß die meisten gängigen Zeitdiagnosen (auf einer
mittleren Abstraktionsebene) relevante gesellschaftliche Veränderungen
beschreiben und weitgehend konsensfähig sind.

Der gemeinsame Nenner unterschiedlicher soziologischer »Beobachtungen« und Analysen ist – so A. Honneth – »Desintegration«. Diese
Trendbeschreibung ist empirisch und theoretisch begründet (obwohl auch
hier Relativierungen und Differenzierungen erforderlich sind). Der sozialwissenschaftliche Schlüsselbegriff »Integration« ist auch in der Tradition
der deutschen Volksbildung verankert (man denke nur an die sozialintegrative Volksgemeinschaftsintention der »neuen Richtung« der Weimarer
Zeit). Auch an diesem Begriff der Desintegration läßt sich der Unterschied
zwischen Funktion und Leistung der Erwachsenenbildung verdeutlichen.
Soziale Integration ist keine Funktion der Erwachsenenbildung. Zum einen ist Integration kein universelles wünschenswertes Ziel – viele ethni-
sche Gruppen streben eher Desintegration und Separation an. Zum anderen läßt sich Integration nicht ohne weiteres in ein Lern- und Bildungsziel
umdefinieren. Allerdings trägt Erwachsenenbildung zur sozialen Integration bei z. B. durch heterogene Lerngruppen und durch interkulturelle und

intergenerative Lernprozesse. Auch gesellschaftliche Trends und Strukturen existieren nicht beobachterunabhängig. So läßt sich auch das Weiter-
bildungssystem je nach der Beobachterperspektive als eigenständiges pädagogisches System oder als Bestandteil des Gesellschaftssystems betrachten. In jedem Fall ist eine Wechselwirkung sozialer Entwicklungen und
institutionalisierter Bildungsangebote festzustellen. Viele gesellschaftlichen Veränderungen lassen sich als **Ursachen für** Weiterbildung und auch
als **Effekte von** Weiterbildung begreifen, wobei in keinem Fall Weiterbildung ausschließlicher Verursacher eines biographischen und/oder sozialen
Wandels ist. So vermag Weiterbildung auch keine Probleme der Gesellschaft – z. B. die Umweltkrise – zu lösen, wie andererseits die meisten dieser Probleme nicht ohne Lernprozesse zu bewältigen sind.

Die Verflechtung von sozialhistorischen Trends und Erwachsenenbildung sei an einigen Beispielen demonstriert, die sich im weitesten Sinne
dem Code Integration/Desintegration zuordnen lassen.

1. Individualisierung

Beispiel 1

Frau M. L. ist Lehrerin, sie wurde mit 55 Jahren aus gesundheitlichen Gründen vor-
zeitig entlassen, in dieser Zeit hat sich ihr Mann von ihr getrennt, die Kinder leben
außerhalb. Frau L. liest in der Zeitung einen Bericht über das Seniorenstudium der
Universität, und sie besucht mit Begeisterung literaturwissenschaftliche Vorlesun-
gen. Für Literaturgeschichte hat sie sich immer schon interessiert, sie will endlich
»etwas für sich tun«, ihre eigenen Bedürfnisse befriedigen, »auftanken«, sie fühlt
sich »wie ein ausgetrockneter Schwamm«, »schreibt sich die Finger wund« und entwickelt ein neues Lebensgefühl.

Über Individualisierung als »Vergesellschaftungsmodus« ist nahezu alles
gesagt und geschrieben worden. Der Begriff ist vielschillernd, »Individua-
lisierungsschübe« werden unterschiedlich erklärt und bewertet. Für Ulrich
Beck ist Individualisierung »vielleicht sogar ein Unbegriff« (Beck 1986,
S. 205), der aber gleichwohl auf sozialhistorische Veränderungen verweist.
Zur Individualisierung gehören Enttraditionalisierungen, Auflösung der
Normalbiographien mit ihren gesellschaftlich geregelten Lebensphasen
und Statuspassagen. Damit verbunden ist eine Erweiterung der »Options-
chancen«, der Lebensformen, aber auch die Gefahr »kritischer Lebenser-
eignisse« und Verunsicherungen. Tendenzen der Individualisierung und
Globalisierung sind miteinander verknüpft: U. Beck schreibt:

»Während die Regierungen (noch) im nationalstaatlichen Gefüge handeln, wird die Biographie schon zur Weltgesellschaft hin geöffnet. Mehr noch: die Weltgesellschaft wird Teil der Biographie, auch wenn diese Dauerüberforderung nur durch das Gegenteil: Weghören, Simplifizieren, Abstumpfen zu ertragen ist« (Beck 1986, S. 219).

Die Individualisierung bezieht sich auf die sozialstrukturellen Lebenslagen, aber auch auf die Mentalitäten und Identitätsentwürfe. Nicht alles, aber vieles ist offen, möglich, unentschieden.

Axel Honneth unterscheidet drei Dimensionen der Individualisierung (Honneth 1994, S. 24f.):

1. Individualisierung als Differenzierung von Lebenslagen und Erweiterung von Entscheidungsspielräumen,
2. Individualisierung als Privatisierung mit der Gefahr von Vereinzelungen und Isolation, als »Stabilitätsverlust« (Beck),
3. Individualisierung als Autonomisierung, als Identitätsfindung und Selbstverwirklichung. Sozialisationstheoretisch wird dafür auch der Begriff der Individuation verwendet.

Auf allen Ebenen ist Individualisierung mit Bildungsprozessen gekoppelt und beinhaltet besondere Lernherausforderungen. Die Erweiterung der Bildungswege und des Berufsspektrums ist eine wichtige Voraussetzung insbesondere für die Emanzipation von Frauen. Außerdem hat der Ausbau der Bildungssysteme das Weltbild differenziert, eine Reflexivität gefördert und gesellschaftliche Partizipationschancen verbessert – man denke nur an das Engagement vieler Menschen in den neuen sozialen Bewegungen. Gleichzeitig erfordern die alltäglichen Entscheidungen selbständige Informationsverarbeitungen und reflexive Lernprozesse. Peter Alheit spricht von Biographizität als neuer Schlüsselqualifikation und zugleich als Mittel zur strukturellen Modernisierung.

»Biographizität bedeutet, daß wir unser Leben in den Kontexten, in denen wir es verbringen (müssen), immer wieder neu auslegen können, und daß wir diese Kontexte ihrerseits als ›bildbar‹ und gestaltbar erfahren« (Alheit 1992, S. 779).

Die bildungspraktischen Implikationen sind offensichtlich: Erwachsene nutzen das Angebot der Erwachsenenbildung, um nach einer Familienphase einen höheren Schulabschluß zu absolvieren, um sich auf einen Berufswechsel oder beruflichen Wiedereinstieg vorzubereiten, aber auch, um mit anderen Erfahrungen über »kritische Lebensereignisse« auszutauschen, nicht selten auch, um in oder nach einer kritischen Phase »auf andere Gedanken zu kommen«, um neue Interessen zu entdecken usw. Gelegentlich enthält ein Seminar Impulse, Anregungen und Ermutigungen, über die familiäre oder berufliche Situation nachzudenken und diese zu verändern. Allerdings löst ein Seminar nichts aus, was nicht schon psychodynamisch in Bewegung geraten ist.

Interessant erscheinen die bildungstheoretischen Aspekte der Individualisierung (vgl. Marotzki 1990). Lange Zeit galten das humanistische Gymnasium und die Universität als die Lernorte, an denen sich Bildung ereignete, und zwar vorzüglich durch die Beschäftigung mit den klassischen Kulturgütern. Bildung resultiert – cum grano salis – aus der Kenntnis eines Bildungskanons. Diese Normierung der Bildungsidee ist immer schon problematisiert worden, sie ist aber im Kontext der Individualisierung erst recht fragwürdig geworden. »Bildungserlebnisse«, d. h. relevante, nachhaltige Einsichten in gesellschaftliche, kulturelle und lebensgeschichtliche Zusammenhänge sind kaum noch an Schulfächer gekoppelt. Bildungsrelevante Erfahrungen, die zum Welt- und Selbstverständnis beitragen, werden weniger durch die Lektüre der »Klassiker« als anläßlich einer Fernsehsendung über die Heilpflanzen des tropischen Regenwaldes, einer Krankheit und einer Heilung, eines Urlaubs in ein Land mit buddhistischer Tradition, einer Freundschaft mit einem Afrikaner, eines politischen Konflikts u.ä. ausgelöst. So läßt sich von einer Individualisierung und Vervielfältigung der Bildungsanlässe und Bildungsverläufe sprechen. Curricular geplante und organisierte Bildungserlebnisse sind allenfalls Knoten in einem Netzwerk von Alltagserfahrungen.

2. Pluralisierung der Milieus

Beispiel 2

Eine junge Diplompädagogin leitet ein Managerseminar über Personalentwicklung. Als sie in der Vorstellungsrunde erzählt, daß sie auch Pädagogik und Psychologie studiert hat, ruft ein Teilnehmer – applaudiert von der ganzen Gruppe –: »Aber mit uns bitte keine Spielchen!«

Die schichtspezifische Sozialforschung ist weitgehend von einer Milieuforschung abgelöst worden. Diese Milieuforschungen gehen davon aus, daß sich auf ein und derselben Ebene sozialer Schichtung unterschiedliche Lebensstile, alltagsästhetische Vorlieben, Konsum- und Freizeitgewohnheiten, kulturelle Interessen und Deutungsmuster differenzieren. Oft unterscheiden sich diese Wertvorstellungen innerhalb einer Familie. Die Unterschiede lassen sich – mit Einschränkungen – auf sozialstatische Faktoren wie Alter, Geschlecht, Schulbildung, Beruf, Stadt-Land, alte/neue Bundesländer zurückführen, aber auch auf individuelle Erfahrungen, Medienkonsum, Sozialkontakte und andere Sozialisationseinflüsse. Die vorliegenden Milieustudien von G. Schulze, M. Vester, dem SINUS-Institut u.a. sind

zwar ebenfalls »beobachterabhängig«, aber die Typologien weisen doch
relativ große Übereinstimmungen auf. Ich stelle hier die SINUS-Studie
vor, zumal diese Klassifizierung auf die Teilnehmerforschung der politischen Erwachsenenbildung übertragen worden ist.

Die Milieutypologie des SINUS-Instituts orientiert sich an schichtspezi-
fischen Merkmalen der sozialen Lage (von Unter- bis Oberschicht), aber
auch an Wertorientierungen (u.a. traditionelle Werte des »Bewahrens«,
materielle Werte, postmaterialistische Orientierungen, hedonistische
Werte). Auf dieser Grundlage werden 9 (westdeutsche) Milieus unterschieden, nämlich

- konservatives, gehobenes Milieu (7,5%),
- kleinbürgerliches Milieu (22%),
- traditionelles Arbeitermilieu (5,3%),
- traditionloses Arbeitermilieu (12,2%),
- neues Arbeitnehmermilieu (24%),
- technokratisch-liberales Milieu (9,3%),
- hedonistisches Milieu (12,7%),
- alternatives Milieu (2,2%).

Die Friedrich-Ebert-Stiftung hat eine Studie in Auftrag gegeben um festzustellen, welche dieser Milieus in den Seminaren ihrer »Akademie der
politischen Bildung« über- und unterrepräsentiert sind. Überrepräsentiert
waren vor allem das technokratisch-liberale Milieu (16%), das alternative
Milieu (14%) und das neue Arbeitnehmermilieu (12%) (Ueltzhöffer/Kan-
del 1993, S. 82).

In einem speziellen »Zielgruppenhandbuch« (Band II des Forschungs-
berichtes »Lernen für Demokratie«) wurden diese Milieus weiter differenziert und neu »sortiert« (z. B.: »benachteiligte Gruppen: traditionsloses
Arbeitermilieu, junge traditionslose Arbeiter (...)«). Dabei wurde untersucht, welche Lebensstile, aber auch welche thematischen Interessen,
Lernmethoden, Lehrstile, Kommunikationsstile, aber auch welche Lernorte, Räumlichkeiten, Medien die einzelnen Gruppen bevorzugen. So fa-
vorisieren die Führungskräfte eher wissenschaftliche Expertenvorträge,
Gruppen aus den »neuen sozialen Bewegungen« eher kreative, gruppen-
pädagogische, projektorientierte Arbeitsformen. Zwar mit milieuspezifi-
schen Modifizierungen, aber doch weit verbreitet ist das wachsende Interesse an Kommunikation und an einem angenehmen Ambiente. Bildungs-
seminare werden nicht nur wegen der Lernziele und Inhalte, sondern
zunehmend als »ganzheitliche« Ereignisse besucht. »Bildungsveranstaltungen werden – den Gewöhnungen der Konsumgesellschaft folgend –
gleichsam als ›Gesamterlebnis‹ wahrgenommen und beurteilt. Bedürfnisse nach persönlicher Kommunikation und Unterhaltung wie auch äs-
thetisch-stilistische Ansprüche an das Interieur spielen dabei offensichtlich keine geringere Rolle als rein lernzielorientierte Erwartungen«

(Ueltzhöffer/Kandel 1993, S. 84). Auch die politische Bildung kann die Bedürfnisse nach Erlebnisorientierung und abwechslungsreichen, ästhetisch anregenden »Settings« nicht ignorieren.

Die Pluralisierung der Lebensstile ist für die Erwachsenenbildung nicht neu, und sie hat mit ihren Zielgruppenangeboten seit jeher auf die Vielfalt der Lernvoraussetzungen, der thematischen Interessen und Anspruchsniveaus reagiert. Dennoch machen die neueren Milieuforschungen auf aktuelle Segmentierungen des Bildungsmarkts aufmerksam. Weitere empirische Untersuchungen sollten folgende Fragen aufgreifen:

– Läßt sich noch von einem traditionellen Bildungsmilieu – gleichsam als »Kernmilieu« der Erwachsenenbildung – sprechen? Gerhard Schulze unterscheidet ein »Niveaumilieu«, das sich großenteils aus dem Bildungsbürgertum zusammensetzt.
– Wie groß ist die sozialemotionale Nähe einzelner Gruppen zu verschiedenen Bildungseinrichtungen (z. B. Seniorenstudium der Universität, Volkshochschule, Kirchengemeinde ...)?
– Welche Lernziele und Lerninhalte, aber auch welche Organisationsformen (z. B. Projekte, Workshops, Referate ...) werden von den verschiedenen Milieus bevorzugt?
– Welche Umgangsformen und Kommunikationsstile (inkl. Anrede, Kleidung, Kritik, Intimität ...) werden gewünscht oder gemieden?

Die andragogischen Konsequenzen aus der Pluralisierung der Milieus sind keineswegs eindeutig. Einerseits erscheint eine milieuspezifische Differenzierung der Bildungsangebote notwendig, u.a., um auch »bildungsferne« Gruppen gezielt anzusprechen. Andererseits sind – um der wachsenden Desintegration gegenzusteuern – zunehmend sozialintegrative, z. B. interkulturelle, intergenerative, berufsheterogene Seminargruppen wünschenswert. Eine marktorientierte milieuspezifische Segmentierung der Bildungsangebote kann in Zeiten knapper öffentlicher Finanzzuschüsse zu einer Vernachlässigung der ohnehin schon bildungsbenachteiligten Gruppen beitragen.

3. Arbeitslosigkeit

Beispiel 3

W. R. ist 57 Jahre alt, er war drei Jahrzehnte als Lithograph in einer kleinen Druckerei tätig, die ihm 1997 wegen schlechter Auftragslage gekündigt hat, obwohl sich W. R. in den letzten Jahren noch fundierte EDV-Kenntnisse angeeignet hat. Um die

Zeit bis zur Verrentung zu überbrücken, nimmt er an einer Übungsfirma eines Bildungswerkes teil. Er kann zwischen einzelnen Kursen wählen – z. B. Wirtschaftsenglisch, Marketing, Kalkulation, Excel 7,0. (...) Er wählt vor allem Computerkurse, da er in seiner Freizeit mit seinem Computer spielt. Eine Chance, noch einen Arbeitsplatz zu finden, besteht nicht. Seit kurzem klagt er über häufige Kopfschmerzen. Sein Arzt hat festgestellt, die seien »psychosomatisch« bedingt, damit »müsse er leben«.

In seinem Buch »Risikogesellschaft« prognostiziert U. Beck – aus heutiger Sicht optimistisch: »Selbst bei wirtschaftlichen Wachstumsraten zwischen 2 und 4% wird die hohe Arbeitslosigkeit oberhalb der Zweimillionengrenze nicht vor den neunziger Jahren abzubauen sein.« (Beck 1986, S. 223) Ein Jahrzehnt später schreibt Beck:

»Zum eigentlichen Durchbruch kommt (...) die kulturelle Evolution der Arbeit aber erst dort, wo die aufbrechenden Zukunftsgefährdungen einen Grad von Dringlichkeit und Unaufschiebbarkeit erhalten haben, der vergleichbar ist mit dem Druck, der sich aus der materiellen Verelendung breiter Teile der Arbeiterschaft im 19. Jahrhundert ergab« (Beck 1995, S. 67).

Die negativen Auswirkungen von Arbeitslosigkeit auf das Selbstwertgefühl, den Gesundheitszustand, die Freizeitgestaltung, die Sozialkontakte, das politische Engagement sind bekannt. Auch der Zusammenhang zwischen Weiterbildung und Arbeitslosigkeit soll an dieser Stelle nicht erörtert werden. Mich interessiert hier die – m.E. bisher vernachlässigte – Frage nach den Konsequenzen der Arbeitslosigkeit für das gesamtgesellschaftliche Lernklima. Dabei lassen sich drei Aspekte unterscheiden:

1. Überall in der Fachliteratur, auch in diesem Band, werden die Lernpotentiale der modernen Arbeitswelt betont. Der Betrieb wird als Lernort dargestellt, und zwar nicht nur wegen der technischen Innovationen, sondern auch wegen der Anforderungen an die personalen und sozialen Kompetenzen. Insbesondere durch neue Formen der Teamarbeit und des »learning on the job« wächst die Bedeutung vieler Betriebe als Erfahrungs- und Sozialisationsfeld. Das gilt zunehmend auch für interkulturelles und ökologisches Lernen. Wenn das zutrifft, so werden vor allem Langzeitarbeitslose von einem wesentlichen Lernfeld abgekoppelt, ihnen werden wichtige Lerngelegenheiten vorenthalten. In Gesprächen mit (ehemaligen) KollegInnen können sie nicht mehr mitreden, sie sind nicht mehr »up to date«. Sie verlieren allmählich auch kommunikative Kompetenzen, d. h. die Fähigkeit, sich für andere zu interessieren und von ihnen zu lernen, mit ihnen zu »fachsimpeln«.

2. Diese Abkoppelung von Entwicklungen der Arbeitswelt und von sozialen Kontexten führt (vermutlich) zu einer interkulturellen Verarmung der familiären Kommunikation. Arbeitslose haben weniger zu berichten und zu erzählen. Die Kinder lernen durch ihre Väter nicht mehr einen Beruf oder einen Betrieb kennen. Der heimliche häusliche

Lehrplan ist häufig Hoffnungs- und Perspektivlosigkeit, aber auch eine Aggression gegen das »System«. Das Spektrum an Gesprächsthemen reduziert sich, es überwiegen häufig pessimistische, defensive, depressive Themen.

3. Einerseits werden Langzeitarbeitslose von aktuellen Entwicklungen der Wissensgesellschaft abgekoppelt, andererseits findet durch Arbeitslosigkeit und Vorruhestandsregelungen ein gesellschaftlicher »Know-how-Verlust« statt. Ich betreue z.Zt. eine Diplomarbeit über die Gefahren eines Kompetenzverlustes durch die Vorruhestandsregelung bei VW. Qualifizierte Arbeitskräfte mit jahrzehntelangen Betriebserfahrungen verfügen über umfangreiche Kompetenzen und Kenntnisse (»implizites Wissen«), die oft nicht zielgerichtet an jüngere Nachfolger »transferiert« werden, die deshalb auch dem Betrieb verloren gehen und somit vermeidbare Kosten verursachen.

Ich will die Bemühungen der institutionalisierten Erwachsenenbildung um Arbeitslose und gegen Arbeitslosigkeit nicht unterschätzen und kritisieren. Doch neben den traditionellen Bildungsangeboten sind neue »offene« Organisationsformen nötig, um Arbeitslose und Frührentner in die »Wissensgesellschaft« zu re-integrieren (z. B. durch Beteiligung »junger«, qualifizierter Großeltern an ökologischen Sanierungsprojekten einer Schule, durch intergenerative Expertengruppen auch an Universitäten ...). An der von der Arbeitsverwaltung geförderten Arbeitslosenbildung erscheint Rainer Brödels Kritik berechtigt: »Der in der institutionalisierten Arbeitsmarktpolitik vorherrschende Erfolgsbegriff stellt vorrangig auf den statistischen Aspekt von Vermittlungsquoten in Beschäftigungsverhältnisse ab. Ein solches Evaluationskonzept greift für Weiterbildung zu kurz: Es blendet die Wirklichkeit veranstalteter Erwachsenenbildung aus und unterschlägt den prozessualen Zugewinn an Sach- und Orientierungswissen sowie an Handlungs- und Lebensführungskompetenz für die Teilnehmenden« (Brödel 1997, S. 134).

Das Verhältnis von Arbeit, Arbeitsmarkt und Weiterbildung ist komplizierter und differenzierter geworden. Es gibt kaum eine Bildungsveranstaltung, die nicht mit Arbeit zusammenhängt, wie es andererseits keine Veranstaltung gibt, die ausschließlich für einen Arbeitsplatz qualifiziert. Weiterbildung trägt sowohl zur sozialen Integration wie zur Desintegration bei. Zur Desintegration insofern, als sie auf die Arbeitsmarktsegmentation reagiert: »Mit der Segmentation des Arbeitsmarkts ging auch eine Spaltung der Weiterbildung einher – in eine chanceneröffnende Aufstiegsfortbildung einerseits und in Not lindernde Integrationsmaßnahmen andererseits.« (Tippelt 1997, S. 56) Einen Beitrag zur Integration vermag vor allem eine moderne Allgemeinbildung als »Bildung für alle« – inklusive politische, kulturelle, ökologische Bildung – zu leisten.

4. Armut

Beispiel 4

Die kommunalen Zuschüsse einer Großstadtvolkshochschule wurden drastisch gekürzt. Die Volkshochschule hat daraufhin die Gebührenermäßigungen (»Sozialtarife«) eingeschränkt. Außerdem wurden kostspielige sozialpolitisch begründete Kurse (z. B. Alphabetisierung, Hauptschulabschluß) reduziert. Die Zahl der Belegungen verringerte sich daraufhin um 20%.

In der neueren Literatur zur Weiterbildung ist von Randgruppen, Bildungsbenachteiligung, Chancengleichheit, Unterprivilegierung kaum noch die Rede. Rudolf Tippelt stellt fest: »Die Erwachsenenbildung hat sich nach den schon klassischen empirischen Studien von Strzelewicz, Raapke und Schulenberg (1966) (...) nicht mehr hinreichend mit der sozialen Herkunft und der sozialen Ungleichheit im Kontext von Bildungsinteressen beschäftigt.« (Tippelt 1997, S. 53) Insgesamt scheint die Marktorientierung der Bildungseinrichtungen die Aufmerksamkeit vor allem auf die »Besserverdienenden« zu lenken. Bei den empirischen Untersuchungen und den statistischen Erhebungen – z. B. dem Weiterbildungsberichtssystem – wird das Einkommen der TeilnehmerInnen nicht mehr berücksichtigt. In der bildungssoziologischen »Göttinger Studie« wurde »kein Geld« (neben »keine Zeit«) von den Bildungsinteressierten als häufigster Hinderungsgrund gegen eine Teilnahme genannt (Strzelewicz u.a. 1966, S. 71).

Da neuerdings nach finanziellen Barrieren kaum noch gefragt wird, kann der Eindruck entstehen, daß Geld bei der Weiterbildungsbeteiligung keine Rolle mehr spielt. Doch dieser Eindruck ist trügerisch. A. Honneth weist darauf hin, »daß mehr und mehr Bevölkerungskreise heute in die Spirale der sozialen Verelendung hineingerissen werden« (Honneth 1994, S. 100). Ungefähr 20% der Deutschen leiden heute unter »relativer Einkommensarmut«. Von Einkommenseinbußen sind noch erheblich mehr Menschen betroffen (gleichzeitig ist die Zahl der Einkommensmillionäre deutlich gestiegen.).

Je knapper jedoch die finanziellen Mittel sind, desto mehr wird bei nicht lebensnotwendigen Ausgaben gespart. Dazu rechnen viele Erwachsene Ausgaben für Bildung und insbesondere für Themen, die keinen unmittelbaren materiellen Nutzen versprechen. So ist zu befürchten, daß die wachsende Kluft zwischen Reich und Arm für die Erwachsenenbildung zweierlei bedeutet:

1. eine erneute soziale Selektion und Orientierung an »Besserverdienenden«,
2. eine abnehmende Nachfrage nach »zweckfreien« Themen der kulturellen und politischen Bildung.

Als Seminarthema ist Reichtum/Armut eine besondere didaktische Herausforderung. Welche Zielgruppen interessieren sich für diese Thematik – und aus welchen Motiven? Welche Lernziele sollen bei verschiedenen Gruppen (z. B. den von Reichtum und den von Armut »Betroffenen«) erreicht werden? Was bewirkt eine nüchtern kognitive Aufklärung, was ein emotionales Erlebnis? Wie kann die globale Dimension thematisiert werden, ohne daß Lernwiderstände aktiviert werden?

Die hier angesprochenen sozialhistorischen Bedingungen und Implikationen der Erwachsenenbildung sind nur eine Auswahl. Weitere Aspekte dieses Themas – z. B. Geschlechterdifferenzen, Qualifikationsanforderungen durch neue Technologien – werden an anderer Stelle behandelt. Zu dieser Thematik gehören darüber hinaus Globalisierung, Computerisierung, das Verhältnis der Generationen, multikulturelle Entwicklungen, sozialökologische Problemlagen, die Bedeutungsverluste traditioneller »sozialer Stützsysteme«, die Krise des Parteiensystems, das Engagement in den »neuen sozialen Bewegungen«, ehrenamtliche Tätigkeiten usw.

Literatur

Alheit, P.: Leben lernen? Universität Bremen 1992.

Beck, U.: Risikogesellschaft. Frankfurt/M. 1986.

Beck, U.: Die feindlose Demokratie. Stuttgart 1995.

Brödel, R. (Hrsg.): Erwachsenenbildung in der Moderne. Opladen 1997.

Brödel, R: Reflexivität arbeitsmarktorientierter Bildung. In: Nuissl, E./ Schiersmann, C./Siebert, H. (Hrsg.): Pluralisierung des Lehrens und Lernens. Bad Heilbrunn 1997, S. 133 ff..

Honneth, A.: Desintegration. Frankfurt/M. 1994.

Von Humboldt, W.: Bildung des Menschen in Schule und Universität. Heidelberg 1964.

Schulze, G.: Die Erlebnisgesellschaft. Frankfurt/M. 1992.

Strzelewicz, W. u.a.: Bildung und gesellschaftliches Bewußtsein. Stuttgart 1966.

Tippelt, R.: Sozialstruktur und Erwachsenenbildung. In: Brödel, a.a.O. 1997, S. 53 ff..

Ueltzhöffer, J./Kandel, J: Milieustruktur und politische Bildung. In: Friedrich-Ebert-Stiftung (Hrsg.): Jahrbuch 1993 – Zur Lage der politischen Bildung. Bonn 1993, S. 78 ff..

IX. Anthropologische und bildungstheoretische Implikationen lebenslangen Lernens

Hans Tietgens

Sich mit den Modalitäten menschlichen Lernens zu beschäftigen, gehört zu den Grundlagen der Erwachsenenbildung. Lernen als Spezifikum des Humanen bedeutet, sich mit etwas Neuem, bisher unbekannten auseinanderzusetzen. Wie diese Auseinandersetzung konkret vonstatten geht, ist bisher in unterschiedlichem Maß untersucht und reflektiert worden. Der Umstand, daß der Forschungsgegenstand sich konventionellen Meßbarkeitsvorstellungen entzieht, erschwert eindeutige Aussagen zu dem, was ›Lernen‹ sei. Der folgende Beitrag unterstreicht die Notwendigkeit einer anthropologischen und bildungstheoretischen Fundierung pädagogischer Konzepte und Begrifflichkeiten, die sich auf das Erwachsenenlernen beziehen. Besonders das Konzept des lebenslangen Lernens, nicht als Anpassungsleistung an zukünftige gesellschaftliche Anforderungen, sondern als Bestandteil der Kulturfähigkeit des Menschen verstanden, bedürfe einer solchen Grundlegung.

Sowohl naturwissenschaftliche als auch philosophische Anthropologien gehen von einer Wesensbestimmung des Menschen aus, die es auf den ersten Blick leicht erscheinen lassen, die Aufgabe und Notwendigkeit eines lebenslangen Lernens zu begründen. Auf der einen Seite spricht Adolf Portmann von einer ›weltoffenen Anlage‹ des Menschen, von der anderen lassen sich die verschiedenen Lesarten darüber, was den Menschen kennzeichnet, auf die Formel bringen, daß er sich zu sich selbst verhalten kann und soll. Dabei wird von beiden Sichtweisen ein dialektisches Verhältnis von Mensch und Umwelt angenommen. Nicht so einfach ist es auf der Basis dieser Grundeinsichten Folgerungen daraus für die Förderung der Lernfähigkeit zu ziehen. Was die Anthropologien dazu sagen können, blieb von der Erwachsenenbildung weitgehend unbeachtet, da sie sich weder den engen Kriterien der Meßbarkeit unterwerfen, noch den Spekulationen eines Bildungsidealismus folgen wollte. Immerhin war in der Forschungsdiskussion über die Modalitäten der Lernfähigkeit deutlich geworden, wie sehr diese mit dem Älterwerden von den in der Jugend angeeigneten kognitiven Stilen abhängig ist. Die dabei erkannten Zusammenhänge von sozialem Umfeld, sprachlichen Potentialen und Denkstrategien hat zeitweilig dazu geführt, daß Erwachsenenbildung ihre Bestimmungsgründe vornehmlich in der Sozialisationsforschung und in der Kommunikationsforschung gesucht hat (exemplarisch dafür Arnold/Kaltschmid

1986). Die Ausgangssituation wurde von Klaus Hurrelmann auf den Punkt gebracht, wenn er vom Menschen als dem reflexionsfähigen Subjekt sprach, ›das sich im Prozeß der Aneignung von und der Auseinandersetzung mit einer permanent sich verändernden Umwelt bildet und weiterentwickelt‹ (Hurrelmann 1986, S. 95). Dies war aber für die Erwachsenenbildung nur eine Art Grundversicherung, womit sich noch nicht aufschließen ließ, was die Spezifika, was die Prozeßfaktoren des Erwachsenenlernens sind.

Ein entscheidender Schritt zur Fundierung und Differenzierung einer Verbindung von Theorie und Praxis hat Anfang der siebziger Jahre die Anerkennung des symbolischen Interaktionismus als ernstzunehmende anthropologische Sichtweise, ja als Aufschluß für die Probleme der Erwachsenenbildung geboten (Kade, S., 1994). Der Titel eines kleinen Buches ›Interpersonelle Wahrnehmung‹, 1971 bei der Edition Suhrkamp erschienen, signalisierte worauf die Aufmerksamkeit gelegt wurde. In der Folgezeit wird ein Bild vom Menschen wissenschaftlich gestützt und literarisch gefördert, das sich zwischen den traditionellen naturwissenschaftlichen und idealistischen Gegensatzpositionen verorten läßt. Danach ist das Menschliche am Menschen, daß er Vorstellungen entwickeln kann, die ihm zur Wirklichkeit werden. Die Vorstellungen vermitteln sich im Modus von Zeichen. Das heißt wir begegnen nicht den Dingen, sondern den Bedeutungen, die wir ihnen geben. Sie sind so als Symbole Bindeglieder des Zusammenlebens, aber auch Ursache von Mißverständnissen. Über sie entsteht im Rahmen von Bezugsgruppen ein Konsens, der außerhalb der Bezugsgruppe nicht geteilt werden muß. In denen bestimmen andere Deutungen aus anderen Lebenszusammenhängen heraus die Wahrnehmung und die Wirklichkeit. Die individuellen und sozialen Konstruktionen der Wirklichkeit sind das menschlich Konstitutive, mit dem Lernen umgehen muß. Es ist so eine Auseinandersetzung mit Selbst- und Fremdbeschreibungen (Laucken 1972). Insofern sich menschliches Leben im Modus der Auslegung vollzieht, handelt es sich beim Lernen um den Umgang mit Situationsdefinitionen (Tietgens 1986). Das ist auch dann der Fall, wenn es sich um die Aneignung von simplen Informationsdaten oder einfachen Handlungsanleitungen handelt. Insofern aber der Persönlichkeitskern des Menschen involviert ist, wird das Lernen nicht nur zu einer Auseinandersetzung mit Neuem, sondern zugleich auch zu einer mit der Deutungsabhängigkeit. Dies gilt insbesondere dann, wenn mangelnde Funktionserfüllung früher wirksamer Deutungsmuster das Motiv für das Lernen ist. Da aber der Auslegungscharakter allzu oft nicht bewußt ist, kann das Lernen auch zur Verunsicherung und zu einem zeitweiligen Widerstand führen. Um so wichtiger ist es, darauf das Forschungs- und Reflexionsinteresse zu richten.

Menschliches Dasein ist Ausdruck einer Verflechtung von Individuellem und Sozialem, die Lernprozesse belastet. Der symbolische Interaktionismus hat auf diese Problematik aufmerksam gemacht. Indem sie auch in der Erwachsenenbildungs-Literatur ernst genommen wurde, konnte das Phänomen der Deutungsmuster als Medium symbolisch vermittelter Wirklichkeit eines ihrer zentralen Themen der achtziger Jahre werden (Arnold 1985). Damit wurde das interpretative Paradigma an Stelle eines normativen als der Erwachsenenbildungs-Forschung und der Erwachsenenbildungs-Didaktik besonders adäquat anerkannt. Ihre theoretischen Leitbegriffe wie Situationsabhängigkeit und Teilnehmerorientierung fanden so ein problemstrukturell passendes Kriterium (Tietgens/Gieseke 1981). Insbesondere konnte das Spezifische der Lehr-Lernsituation erhellt und das Lesen in den Aussagen der anderen angeregt werden (Claude u.a.). Dabei wurde auch begriffen, daß diese Interaktionsstrukturen realiter immer um einiges vieldeutiger sind als theoretisch angenommen werden kann. Auch daran zeigt sich der Stellenwert eines interpretativen Paradigmas, das nicht an scheinbar eindeutigen formalen Kategorien, die den Interpretationsspielraum einengen, gebunden ist. Insofern Lehr-Lernprozesse auf der Ebene des Symbolischen stattfinden, gilt es dessen Voraussetzungen zu reflektieren. Dies erscheint insbesondere deshalb wichtig, weil zu den erwachsenendidaktischen Maßgaben gewöhnlich auch die Alltagsorientierung genannt wird, der Symbolcharakter aber meist nicht im Alltagsverständnis bewußt wird. Deshalb ist hier im Text auch nicht mehr allein von Lernen die Rede sondern von Lehr-Lernprozessen. Dies erscheint zuerst einmal nicht auf die gegenwärtige Situation und das Propagieren des Selbstlernens zu passen. Das Phänomen der Deutungsabhängigkeit läßt aber erkennen, wo die Schwierigkeiten des Selbstlernens unter anderem zu suchen sind.

Wer nur die Diskussion zur Erwachsenenbildung der neunziger Jahre kennt, mag sich fragen, ob hier nicht etwas, was die gegenwärtige Situation bestimmt, in die Vergangenheit hineingedacht worden ist oder aber worin das, was heute als Konstruktivismus gehandelt wird, sich von dem unterscheidet, was einmal unter dem Vorzeichen des symbolischen Interaktionismus verbreitet worden ist. In der Tat läßt sich hier von einer Weiterführung sprechen. Das Neue ist dabei vor allem, daß jetzt der Auslegungscharakter menschlichen Lebens auch naturwissenschaftlich mit der Gehirnforschung begründet werden kann. Das hat einen verstärkten Rückhalt für das Vertreten der erkenntnistheoretischen Prämissen und der kommunikationstheoretischen Folgen eingebracht. Wie sehr damit praktische Verständigungsprobleme von Lehr-Lernprozessen getroffen sind, haben empirische Untersuchungen vor allem in Verbindung mit dem Bildungsurlaub gezeigt (Keycz u.a.). Nur allzu oft mußte ein Aneinandervorbeireden beobachtet werden. Aufsatztitel wie ›Verstehen als alltägliche Fiktion‹ oder ›Lehrkompetenz in der Erwachsenenbildung als Sensibilität für Fremdheit‹ kennzeichnen die Problematik. Beide Titel stammen von

Ortfried Schäffter aus dem Jahr 1986. Was hier auf dem Hintergrund von Interaktionserfahrung angesprochen ist, wird dann zu einer Einsicht geführt, die Arnold/Siebert folgendermaßen formulieren:

»Verstehen ist identisch mit einem Nachvollzug des Prozesses der Bedeutungsverleihung. Zugrundegelegt ist hierbei die Annahme Meads (aber auch Simmels), daß die Wirklichkeit wie das Individuum selbst sozial organisiert und perspektivisch wahrnehmbar seien« (Arnold/Siebert 1995, S. 56).

Damit ist zugleich mit dem Namen Mead an die hier skizzierte Traditionslinie erinnert. Und die Konsequenzen für die Lehr-Lernprozesse zeichnen sich ab, wenn Arnold/Siebert später schreiben: ›Der Erwachsenenbildner ›interveniert‹ dabei durch die Herstellung von Perspektivenvielfalt und Perspektivenverfremdung, d. h. durch Vorschlag übersehener, provozierender weiterführender und in Frage stellender anderer Sichtweisen‹ (ebd. S. 147). Damit erscheint auch ein Bewußtwerden von Mißverständnissen gegeben bzw. erforderlich. Oder allgemeiner ausgedrückt mit Klaus Senzky: ›Dies zwingt dazu, sich erneut zu vergewissern, wie der vom Notwendigen wie vom Wirklichen abgehobene Modellbegriff der Möglichkeit zu vertreten ist und was er bildungspraktisch zu leisten vermag‹ (Senzky 1982, S. 139).

Versucht man das anthropologisch begründete Aufgabenverständnis der Erwachsenenbildung auf einen konsensfähigen Nenner zu bringen, dann läßt sich wohl Enno Schmitz zitieren, der Erwachsenenbildung ›als einen Prozeß der deutenden Aneignung der symbolisch repräsentierten Wirklichkeit‹ bezeichnet hat (Schmitz 1995, S. 96). Mit einer solchen Formulierung soll aber nicht überdeckt werden, daß mit ›Aneignung‹ Lernvorgänge und Veränderungsanforderungen verbunden sind, die in einem lebensgeschichtlichen Zusammenhang stehen. Dies gilt in besonderem Maße, wenn die Frage nach möglicher Bildungsfähigkeit gestellt ist und Bildung als eine selbstreflexive Form des Lernens angesehen wird. Dabei will eine doppelte Widerständigkeit beachtet werden, die sich zum einen aus der Anforderungsstruktur des zu Lernenden ergibt, zum anderen aus im Menschen selbst liegenden Beharrungskräften. In jedem Fall erscheint es fragwürdig, mit der menschlichen Entwicklung immer nur die Vorstellung von Erweiterung und Differenzierung zu verbinden. Insofern der Entfaltungsprozeß einer Person in direktem und indirektem Kontakt mit einem vielschichtigen Umfeld erfolgt, kann man nicht nur von Entwicklung sprechen, sondern muß auch die Verwicklungen bedenken. Was als ein Prozeß der Lebenserweiterung ausgegeben wird, ist in einem viel stärkeren Maße einer der allmählichen Einengung der Handlungsmöglichkeiten (Tietgens 1992). Das ist keineswegs eine Erscheinung des Alters, sondern ergibt sich daraus, daß mit dem Beschreiten eines Lebensweges und bei immer notwendigen neuen Entscheidungen mit Folgerungen für den weiteren Gang die Alternativmöglichkeiten immer eingeschränkter werden. Für das Erwachsenenlernen erscheint dies insofern besonders relevant, als es große Vorteile hat, wenn man die Wirkung, den Erfolg der Lernanstrengung vorher annähernd abzuschätzen vermag. Wenn es angebracht erscheint gegenüber der heute vorherrschenden optimistischen Sicht auf die menschlichen Entwicklungsmöglichkeiten Bedenken anzumelden, so geschieht dies also nicht im Hinblick auf physiologisch bedingte Formen des Alterns sondern auf das menschliche Verhaftetsein in schwer überschaubaren Sozialbezügen. Insofern gewinnt es besondere Bedeutung, wenn die Erwachsenenbildung seit einiger Zeit der Biographieforschung besondere Aufmerksamkeit zuwendet (Hoerning 1991, Nittel 1991).

Insoweit Biographieforschung sich als lebensgeschichtliche Forschung versteht, also sich nicht nur für die formalen Schritte des Lebenslaufs, sondern für die jeweiligen individuellen und geschichtlichen Einbettungen von Lebensgängen interessiert, erschließt sie etwas von den Kontexten, die Erwachsenenbildung in ihrem Vollzug beachten muß. Biographieforschung ersetzt hier gleichsam die wenig entwickelte Sozialanthropologie. Ein weiterer Vorteil ist der, daß sie sich weder an verengte entwicklungspsychologische Meßwerte hält noch sich im Ausloten von Tiefenschichten verstrickt. Vielmehr erfaßt sie die anthropologische Zwischenschicht, in der Individuum und Umwelt miteinander verschränkt sind und von der etwas zu erkennen für die Erwachsenenbildung von außerordentlicher Bedeutung ist. Wenn es bei Arnold/Siebert heißt: ›Die Art und Weise, wie wir unsere Welt konstruieren hängt nicht zuletzt ab von unserer Sozialisation, unserer Lerngeschichte, unseren Lebensverhältnissen, unseren Zukunftsperspektiven‹ (Arnold/Siebert 1995, S. 89), dann wird daran deutlich, was die Biographieforschung für einen anthropologisch reflektierte Erwachsenenbildung bedeuten kann. Was dabei vor allem interessiert, sind:
– die Möglichkeiten der Relation von Generationserfahrungen und historischen Ereignissen bzw. Phasen,
– die Aufschichtung biographischer Erfahrung und die Art ihrer Nachwirkung,
– die Verarbeitungsweisen von Statuspassagen,
– Herkunft und Stellenwert von Verhaltensänderungen,
– die Bewältigungsformen kritischer Lebensereignisse,
– die Entwicklung des Verhältnisses von Rollenanforderungen und Lebenskonzepten,
– die Modalitäten zur Herausbildung einer Identitätsbalance.

Zu solchen Fragen Tendenzielles zur Kenntnis zu nehmen und auf die eigene Arbeitssituation übertragen zu können, trägt zu einer anthropologisch abgestützten professionellen Tätigkeit bei. Eine besondere Akzentuierung ist dann noch die Möglichkeit ›biographischen Lernens‹, das sich durch die bewußte Auseinandersetzung mit der eigenen Lebensgeschichte und deren Aneignung auszeichnet (Buschmeier 1996, S. 97).

Es kann bei einer solchen auf Wesensmerkmale konzentrierten Sichtweise nicht die Vielfalt dessen erfaßt werden, was realiter an Erwachsenenbildung geschieht. Zu den anthropologischen Grundlagen gehört aber, sich genauer mit den Modalitäten des Lernens zu befassen. Dabei sollte allerdings nicht davon abgesehen werden, an das Spezifische des Erwachsenseins zu denken, was einerseits heißt, wie Johannes Weinberg es formuliert hat: ›das eigene Autonomiepotential auszuloten und in seiner sozialen Tragfähigkeit zu erproben‹ (Weinberg 1985, S. 37), und andererseits in nicht beliebig veränderbaren Lebenszusammenhängen zu stehen. Dies bedingt in mehrfacher Hinsicht eine Vergangenheitsabhängigkeit des Lernens Erwachsener. Es bedeutet zum einen, daß die Lernmotivation in Relation zu dem Lernklima steht, das in der jeweiligen Lebenssituation vorherrschend ist. So ist immer mit einer gewissen Bezugsgruppenabhängigkeit zu rechnen (Tietgens 1976). Zum anderen hängt die Lernbereitschaft in starkem Maße von den Lerngewohnheiten ab, bzw. inwieweit sie für die Aufnahme von Neuem geeignet sind oder wie sie zu dem in der Lerngruppe erwarteten Arbeitsstil passen. Deshalb sind Aussagen über Vorteile oder Nachteile von Lehr-Lernstrategien immer nur in Relation zu den jeweiligen Voraussetzungen der Lernenden zu sehen. Das steht dahinter, wenn beispielsweise gesagt wird, daß die Lernfähigkeit Erwachsener nicht altersabhängig sondern kohortenabhängig ist (Uhlich/Saup 1995, S. 70). Und dies wiederum rührt daher, daß die in der Kindheit angeeignete Art und Weise des Lernens auf die spätere Zeit nachwirkt. Wenn daher gesagt wird und auch empirisch belegt ist, daß es sich als schwierig erweist, Versäumtes nachzuholen, so ist das nicht nur in bezug auf die Dauer der Lernzeit und den Umfang des Gelernten zurückzuführen, sondern auch im Hinblick auf ein angemessenes Verständnis von dem, was Lernen ist und was dafür gelernt werden muß.

Dieser Aspekt ist besonders zu bedenken, wenn gegenwärtig das lebenslange Lernen allerorten als eine Notwendigkeit für alle ausgegeben wird. Erwachsenenbildung hat sich nicht erst seit heute als eine Aufgabe verstanden, die mit dem Wandel der Lebensverhältnisse begründet wird. Ebenso gehörte schon immer zu ihren Prämissen, den Lernenden zum selbständigen Weiterlernen zu verhelfen. Neu ist allein die zwingende Verallgemeinerung. Dies ist zwar bei den schnellen und alles erfassenden Veränderungen begreiflich, einige anthropologisch begründete Warnsignale erscheinen jedoch geboten. Sicherlich wird eine Definition des Lernens als Informationsverarbeitung allgemeine Zustimmung finden. Nur besinnt man sich zu wenig darauf, was dies eigentlich heißt, welche kognitiven Anforderungen und Vorgänge damit verbunden sind. Wenn etwa Skowronek sagt: ›Die Information, die bislang nach bestimmten Wahrnehmungsmerkmalen kodiert ist, muß in eine bedeutungshaltige Form überführt werden, das heißt sie wird in Beziehung zu bereits erworbenen, in Bedeutungsstrukturen geordneten Informationsbeständen gebracht‹ (Skowronnek 1995, S. 149), dann erscheint dies zuerst einmal plausibel. Aber es muß doch erinnert werden, wie wenig selbstverständlich dieses ›in Beziehung bringen‹ ist und inwieweit fallweise mit ›geordneten Informationsbeständen‹ gerechnet werden kann. Es wird zu wenig expliziert, welche gedanklichen Vorgänge dafür erforderlich sind und wie diese angeeignet werden können. Die spontane menschliche Neigung geht dahin, zu lernen, was in das jeweilige Lebenskonzept paßt (Kade, S., 1994a, S. 147). Dies ist eine natürliche Reaktion, insofern Menschen eine Balance von Geborgenheit und Geltung suchen. Veränderungs- und Lernbereitschaft sind demgegenüber am größten, wenn ein unmittelbarer Zweck dazu erkennbar ist und wenn das Gewohnte sich nicht mehr als funktional erweist. Fragwürdig ist allerdings die Tendenz, auf das Erfahrungslernen zu hoffen, kann dies doch allzu leicht blockierend wirken (Gieseke 1985). Sehr oft wird Erlebtes schon als Erfahrung ausgegeben, ohne daß die Zusammenhänge des Erlebten durchdacht sind, was erst zu einer Erfahrung führt, aus der sich lernen läßt. In der Anforderung des Lernens liegt das sich Auseinandersetzen mit einem widerständigen Etwas, mit etwas Fremden. Der Frage, wie dies geschehen kann wird gemeinhin ausgewichen. Es ist bislang wenig dafür getan worden, zu lernen,

– Alltagswissen situationsbezogen zu reflektieren,
– in Aussagen Involviertes zu beachten,
– einen Sinn für Annäherungswerte zu entwickeln,
– Anzeichen für Veränderungstendenzen als solche zu erkennen,
– Flexibilität im Umgang mit Deutungsmustern zu beweisen,
– Mehrdeutigkeiten produktiv hinzunehmen.

Es sind dies nur einige, allerdings im Hinblick auf die Anforderungen lebenslangen Lernens besonders sinnfällige Aspekte, die für eine anthropologische Grundlegung der Erwachsenenbildung zu beachten sind. Wenn diese Reflexion bisher in unterschiedlichem Maße geschehen ist oder eher versäumt wurde, so hängt dies zum einen damit zusammen, daß es sich um Phänomene handelt, die sich der Meßbarkeit entziehen und damit selten Gegenstand konventioneller Forschung geworden sind. Zum anderen ist dabei der Umstand der unterschiedlichen Wirksamkeit von Lernstilen ein Forschungshindernis. Diese durchaus in der menschlichen Grundstruktur verankerten unterschiedlichen Lernverhaltenstypen sind auch als selbstverständlich hingenommen worden, ohne der Frage nachzugehen, was sie für die Verstehensfähigkeit bedeuten. So wurden die Varianten der Einstellung zum Lernen, die man eruiert hat, etwa Impulsivität und Reflexivität, Feldabhängigkeit und Feldunabhängigkeit nicht auf die Erwachsenenbildung hin weiterverfolgt. Einen ersten Anstoß hier weiter zu denken, gab erst die Einsicht in die Zusammenhänge von Lernfähigkeit und Sprachverhalten. Dabei wurde das Phänomen der Sprachbarrieren allerdings zu sehr unter dem Aspekt der Milieubindung gesehen (Bernstein 1972, Tietgens 1986). Genau betrachtet ist aber der Zusammenhang von restringiertem und elaboriertem Sprachgebrauch mit additiv, datenorientiertem und sinnvorwegnehmend strukturorientiertem Lernen anthropologisch grundlegend.

Es ist einleuchtend, daß es ein lebenslanges Lernen außerordentlich erschwert, wenn die Art des Lernens punktuell ist, über Faktensammeln und Auswendiglernen nicht hinauskommt, denn das Langzeitgedächtnis wird damit über Gebühr belastet, und es kann so kein Gedankengerüst als Verstehenshilfe und für die Neuzuordnung aufgebaut werden. Dies wiegt umso schwerer, als von der Lehrseite, sei sie nun mündlich in Gruppen oder schriftlich geboten, ein anderer Informationsverarbeitungsstil vorausgesetzt wird, der für den Umgang mit Oberbegriffen selbstverständlich ist und der das Selbstvertrauen zum Weiterlernen stärkt. Wie gravierend dieser unterschiedliche Zugriff auf Lernanforderungen ist, wird deutlich, wenn man sich vergegenwärtigt, welche kognitiven Operationen verlangt sind, wenn Lernen als ein In-Beziehung-Setzen stattfindet, wenn Ungewohntes erarbeitet werden soll, Abstraktionsvermögen verlangt wird. Die letzte Bemerkung läßt allerdings daran erinnern, daß alle hier einschlägigen Untersuchungen aus einer Zeit stammen, in der Kinder und Jugendliche noch nicht mit dem Computer groß geworden sind. Welche Konsequenzen dieser Umgang für das Lernpotential Erwachsener hat, konnte bisher noch nicht erforscht werden und läßt sich schwer abschätzen. Insofern ein überdurchschnittliches Lernvermögen an die Fähigkeit des Kombinierens von abstrakt erscheinenden Faktoren gebunden ist, könnte man annehmen, daß künftig Erwachsene besser auf ein Weiterlernen vorbereitet wären. Bisher hat sich allerdings gezeigt, daß eine einmal für einen Bereich entwickelte Abstraktionsfähigkeit sich nicht ohne weiteres auf andere Inhaltskomplexe überträgt. Hier erscheint in der Transferforschung noch eine bedauerliche Lücke. Denn einerseits gehört es zum spezifisch Menschlichen eine solche Abstraktionsfähigkeit zu beweisen, andererseits ist der Grad ihrer Entfaltung nicht abzuschätzen. Sie durch die Art des Frühlernens zu unterstützen, ist zwar des öfteren eingeklagt worden. Aber das Lernen des Lernens war bisher nur begrenzt möglich.

Was bedeuten nun die Lernschwierigkeiten für die Anforderung des lebenslangen Lernens. »Man lernt nie aus« – Was einmal eine Alltagsredewendung war, ist zu einer staatspolitischen Ermahnung geworden, könnte man pointiert sagen. Aus der Offenheit der freien Angebote ist der Druck eines scheinbaren oder tatsächlichen Zwangs geworden. Das Mißliche dabei ist, daß etwas, was eine allgemein anthropologisch begründete Anforderung ist, sich zu einer gesellschaftlich einseitig ausgelegten Begründung verengt hat. Wer heute von lebenslangem Lernen spricht, hat gemeinhin die technischen Veränderungen im Auge, die Anpassungsprozesse verlangen. Wenn es nach den politischen Reden und Begründungen ginge, dann bestände lebenslanges Lernen vor allem aus dem Qualifikationserwerb für die jeweils gegebene Lage auf dem Arbeitsmarkt. Als besonderer Anreiz wird dabei noch das selbstgesteuerte Lernen herausgestellt. Eben das aber setzt metakognitive Fähigkeiten voraus, um neues Wissen in die eigenen internen Modelle einarbeiten zu können (Mandl u.a. 1987). Warum dies so einfach nicht ist, wird plausibel, wenn man zu konkretisieren versucht, welche Lernaktivitäten im Einzelnen notwendig sind:

– angemessene Aktivierung des Vorwissens,

– das Erkennen von Transfer- und Subsumptionsmöglichkeiten,

– die zielgerichtete Selektion und Reduktion des zu Lernenden,

– das Erfassen von semantischer Mehrdeutigkeit und der Funktion von syntaktischen Wendungen,

– die Sensibilisierung für die Kontextgebundenheit von Sprachhandlungen.

Gerade weil das Lernen Erwachsener heute nicht mehr auf die Kompensation von Defiziten aus der vorausgegangenen Zeit beschränkt ist, sondern die Verarbeitung von sich Änderndem und Neuem verlangt, erscheint ein Anregungs- und Steuerungsrahmen aus dritter Perspektive schwer zu entbehren. Zum Lernen als Spezifikum des Humanen gehört nicht nur das Finden und Erfinden, sondern auch das Aufgeschlossensein für kommunikative Wegweisungen und Beratungen. Damit sind nicht so sehr Anwendertips für konkretes arbeitsbezogenes Handeln gemeint, als vielmehr Reflexionsanregungen für Problemdurchdringen und Selbsterkenntnisse.

Mit den Ausführungen der letzten Absätze sind Schnittflächen der anthropologischen Grundlagen und der bildungstheoretischen Implikationen berührt. Sie ergeben sich daraus, daß die natürliche Lernfähigkeit mit einem Bildungsanspruch verbunden wird, der in einem historisch kulturellen Kontext entwickelt ist und nicht nur eine objektivierte Leistungsfähigkeit gewährleistet sondern eine reflektierende Persönlichkeitsentwicklung, die wiederum mit einer anerkannten Sozialverträglichkeit verbunden ist. Aus diesem Gedankenzusammenhang heraus ist es zu verstehen, daß Bildung als ein auf sich selbst und das Umfeld reflektierendes Lernen angesehen wird. Dabei kommt für den Erwachsenen hinzu, daß von ihm nach der Maßgabe des Commitment, der sozialen Selbstverpflichtung, erwartet wird, für sich verantwortlich für seinen Lebensunterhalt aufzukommen (Pieper 1978; Tietgens 1986). Letzteres setzt allerdings eine funktionierende Sozialstaatlichkeit voraus. Nicht nur unter diesem Aspekt mag der Eindruck entstehen, die hier gebotene Verbindung von Prämissen und Intentionen sei nicht gerade auf einem aktuellen Stand. Indes paßt gerade die jüngste Diskussion über das Selbst- und Aufgabenverständnis der Erwachsenenbildung durchaus mit den Traditionen des Verhältnisses von Lernen und Bildung zusammen. Ich meine die Entwicklung von einer Orientierung an den Qualifikationsanforderungen zu der an der Eigenart der Kompetenz, die als eine Konsequenz des gesellschaftlichen Wandlungsprozesses und damit des sich Einrichtens auf ein lebenslanges Lernen anzusehen ist.

Die erste Reaktion auf diese neuartige Lage war das Konzept der ›Schlüsselqualifikationen‹, 1975 von Mertens zur Diskussion gestellt und fast zwei Jahrzehnte lang mit verengter Sicht auf den beruflichen Verwendungsbereich aufgegriffen. 1989 habe ich mit dem Begriff der Erschließungskompetenz versucht, den Blick einerseits über den beruflichen Bereich hinaus, zu erweitern, andererseits auf Möglichkeiten von Lehr-Lernprozessen zu richten, die für das Aneignen der verlangten Transfer- und Zukunftsfähigkeit ausschlaggebend sind (Tietgens 1989). Das beinhaltet für die Reflexion der Wahrnehmung und des Denkens einzutreten, für eine Relevierungsfähigkeit und ein Relationsbewußtsein und für die Übung des Dialogischen als ein Kriterium des Humanen. Es war also an metakognitive Fähigkeiten als Vorbereitung auf ein selbständiges Weiterlernen gedacht. Eine nennenswerte Resonanz blieb aber aus. Allein ein Heft des Literatur- und Forschungsreport von 1990 unter dem Oberthema ›Alternative Schlüsselqualifikationen‹ ließ erkennen, welches Auslegungs- und Wirkungspotential in der Metapher des Schlüssels liegen kann. Wenn die Problematik dann in den letzten Jahren wieder aufgegriffen worden ist und man die dazu gelieferten Beiträge als bildungstheoretische Implikationen ansehen kann, so hat dies vornehmlich zwei Gründe. Zum einen ist der politische und medienwirksame Druck mit der Betonung der Bedeutung beruflicher – genauer der betrieblichen – Bildung noch stärker geworden. Zum anderen hat sich in der betrieblichen Weiterbildungsarbeit mit dem Vorzeichen der ›reflexiven Modernisierung‹ (U. Beck) die Tendenz geltend gemacht, Leitbegriffe wie ›Ganzheitlichkeit‹, ›Selbstverantwortung‹ oder ›sozialkommunikatives Handeln‹ für sich zu beanspruchen. Daraus ergab sich die Nötigung aber auch die Chance für die Erwachsenenbildung und ihre Wissenschaft an ihrer traditionellen Argumentationslinie festzuhalten, indem sie herausstellt, inwiefern das neu favorisierte Kompetenzlernen mehr und anders ist als das Qualifikationslernen.

Kürzlich hat Peter Faulstich Sinn und Funktion dieses Kompetenzbegriffs knapp aber treffend umschrieben: ›Kompetenz umfaßt demnach die psychische Verfügbarkeit möglicher Handlungen. Es geht um intrapsychologische Potentiale, die sich in Fähigkeiten realisieren. Sie setzen sich um beim Handlungsvollzug als Performanz in der konkreten Anwendung‹ (Faulstich 1998, S. 31). In der gleichen Veröffentlichung hat Johannes Weinberg die Unterscheidung von Qualifikation und Kompetenz folgendermaßen gekennzeichnet: ›Beim Kompetenzbegriff handelt es sich um einen Dispositionsbegriff. Damit unterscheidet er sich von den Qualifikationen. Mit ihr werden durch Lernen zu erreichende und erreichte Ziele festgeschrieben und als vorhanden bescheinigt. Unter Kompetenz werden hingegen Potentiale, Dispositionen, Anlagen, Fähigkeiten, Bereitschaften bezeichnet, über die eine Person eher latent als manifest verfügt. Die Kompetenzen gehören der Person und befähigen sie dazu, ihr Leben in Sozialität zu führen. Die Qualifikationen ruhen darauf und befähigen die Person, sich in den regelhaften Erwartungssystemen der Gesellschaft oder gegen sie zu bewegen‹ (Weinberg 1998, S. 59 f). Schon vorher hatte Weinberg auf den Zusammenhang dieses Kompetenzbegriffs mit der gesellschaftlichen Entwicklung hingewiesen. ›Zur Beschreibung der Fähigkeiten, die zum Sich-Bewegen-Können im strukturellen Wandel benötigt werden, bietet es sich an, den Begriff der Kompetenz ergänzend neben den der Qualifikation zu stellen und aufzuzeigen, inwiefern das mit diesen Begriffen Gemeinte sich im Menschen miteinander verbindet‹ (Weinberg 1996, S. 213). Diese Zitate lassen erkennen, in welcher Weise auch heute das traditionelle Verständnis der anthropologischen Grundlagen für eine bildungstheoretische Fundierung noch aktuell ist, insofern eine spezifische Verschränkung von Mensch und Umfeld als ein Spezifikum angesehen wird. Zugleich wird mit dem Kompetenzbegriff signalisiert, daß lebenslanges Lernen nicht nur eine durch den gesellschaftlichen Wandel bedingte Zukunftsanforderung ist, sondern ein Spezifikum des Menschseins und des Menschwerdens und ein Bestandteil der Kulturfähigkeit, zu der ein Identitätslernen gehört.

Literatur

Arbeitsgruppe Bielefelder Soziologen: Alltagswissen. Interaktion und gesellschaftliche Wirklichkeit. Reinbek bei Hamburg 1978.

Arnold, R.: Deutungsmuster und pädagogisches Handeln in der Erwachsenenbildung. Bad Heilbrunn 1985.

Arnold/Kaltschmid: Erwachsenensozialisation und Erwachsenenbildung. Frankfurt/M. 1986.

Arnold/Siebert: Konstruktivistische Erwachsenenbildung. Von der Deutung zur Konstruktion der Wirklichkeit. Hohengeren 1995.

Bernstein, B.: Studien zur sprachlichen Sozialisation. Düsseldorf 1972.

Buschmeier, H.: Biographisches Lernen als politische Bildung. In: Ders. (Bearb.) Lebensgeschichte und Politik. Soest 1996.

Claude, A. u.a.: Sensibilität für Lehrverhalten. PAS. Frankfurt/M. 1985.

Faulstich, P.: Netzwerke zur Kompetenzentwicklung. In: Haus Neuland (Hrsg.): Berufliche und politische Bildung. Keine Synthese aber Kompetenzentwicklung. 1998.

Gieseke, W.: Erfahrungsorientierte Lernkonzepte. In: Raapke/Schulenberg (Hrsg.): Didaktik der Erwachsenenbildung. Stuttgart 1985.

Hörning, E.M.: Biographieforschung und Erwachsenenbildung. Bad Heilbrunn 1991.

Hurrelmann, K.: Persönlichkeitsentwicklung als produktive Realitätsverarbeitung. Zeitschrift für Sozialforschung und Erziehungssoziologie. 1/86.

Kade, S.: Methoden und Ergebnisse der qualitativ hermeneutisch orientierten Erwachsenenbildungsforschung. In: Tippelt (Hrsg.): Handbuch Erwachsenenbildung/WB. Opladen 1994.

Kade, S. (Hrsg.): Individualisierung und Älterwerden. Bad Heilbrunn 1994a.

Keyjz, Y. u.a.: Bildungsurlaub und Entwicklungsprogramm der Bundesregierung. Band IV-VII. Heidelberg 1980.

Laing/Phillinson/Lee: Interpersonelle Wahrnehmung. Frankfurt/M. 1971.

Laucken, U.: Naive Verhaltenstheorien. Stuttgart 1972.

Mandl/Friedrich/Horn: Theoretische Analysen zum Wissenserwerb. Forschungsbericht 41 des Deutschen Instituts für Fernstudien. Tübingen 1987.

Mertens, D.: Schlüsselqualifikationen. In: Siebert, H. (Hrsg.): Begründung gegenwärtiger Erwachsenenbildung. Braunschweig 1977.

Pieper, A.: Erwachsenenalter und Lebenslauf. München 1978.

Portmann, A.: Zoologie und das neue Bild vom Menschen. Reinbek bei Hamburg 1956.

Nittel, D.: Biographieforschung. PAS Frankfurt/M. 1991.

Schäffter, O.: Arbeiten zu einer erwachsenenpädagogischen Organisationstheorie. PAS Frankfurt/M. 1992.

Schmitz, H.D.: Erwachsenenbildung als lebensweltbezogener Erkenntnisprozeß. In: Schmitz/Tietgens (Hrsg.: Erwachsenenbildung Bd. 11 der Enzyclopädie Erziehungswissenschaft, 1995.

Senzky, K.: Zum Verhältnis von Wirklichkeit und Möglichkeit als Aufgabenaspekt hauptberuflicher Mitarbeiter in der Erwachsenenbildung. In: Becker, u.a.: Wissenschaftliche Perspektiven zur Erwachsenenbildung. Braunschweig 1982.

Skowronnek, H.: Psychologie des Erwachsenenlernens. In: Schmitz/Tietgens (Hrsg.): Erwachsenenbildung Bd. 11 der Enzyclopädie Erziehungswissenschaft. 1995.

Tietgens, H.: Wie Erwachsene Lernen. In: Unterrichtswissenschaft 3/75.

Tietgens, H.: Sprache und Medien. In: Heitmeier, u.a.: Perspektiven mediendidaktischer Forschung. Hannover/Paderborn 1976.

Tietgens, H.: Erwachsenenbildung als Suchbewegung. Bad Heilbrunn 1986.

Tietgens, H.: Von den Schlüsselqualifikationen zur Erschließungskompetenz. In: Retsch/Tietgens: Allgemeinbildung und Computer. Bad Heilbrunn 1989.

Tietgens, H.: Zur Verarbeitung lebensgeschichtlicher Erfahrung. In: Schlutz/Tews: Perspektiven zur Bildung Älterer. PAS Frankfurt/M. 1992.

Tietgens/Gieseke: Forschungsinnovationen für die Praxis der Erwachsenenbildung. In: Pöggeler/Wolterhoff: Neue Theorien der Erwachsenenbildung. Stuttgart 1981.

Ulich/Saup: Psychologische Lebenslaufforschung unter Berücksichtigung von Krisenbewältigung im Alter. In: ZfPäd. 1/95.

Weinberg, J.: Lernen Erwachsener. In: Raapke/Schulenberg (Hrsg.): Didaktik der Erwachsenenbildung. Stuttgart 1985.

Weinberg, J.: Kompetenzerwerb in der Erwachsenenbildung. In: HBV 3/96.

Weinberg, J.: Die Souveränität der Lerner und Lernerinnen nimmt zu. In: Haus Neuland (Hrsg.): Berufliche und politische Bildung – keine Synthese, aber Kompetenzentwicklung. 1998.

X. Lernen in der Leonardo-Welt – Von der Weiterbildung zur Kompetenzentwicklung in offenen und selbstorganisierten Lernarrangements

John Erpenbeck/Johannes Weinberg

Wir verstehen unsere Überlegungen als einen Beitrag zur Entfaltung weiterbildungstheoretischer Perspektiven für »das Individuum im sozialen Austausch«. Auf weiterbildungspragmatische und weiterbildungspolitische Aspekte wird dabei weitgehend verzichtet. Die Begriffe Bildung, Kompetenz und Lernen enthalten unserer Auffassung nach Gemeinsamkeiten, die es herauszufinden und zu präzisieren gilt. Dies erscheint uns geboten, weil sich Begrifflichkeiten und Inhalte der Erwachsenenbildung dem gegenwärtigen strukturellen gesellschaftlichen Wandel weiter nähern müssen.

Wir leben in einer Welt, die durch große Offenheit gegenüber neuen technischen und geistigen Möglichkeiten, neuem Wissen und neuen Orientierungen gekennzeichnet ist. »Der moderne Mensch macht sich seine Welt« selbst. Sie läßt sich als Leonardo-Welt kennzeichnen (Mittelstraß 1992, S. 14) In dieser »autopoietischen« Leonardo-Welt (autos = selbst, poiein = machen; vgl. Maturana 1987, S. 50) nehmen die Anteile von Selbstorganisation bei Lernen, Kompetenzentwicklung und Bildung rasch zu. Das hat Konsequenzen für die Erwachsenenbildung: 1. Die Pluriformität von Lernprozessen und Lernformen weitet sich aus, Grenzen institutionalisierter Weiterbildung werden immer deutlicher sichtbar; das Lernen im Lebensvollzug, außerhalb institutionalisierter Weiterbildung wird zunehmend wichtiger; 2. die Individuierung als Selbstbildung rückt gegenüber der Sozialisation durch Allgemeinbildung in den Vordergrund, Kompetenzen als individuelle Selbstorganisationsdispositionen erhalten gegenüber Qualifikationen als allgemeinverbindlichen Positionsbestimmungen ein wachsendes Gewicht. Damit empfiehlt es sich, 3. zur Beschreibung von Kompetenzen und Kompetenzentwicklungen auf Ansätze der Selbstorganisationstheorien zurückzugreifen und ein davon ausgehendes Verständnis von Kompetenz zu entwickeln.

1. Pluriformität und Grenzen institutionalisierter Erwachsenenbildung

Veranstaltungsformen, Arbeitsweisen, didaktisch-methodische Konzepte und Institutionalformen der Erwachsenenbildung haben sich historisch entwickelt. Wer immer die Impulsgeber dieser Entwicklung waren und sind, festgestellt werden kann, daß das organisierte Lehren und Lernen mit Erwachsenen sich nicht auf einzelne dominante Muster wie etwa in der Kinder- und Jugendschule festlegen läßt.

Pluriformität auf einer Skala zwischen getaktetem Unterricht und moderierten oder unmoderierten selbstorganisierten Lernprozessen ist ein Charakteristikum der Erwachsenenbildung. Es kann in der Erwachsenenbildung im Laufe ihrer Geschichte zwar immer wieder zur Herausbildung von Routinen, zu institutionalisierten Formen des Lehrens und Lernens kommen. Aber diese Routinen haben das stets neue Erfinden und Realisieren von *nicht*-routinehaftem Lehren und Lernen kaum beeinträchtigt. Mehr noch.

Speziell die Geschichte und Theorie der Veranstaltungsformen lassen hinsichtlich der Pluriformität zweierlei erkennen:

Erstens hat es im Verlauf der ca. 250-jährigen Geschichte der modernen Erwachsenenbildung jeweils zur gleichen Zeit nebeneinander immer mehrere Formen der Erwachsenenbildung gegeben.

Zweitens gibt es bis zum heutigen Tage eine ständige Veränderung der Institutional- und Veranstaltungsformen.

Man kann daher von der Pluriformität der Erwachsenenbildung als einer *Konstante* der Erwachsenenbildung sprechen.

Über die *Gründe für die Pluriformität* als Konstante der Erwachsenenbildung kann folgendes gesagt werden: Die Veranstalter, die Erwachsenenbildungsmöglichkeiten anbieten, tun dies unter Berücksichtigung der »jeweils spezifischen Bedürfnisse und Erwartungen der Adressaten« (Tietgens 1991, S. 86–87). Diese Bedürfnisse und Erwartungen der Adressaten sind vielfältig und diese *Vielfalt* ist der eigentliche Grund dafür, daß es die sich ständig ändernde Pluriformität der Erwachsenenbildung gibt. Das Eigentümliche der sogenannten angebotsorientierten Erwachsenenbildung besteht eben darin, daß sie das Moment ihrer Veränderung in sich trägt, weil sie sich an den Bedürfnissen und Erwartungen der Adressaten orientieren muß, da sie anders nicht zustande kommt.

Das Verwirrende der zweifellos vorhandenen und sich ständig *innovierenden Pluriformität* der Erwachsenenbildung und der ihr damit innewohnenden *Kreativität* und Anpassungsfähigkeit an den Wandel der Bedürfnisse und Erwartungen der Adressaten besteht nun darin, daß damit zweierlei gleichzeitig stattfindet:

– *Zum einen* nimmt die *Zahl der Anbieter* von Erwachsenenbildung stetig zu. Ihre Größe und Leistungsfähigkeit ist dabei sehr unterschiedlich und nur begrenzt berechenbar. Am wenigsten berechenbar ist die Fähigkeit der Anbieter, auf die Erwartungen und Bedürfnisse der Adressaten so einzugehen, daß möglichst viele von ihnen davon profitieren. Das heißt, der Pluriformität der Angebote der Anbieter gelingt es nur in eingeschränktem Maße, der *Pluralisierung der Erwartungen und Bedürfnisse* der Erwachsenen nachzukommen.

– *Zum anderen* gelingt es den Anbietern aber auch, bei entsprechender Finanzierung und Personalausstattung, *neuartige Lernkonzepte* zu entwickeln. Dabei entstehen auch Lehr-Lernkonstellationen, die weniger als Unterricht sondern eher als *experimentelle Lernarbeit* beschrieben werden können. Die Chancen des Gelingens oder Mißlingens liegen dabei nah beieinander. Einstiege in solche Lernprojekte besagen noch wenig über deren Verlauf oder den Ausgang des jeweiligen Projekts. Dabei kann es sich im einzelnen um Umstellungen in einem Wirtschaftsunternehmen ebenso handeln wie um die Entdeckung und Erprobung sinnvoller Tätigkeiten außerhalb von regulärer Erwerbsarbeit.

Das heißt, die *institutionalisierte Erwachsenenbildung* ist zwar unter bestimmten Voraussetzungen in der Lage, neue Formen und Inhalte für das Lehren und Lernen mit Erwachsenen zu erfinden und zu realisieren, aber sie kann dem Bedürfnis- und Erwartungswandel der Adressaten immer nur unzureichend nachkommen und weder in der Projekte- noch in der Institutionenlandschaft des Lehrens und Lernens mit Erwachsenen alle Bevölkerungsgruppen hinreichend beachten.

Damit stellt sich die Frage nach dem sich ständig reproduzierenden Widerspruch zwischen innovativer Pluriformität und begrenzter konservativer Restriktivität. Um darauf eine Antwort zu finden, muß etwas zum Erwartungszusammenhang gesagt werden, in dem sich die Pluriformität entwickelt.

Organisierte Erwachsenenbildung kommt zustande, wenn Erwachsene nach Bildungsangeboten und die Bildungsangebote nach Lernern und Lernerinnen suchen und zwischen beiden Suchbewegungen, wenn sie aufeinander treffen, eine Übereinstimmung festgestellt wird. Die *Konkordanz der Suchbewegungen* (Tietgens 1981, S. 81; 1992, S. 96-128) ist also die zwingende Bedingung der Möglichkeit für das Zustandekommen von organisierter Erwachsenenbildung. Gleichzeitig unterliegt diese Konkordanz der Suchbewegungen dem Zwang, ihrerseits gemäß dem Wandel, dem die Suchbewegungen sozialhistorisch unterliegen, innovativ sein zu müssen. Die Pluriformität der Erwachsenenbildung ist demnach eine Folge der Notwendigkeit, immer wieder neue Möglichkeiten der Konkordanz der Suchbewegungen finden zu müssen. Die Konkordanz der beiderseitigen Suchbewegungen kann als *Erwartungskonkordanz* bezeichnet werden. Üblich ist auch der Begriff der *Passung* zwischen den Bedürfnissen der Lerner und Lernerinnen einerseits und den pädagogischen Intentionen der Bildungsanbieter andererseits. Mit beiden Begriffen soll zum Ausdruck gebracht werden, daß es sich bei dem wechselseitigen Beeinflussungsvorgang nicht um ein kausalistisches *Verursachungsverhältnis* sondern um ein zwischenmenschliches *Verständigungsverhältnis* handelt. Mit dem Begriff der Verständigung zwischen Menschen ist nicht der Austausch von Informationen gemeint sondern die wahrnehmende und wertende, also deutende Kommunikation mit Hilfe der Sprache. Das sprachkommunikativ Gemeinte ist aber in aller Regel uneindeutig. Das hat weitreichende Folgen für die Lehr-Lern-Kommunikation. (Tietgens 1981, S. 80–99) Der Modus des wertend-deutenden Umgangs wird damit bestimmend für das *Gelingen* von Erwartungskonkordanz oder Passung.

Für die *Reichweite* innovatorischer Pluriformität der Erwachsenenbildung ergibt sich daraus ein strukturelles, in der Sache liegendes Dilemma. Die Richtung und die Reichweite der innovatorischen Impulse ist nicht beliebig variierbar. Vielmehr wird durch den *Zwang* zur Erzeugung von Erwartungskonkordanz oder Passung der Spielraum für die Erfindung und Erprobung von Neuerungen von vornherein eingeschränkt. Das ist nicht nur eine Frage der Finanzierung. Vielmehr geschieht das deshalb, weil die sogenannten »bewährten« Bildungsangebote als Ausdruck von Erwartungskonkordanz oder Passung, die zurückliegend gelang und deshalb als bewährt gilt, beibehalten werden müssen. Sonst verschwindet die Realität, genannt institutionalisierte Erwachsenenbildung, vor allem aus der Sicht der Bildung suchenden Erwachsenen. Innovatorische Elemente im Bildungsangebot lassen sich daher am ehesten dort entwickeln, wo an Erfahrungen mit gelingenden Bildungsveranstaltungen *angeschlossen* werden kann. Das heißt, im Zustandekommen von Erwartungskonkordanzen wirkt sich die darin enthaltene Erwartungs-Erwartung im positiven Sinne normativ aus. Die Pluriformisierungsmöglichkeiten der institutionalisierten Erwachsenenbildung werden durch die Erwartungs-Erwartung normativ gesteuert. Praktisch gewendet heißt das, der Neuerungsprozeß bemißt sich an dem Prozentanteil der neu ins Programm genommenen und zustande gekommenen Weiterbildungsangebote.

Daraus läßt sich schlußfolgern: Der Pluriformierungsprozeß findet quantitativ und qualitativ gebremst statt. Den Beteiligten scheint das bewußt zu sein. Zur Unterstützung der beiderseitigen Suchbewegungen tritt zwischen Anbieter und Adressat zunehmend die »Weiterbildungsberatung als Scharnierstelle zwischen Angebot und Teilnehmerentscheidung« (Gieseke 1997). Es stellt sich allerdings die Frage, ob der Pluriformierungsprozeß institutionalisierter Weiterbildung, unterstützt durch eine ständig sich verbessernde Weiterbildungsberatung (Eckert, Schiersmann, Tippelt 1997; Kemper, Klein 1998) hinreicht, um den Lernherausforderungen zu genügen, vor die sich die Erwachsenen jetzt und in der nahen Zukunft gestellt sehen.

Lernen im Lebensvollzug

Die Lernherausforderungen werden von den Erwachsenen im Alltag in Form ungewöhnlicher Probleme erfahren, das heißt erlebt und gefühlsmäßig bewertet. Es handelt sich um Problemstellungen, die mit Hilfe routinisierter Denk- und Handlungsweisen nicht zu lösen sind. Ob und wie solche Aufstörungen zum Nachdenken und Lernen führen, wird unter dem Begriff *natürliches Lernen* (Dohmen 1982, S. 189) erörtert. Auf ähnliche Weise können Aufbau, Funktionsweise und Veränderbarkeit von *Alltagswissen* (Runkel 1976) und von *Deutungsmustern* (Thomssen 1982) aus der Sicht des Lernens erörtert werden.

Die Gemeinsamkeit dieser Begriffe aus der Sicht des Lernens ist, daß hier über das Lernen als unmittelbare Auseinandersetzung mit den Widerfahrnissen des Alltagslebens die Rede ist. Es handelt sich um ein *Lernen im Prozeß des Lebensvollzuges.* Hier wird durch Erfahrung gelernt. Das heißt hier entstehen günstigenfalls durch Verunsicherungen hindurch neue Möglichkeiten des Selbstverständnisses und der Lebensgestaltung. Genau so gut kann aber auch längere Zeit andauernde Niedergeschlagenheit oder Ausweglosigkeit entstehen.

Im Anschluß an Dohmen (1982, S. 189) läßt sich das Lernen im Lebensvollzug folgendermaßen veranschaulichen:

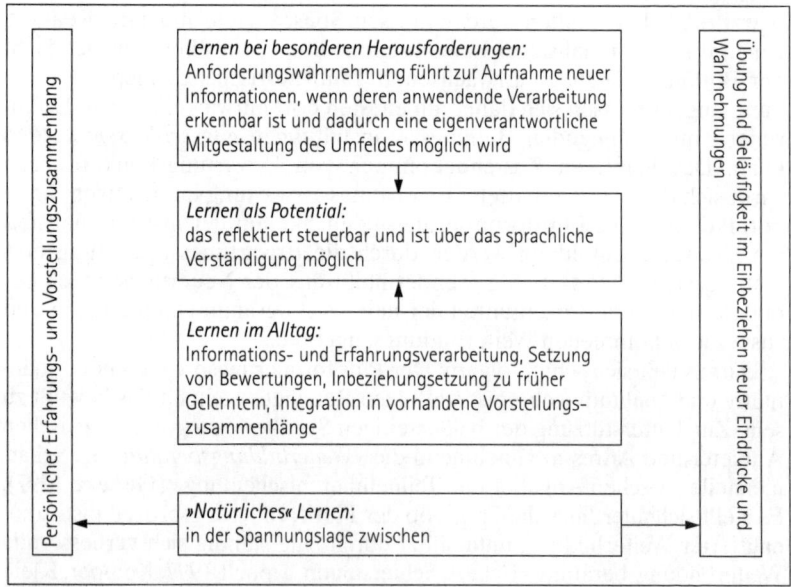

Abb. 1: Lernen im Lebensvollzug

Von solchen Zusammenhängen ausgehend, läßt sich das Lernen im Lebensvollzug dann beschreibend präzisieren (Dohmen 1982, S. 189–202):

Das Lernen im Lebensvollzug findet in der Spannung zwischen den persönlichen Erfahrungs- und Vorstellungszusammenhängen einerseits und der Geübtheit und Geläufigkeit im Verarbeiten neuer Eindrücke und Wahrnehmungen statt. Hierbei werden unter anderem Bezüge zu früher Gelerntem hergestellt, subjektive Bedeutungsakzente und Bewertungen gesetzt. Es findet eine Integration von Neuem in vorhandene Vorstellungszusammenhänge bzw. kognitive Strukturen statt. Insofern verfügt jeder Mensch über ein flexibles Lernpotential. Dieses erscheint als auf Alltagsabläufe stabilisierende und sich wiederholende Routinen ausgerichtet, ist aber darauf nicht ausschließlich fixiert. Vielmehr besteht gleichzeitig eine Lernfähigkeit, um sich ungewohnten Herausforderungen flexibel anpassen zu können. Das beruht auf der gehirnlichen Ausstattung des Menschen (Schmidt/Thews 1997), die als Lerndisposition beschrieben werden kann (Erpenbeck/Weinberg 1993, S. 142–149). Damit wird operatives Lernen als Suchbewegung möglich und kann kognitiv von außen gesteuert oder selbstreflexiv beeinflußt werden. Das Individuum besitzt also flexible Lern- und Wertungsdispositionen, die es sich als operativ steuerbare Lernkonstrukte verfügbar machen kann, wenn es sich dessen bewußt ist und das will.

Hier aber besteht eine Schwierigkeit. Es bedarf besonderer Herausforderungen zur Aktivierung dieses Potentials, weil der gewohnte lernende Umgang mit der Realität sich nicht in jedem Fall zu ungewohntem Lernen veranlassen läßt; denn das heißt immer, sich auf Ungewisses einzulassen. Nach Dohmen müssen besondere Bedingungen gegeben sein, damit *Alltagsroutinen übersteigendes Lernen* zustande kommt. Die in einem Geschehen enthaltene Verhaltensanforderung muß als eine besondere wahrgenommen werden. Das dafür benötigte Wissen muß zu erarbeiten und seine anwendende Verarbeitung muß möglich sein. Darauf aufbauend kann es zu dauerhaften – nachhaltigen – Lernbemühungen kommen, wenn die Möglichkeit zu eigenverantwortlicher verantwortungsbewußter Mitgestaltung des Umfeldes erkennbar ist.

Das so beschriebene Lernen im Lebensvollzug ist also ein Geschehen, das zwar eines spezifischen Kontextgefüges bedarf, aber nicht unbedingt auf institutionalisierte Lernangebote angewiesen ist. Angenommen werden kann, daß solche Kontextgefüge zunehmen, die als Möglichkeiten des Lernens im Lebensvollzug außerhalb institutionalisierter Weiterbildung genutzt werden. Dafür spricht eine Reihe von Indizien.

Das in den *Medien* und anderer Öffentlichkeit stattfindende Reden über alles, »was so im Leben passiert«, läßt ein Klima des Dabeiseins und potentiellen Mitmachen-Könnens entstehen. Dadurch lernen die Menschen, was sie können dürfen, indem sie hineintelefonieren oder sich hineinklikken und wenn sie es tun, merken sie, ob es gelingt und was es bewirkt.

Die medial vermittelten dialogischen Erfahrungen sind im allgemeinen geistig wenig anspruchsvoll, lassen sich aber zu immer komplexeren Dialogiken entwickeln. Der medial vermittelte Erwerb individueller kognitiver Fähigkeiten führt jedoch nicht gleichzeitig zum Erlernen von sozialen Kompetenzen, die zum selbstverantworteten Handeln befähigen. Der Erwerb und die Betätigung sozialer Kompetenzen bleiben auf den *direkten* menschlichen Umgang angewiesen. Das Bedürfnis nach menschlicher Nähe nimmt daher trotz der Zunahme medial vermittelter Erfahrungen nicht ab, sondern gleichzeitig zu. Die quantitative Zunahme und thematische Pluralisierung sozialer Mitmachmöglichkeiten von der Erlebniskultur bis hin zu den verantwortungsbewußten sozialen Betätigungen stellen Erfahrungsfelder für die Entwicklung sozialer Kompetenzen dar. Was hier und wie hier gelernt wird und menschliche Personalität sich entwickelt, ist allerdings weitgehend unbekannt.

Aus der Sicht des intentional geformten organisierten Lehrens und Lernens ergibt sich der Eindruck, daß die skizzierten Erfahrungs- und Lernwelten – als Lernen im Lebensvollzug – für die Menschen an Bedeutung zunehmen. Dafür spricht eine Reihe empirischer Untersuchungsbefunde. (Kade, J. 1985, 1993, 1996; Nolda 1996; Wienold 1996; Elsdon 1995, 1998) Dabei wird ganz allgemein auch die Kompetenz erworben, Ansprüche und Erwartungen an das organisierte Lehren und Lernen heranzutragen oder sich dabei beraten zu lassen. Auch wenn die Erwartung an die Bildungsveranstaltung und die Artikulation der eigenen Auffassung nicht immer in Formen pädagogischer Correctness geschieht – oder gerade deshalb – wird die institutionalisierte Erwachsenenbildung und die dazu gehörige Wissenschaft gedrängt, über die sich daraus ergebenden Konsequenzen nachzudenken. Wir schlagen vor, das Lernen im Lebensvollzug und im organisierten Lernen mit Hilfe eines modernen Kompetenzverständnisses zu rekonstruieren.

2. Individuierung und Kompetenzerwerb

In bildungstheoretischer Tradition wird die Entwicklung von individueller Personalität als *Selbstbildungsprozeß* gedacht und normativ an das Bild von dem seine Kräfte proportionierlich zu einer Ganzheit bildenden Menschen gebunden. Der Blick auf die *Ganzheit der Person* und des darauf orientierten Selbstbildungsprozesses verbindet den *Bildungsbegriff* mit dem *Kompetenzbegriff.* Der Erwerb von Kompetenzen im Lebensprozeß oder

Lebenslauf vollzieht sich als sogenanntes natürliches Lernen zwar situationsspezifisch oder zumindest situationsbezogen, ist aber doch von der ganzen Person getragen. Allerdings verzichtet der Kompetenzbegriff auf den strikten, die praktische Moralität steuernden normativen Anspruch des neuhumanistischen Bildungsbegriffs.

Was sind *Kompetenzen* und wie entstehen sie? Im Anschluß an das zuvor Gesagte ist es plausibel, Kompetenzen zumindest generell als integrale Bestandteile der Individualität zu verstehen. Erworben werden sie als Teil des Individuierungsprozesses durch Lernen. Dabei handelt es sich auch um das oben beschriebene sogenannte *natürliche Lernen* im Lebensvollzug. Das kann jedoch nicht vom Lernen und Erzogenwerden in den *formellen Sozialisationsagenturen* getrennt werden. Die Leistung der Individuierung besteht gerade in der *Verknüpfung* dieser beiden Lern- und Erfahrungswelten. Der oder die einzelne versucht, sich mit beiden Welten auseinanderzusetzen und selbstbildend miteinander zu verknüpfen. In solchen lernenden Auseinandersetzungen entsteht der individuelle Lebenslauf. Es handelt sich um ein Relationen herstellendes Lernen. Das kann dem Individuum niemand abnehmen. Im Relationen herstellenden Lernen entwickelt, entwirft, organisiert das Individuum seinen Lebenslauf. Die Biographieforschung beschreibt, daß es sich dabei um einen die gesamte Lebenszeit begleitenden Lernprozeß handelt. Der Lebenslauf ist das, was dem Individuum nicht genommen werden kann.

Damit rückt der *Zusammenhang von Lernen und Individuierung* in den Mittelpunkt des Interesses. Wir gehen davon aus, daß es sich beim Lernen um einen grundlegenden Vorgang handelt, der es dem Menschen ermöglicht, sich das Wissen von seiner Umgebung zu erarbeiten, so daß er »sich seine eigene Welt« nach den »für ihn interessanten Merkmalen aufbauen kann« (Dux 1982, S. 47). Beim Lernen handelt es sich demnach um diejenige Erkenntnistätigkeit, durch die Wissen von der Welt erzeugt und der Individuierungsprozeß angetrieben wird. Darauf ist der Mensch als Gattungswesen angewiesen, weil sein genetisch bedingter Umweltbezug weniger determiniert ist als bei anderen Lebewesen, insbesondere den Hominiden (Vollmer 1994). Das Antriebspotential, das die Wissen erzeugende Erkenntnistätigkeit in Gang hält, besteht in der Verbindung von phylogenetisch älterer und jüngerer, dem homo sapiens sapiens vorbehaltener, gehirnphysiologischer Ausstattung (Schiefenhövel 1994, Schmidt/Tews 1997). Hierbei ist das sprachlich-kognitive Ausdrucksvermögen, in dem sich emotional-kognitive Wahrnehmungs- und Wertungs- mit Willensimpulsen verbinden, von bestimmender Wichtigkeit (Erpenbeck 1993, Lenk 1994, Schmidt 1994). Das ist der materialisierte Ausgangspunkt, mit dem das spezifisch menschliche Projekt des Denkens und Handelns in Freiheit und zum Zwecke des Schaffens von Freiheitsräumen immer wieder von neuem beginnen kann.

Wir haben es also mit einer dem Menschen eigentümlichen integrierten, grundsätzlich nicht spezialisierten Erkenntnisstruktur zu tun, die *selbstorganisativ prozeßhaft* abläuft und sich insbesondere *kognitiv-reflektierend* beeinflussen läßt. Daher können vor allem die in der Physiologie, der kognitiven und Entwicklungspsychologie unterschiedenen Reifungs- und Entwicklungsvorgänge in ihrem leib-seelischen Zusammenwirken als integrierte Lernvorgänge begriffen werden. In diesem Sinne kann *Lernen* auch als *Selbstorganisation psycho-physischer Tätigkeit* gefaßt werden.

3. Lernen als Kompetenzentwicklung, Kompetenzentwicklung als Lernen

Nicht jedes Lernen ist Kompetenzentwicklung (ein bloßes Auswendiglernen trägt z. B. zum Individuierungsprozeß und zum Erwerb von individuellen Selbstorganisationsdispositionen nichts bei), aber jede Kompetenzentwicklung ist Lernen. Denn dabei werden stets Dispositionen zum Erkennen, zur Wissenserzeugung, zum Handeln – kurz: zum Umgang mit den Wirklichkeiten des individuellen Lebensvollzugs – erworben. Sie stehen als disponibles Verfügungswissen bereit.

Dieses Wissen umfaßt Sach- *und* Orientierungswissen, es ist niemals bloßes Abbild, sondern schließt *Sinnzuschreibungen, Wertungs- oder Deutungsvorgänge* ein. Sie finden im Kopf des einzelnen statt. Die soziale Moral der Verläßlichkeit, die Modalitäten des Umgangs mit dem vertrauten oder fremden Anderen werden als Ethosgenese (Fleischer 1987), als sinnvolle Orientierung (Berger, Luckmann 1995), als Wertinteriorisation und Wertewandel (Erpenbeck 1994) in der umfassend verstandenen Erkenntnistätigkeit *lernend* erworben. Werte oder Deutungen sind der *zentrale* Teil individueller Selbstorganisationsdispositionen, also menschlicher Kompetenzen. Ohne sie blieben ein kreatives Denken und Handeln unmöglich. Der Mensch wäre ein durch Umgebung und äußere Umstände fremdorganisierter, passiver Spielball unverstandener Wirkungen.

Damit können wir noch einmal zum Vergleich von Kompetenz- und Bildungsbegriff zurückkehren. Im Unterschied zum Bildungsbegriff entspricht dem Kompetenzbegriff nicht nur eine ausgebreitete Debatte, sondern eine *empirische* Realität. Er kann daher als eine mehrdimensionale, empirisch überprüfbare Kategorie gelten. Sie kann verifiziert oder falsifiziert werden (Heyse/Erpenbeck 1997), insbesondere wenn Kompetenzbiographien untersucht werden (Erpenbeck/Heyse 1998).

Der Kompetenzbegriff kann jedoch auch, unter Rückgriff auf die modernen Selbstorganisationstheorien, *theoretisch* konsistent entwickelt werden – mit dem Ziel, für die weiterbildungspädagogische Praxis, insbesondere für die Gestaltung offener und selbstorganisierter Lernarrangements (Training, Coaching, Lernen im Prozeß der Arbeit, Lernen im sozialen Umfeld, biographienahes Lernen usw.) neue Hinweise zu gewinnen.

Allerdings: Der Kompetenzbegriff ist schillernd und wird es bleiben (vgl. Kompetenzentwicklung '96; Kompetenzentwicklung '97). Es hat wenig Sinn, nach einer allgemein verbindlichen, letzten Definition zu suchen. Wir gehen deshalb von dem bereits eingeführten und weithin anerkannten Gedanken aus, daß *Kompetenzen* unterschiedliche Selbstorganisationsfähigkeiten des Menschen auf den Begriff bringen, d. h. als *Selbstorganisationsdispositionen* aufzufassen sind (Baitsch, Frei 1980; Baitsch 1996). Geht man davon aus, lassen sich zunächst fünf *Basiskompetenzen* – Fachkompetenzen, Methodenkompetenzen, sozial-kommunikative Kompetenzen, personale Kompetenzen und, alle anderen übergreifend, Handlungskompetenzen – handlungstheoretisch verstehen und ableiten, wie es Abbildung 2 zusammenfaßt:

Die Zuordnung von *Teilkompetenzen* zu diesen *Grundkompetenzen* ist dann schon weitgehend unterschiedlich, je nach Aufgabe und Untersuchungsabsicht. Jede Arbeit zu Kompetenzen enthält ein entsprechendes, stets anderes Zuordnungsschema. Doch erlaubt das mit der Tabelle gegebene Raster bereits die Ableitung bedeutsamer Schlußfolgerungen.

Arnold hat in einer materialreichen Studie zurecht darauf hingewiesen, daß viele der bisherigen erwachsenen- und berufspädagogischen *Qualifikations- und Weiterbildungsbegriffe* in Richtung Selbstorganisation ausgeweitet oder zumindest selbstorganisationstheoretisch rekonstruiert werden können (Arnold 1997, S. 253–309). Tatsächlich handelt es sich ja nicht um einen plötzlich neu auftauchenden Gedanken, sondern um eine durch reale pädagogische Entwicklungsprozesse angetriebene geistige Neubesinnung, die man beispielsweise rückwärts bis zu Rousseau, und vorwärts, die verschiedenen reformpädagogischen Bestrebungen unseres Jahrhunderts einbeziehend, bis hin zu vielen aktuellen Auseinandersetzungen um das Verständnis von Qualifikation, Bildung und Weiterbildung verfolgen kann.

Ausgehend von einem modernen, selbstorganisationstheoretisch abgesicherten Kompetenzbegriff lassen sich jedoch viele der bisherigen sozialphilosophischen, pädagogisch-philosophischen, schul- und berufspädagogischen Diskussionszusammenhänge daraufhin abklopfen, ob und inwieweit sie – mit der Betonung der *Eigenaktivität, Spontaneität* und *Kreativität* des lernenden und handelnden Individuums – Kompetenzentwicklung im Sinne einer Herausbildung von Selbstorganisationsdispositionen erfassen und beschreiben.

Dabei ist dann deutlich zwischen *selbstgesteuertem* und *selbstorganisiertem* Lernen zu unterscheiden. Beiden Vorstellungen liegen – oft unreflek-

Kompetenzen sind Selbstorganisationsdispositionen des Individuums

Was wird vom Individuum **selbstorganisiert**? In der Regel **Handlungen**, deren Ergebnisse aufgrund der Komplexität des Individuums, der Situation und des Verlaufs (System, Systemumgebung, Systemdynamik) nicht oder nicht vollständig voraussagbar sind

Welche Handlungen dieser Art werden **selbstorganisiert**? Es sind dies[*]:

geistige Handlungen	z. B. Problemlösungsprozesse, kreative Denkprozesse, Wertungsprozesse
instrumentelle Handlungen	z. B. manuelle Verrichtungen, Arbeitstätigkeiten, Produktionsaufgaben
kommunikative Handlungen	z. B. Gespräche, Verkaufstätigkeiten, Selbstdarstellungen
reflexive Handlungen	z. B. Selbsteinschätzungen, Selbstveränderungen, neue Selbstkonzeptbildungen
Handlungsgesamtheiten	z. B. gesamte Handlungsspektren kreativer Mitarbeiter

Die unterschiedlichen **Dispositionen** (Anlagen, Fähigkeiten, Bereitschaften), eben diese Handlungen **selbstorganisiert** auszuführen, bilden unterschiedliche **Kompetenzen**. Man kann folglich unterscheiden:

Fachkompetenzen	Die Dispositionen, geistig selbstorganisiert zu handeln, d. h. mit fachlichen Kenntnissen und fachlichen Fertigkeiten kreativ Probleme zu lösen, das Wissen sinnorientiert einzuordnen und zu bewerten
Methodenkompetenzen[**]	Die Dispositionen, instrumentell selbstorganisiert zu handeln, d. h. Tätigkeiten, Aufgaben und Lösungen methodisch kreativ zu gestalten und von daher auch das geistige Vorgehen zu strukturieren
Sozialkompetenzen	Die Dispositionen, kommunikativ und kooperativ selbstorganisiert zu handeln, d. h. sich mit anderen kreativ auseinander- und zusammenzusetzen, sich gruppen- und beziehungsorientiert zu verhalten, um neue Pläne und Ziele zu entwickeln
personale Kompetenzen (Individualkompetenzen)	Die Dispositionen, reflexiv selbstorganisiert zu handeln, d. h. sich selbst einzuschätzen, produktive Einstellungen, Werthaltungen, Motive und Selbstbilder zu entwickeln, eigene Begabungen, Motivationen, Leistungsvorsätze zu entfalten und sich im Rahmer der Arbeit und außerhalb kreativ zu entwickeln und zu lernen
Handlungskompetenzen[***]	Die Dispositionen, gesamtheitlich selbstorganisiert zu handeln, d. h. viele oder alle der zuvor genannten Kompetenzen zu integrieren

[*]   Die benannten Handlungsarten hängen natürlich eng zusammen; so setzt geistiges Handeln stets ein methodisches, kommunikatives und reflexives voraus, jene sind ohne geistiges Handeln nicht möglich usf.. Die Trennung entspricht unterschiedlichen Blickrichtungen auf den gesamten Handlungsprozeß.

[**] Hier wird eine enge Fassung von Methode benutzt. Natürlich gibt es auch Methoden kommunikativen und reflexiven Handelns, doch sind diese meist mit dem entsprechenden Handeln selbst untrennbar verbunden. Methoden geistns Handelns sind entweder selbst geistiges Handeln oder geistig vorweggenommenes instrumentelles Handeln.

[***] Alle aufgeführten Bezeichnungen für Kompetenzen werden im Singular und Plural (Handlungskompetenz, Handlungskompetenzen usw.) benutzt. Der Singular bezeichn et meist die jeweilige Kompetenzgesamtheit, der Plural weist auf die Existenz von Teilkompetenz hin.

Abb. 2: Kompetenzen als Selbstorganisationsdispositionen

tierte – systemtheoretische Vorstellungen zu grunde. Das Steuerungsparadigma entstammt jedoch der klassischenKybernetik, das Selbstorganisationsparadigma der modernen Selbstorganisationstheorie (Synergetik-, Autopoiesetheorie), der sogenannten Kybernetik II. Es ist – theoretisch und vom praktischen Resultat her – ein enormer Unterschied, ob ein Lerner Operationen, Strategien und Kontrollprozcsse (vgl. Neber 1978, S. 40) selbst*gesteuert* einsetzt, um zielorientierte *Lernpositionen* zu erreichen und irgendwelche Abschlüsse zu erlangen, oder ob er sich den Operationen, Strategien und Kontrollprozessen selbst*organisiert* aussetzt, um die eigenen *Dispositionen* weiterzuentwickeln. In realen Lernprozessen geht es allerdings stets um die *Anteile* von selbstgesteuertem und selbstorganisiertem Lernen, nicht um deren vollständige Trennung. Außerdem kann selbstorganisiertes Lernen durchaus in einem *institutionalisierten*, fremdgesteuerten Rahmen stattfinden, dagegen kann sich *nichtinstitutionalisiertes*, sogar individuelles Lernen durchaus auf selbstgesteuertes Lernen beschränken.

Betrachtet man Kompetenzen als Selbstorganisationsdispositionen, sind alle weiteren Überlegungen an ein tieferes Verständnis von Selbstorganisation geknüpft. Begnügt man sich nicht mit populären Analogien, sondern bemüht sich, Kompetenzentwicklung funktional und quantitativ zu modellieren, ist ein Rückgriff auf die gegenwärtig am weitesten elaborierten *Selbstorganisationstheorien* notwendig.

Es stehen insbesondere drei dieser Selbstorganisationstheorien zur Verfügung: Die von den Neurobiologen Maturana und Varela entwickelte Theorie der *Autopoiese*, die im modernen »Radikalen Konstruktivismus« weitergeführt wird, die von Prigogine und Nicholis verfolgte, eher physiochemisch und thermodynamisch orientierte *Selbstorganisationstheorie* und die von dem Physiker Haken so genannte *Synergetik* (Maturana 1982; Prigogine 1979; Haken 1982). Diese Theorien sind weder deckungsgleich, noch gestatten sie mit gleichen Erfolgschancen die Modellierung des komplizierten Zusammenhangs, um den es sich bei Kompetenzentwicklungsprozessen handelt: Ein selbstorganisiertes, komplexes System – das lernende und sich entwickelnde Individuum – agiert als Teil eines umfassenderen, ebenfalls selbstorganisierten komplexen Systems – des Unternehmens, der Institution, der Organisation usw..

Welche theoretischen Zugänge welcher moderner Selbstorganisationstheorien eignen sich besonders für die Erfassung von Kompetenzen und die Modellierung von Kompetenzentwicklungsprozessen? Unter dieser Fragestellung lassen sich die drei grundlegenden Ansätze in einem Schema zusammenstellen. Es summiert Grundprinzipien selbstorganisierender Prozesse (nach Probst 1987; Ebeling, Feistel 1994, S. 40–44) und ordnet diesen grob den jeweiligen Lösungsanteil der drei Ansätze zu.

thematischer Fokus	grundlegende Prinzipien selbstorganisierender Prozesse	Autopoiesie (Maturana, Varela)	Selbstorganisationstheorie (Prigogine, Nicholis)	Synergetik (Haken)
T	Das Prinzip des Entropieexports (Selbstorganisation verbraucht hochwertige Energie)	●	☆	○
T	Das Prinzip der Energietransformation (Selbstorganisation ist durch Ketten von Energieumwandlungen charakterisiert)	●	☆	○
T	Das Prinzip der überkritischen Distanz (Selbstorganisation tritt nur bei Gleichgewichtsferne und Überschreiten charakteristischer kritischer Werte auf)	●	☆	☆
T, S	Das Verstärkungsprinzip (im Übergangsgebiet zwischen verschiedenen Strukturformen treten strake Schwankungen auf. Jenseits der kritischen Parameter werden bestimmte Moden der Fluktuation verstärkt, die Keime der neuen Strukturen darstellen)	●	☆	☆
T, S	Das Stabilitätsprinzip (selbstorganisierende Systeme sind relativ stabil gegenüber kleinen Störungen. Große Störungen sind eine Gefahr für das System, wegen der Existenz kritischer Werte können sie zum Zusammenbruch der ganzen Struktur führen)	○	☆	☆
T, S	Das Prinzip der Phasenübergänge (es existieren Analogien zwischen Selbstorganisationsprozessen und Gleichgewichtsphasenübergängen)	●	☆	☆
S	Das Prinzip der Nichtlinearität und Rückkopplung (Selbstorganisation erfordert eine nichtlineare Dynamik des Systems)	●	☆	☆
S	Das Prinzip der inneren Bedingtheit und Bestimmtheit, eines eigenen (selbstorganisativen) Determinismus (die durch Selbstorganisation entstandenen Strukturen sind in der Regel sowohl durch die Randwerte als auch durch die inneren Faktoren bedingt; die Zukunft ist real offen)	○	○	☆
S	Das Prinzip der Symmentrieberechnung (die durch die Selbstorganisation hervorgegangenen Strukturen entstehen in der Regel durch Berechnung einer Symmetrie)	●	☆	☆
S	Das Prinzip der Ordnungsparameter, das Haken-Prinzip (es existieren in der Regel spezielle Bewegungen (Moden), die alle Teilbewegungen koordinieren. Das gilt auch im übertragenen Sinne für geistiges und symbolische Handeln, das durch übergeordnete Ordnungsparameter koordiniert wird)	●	●	☆

S, K	Das Prinzip der beschränkten Vorhersagbarkeit (Es gibt grundsätzlich zwei Klassen von Strukturen der Selbstorganisation, reguläre und irreguläre bzw. chaotische, dissipative Strukturen. Chaotische Dynamik impliziert ein exponentielles Auseinanderstreben der Systemtrajektorien und damit eine schlechte Vorhersagbarkeit der fernen Zukunft)	☆	☆	☆
S, K	Das Prinzip der Historizität (Alle Strukturen der Realwelt, die durch Evolution/Entwicklung entstanden sind, können letztlich nur durch eine Entstehungsgeschichte verstanden werden)	☆	☆	☆
S, K	Das Prinzip der Komplexität (aufgrund der Komplexität der Systeme sind diese nur unvollständig beschreibbar und perspektivisch einzuschätzen, interne Zustände beeinflussen sich selbst – das Verhalten ist weder aus Inputs noch aus internen Zuständen »ableitbar«, die Komplexität ist nicht reduzierbar)	☆	☆	☆
K	Das Prinzip der Redundanz (Die Gestaltung und Lenkung des Systems kann aus Teilsystemen heraus erfolgen, Information ist über das System verteilt, es gibt kein ausschließliches Hierarchieprinzip)	☆	●	●
K	Das Prinzip der Selbstreferentialität (das Eigenverhalten dst Produkt innerer Kohärenzen, nicht »Repräsentation« äußerer Einflüsse, jedes Verhalten wirkt auf sich selbst zurück und ist Ausgangspunkt weiteren Verhaltens. Selbstreferentielle Systeme sind weitgehend operationalorganisativ geschlossen, aber offen gegenüber Materie- und Energieflüssen)	☆	○	○
K	Das Prinzip der Autonomie (das System ist nicht informationell unabhängig, aber im Sinne von Selbstgestaltung, -lenkung und -entwicklung selbstbestimmt gegenüber der Umwelt; es ist nicht angepaßt, sondern koevolutiv geprägt)	☆	●	●
K	Das Prinzip humaner sozialer Systeme (humane soziale Systeme sind selbstorganisierend und kreativ, sie sind wert- und willensgesteuert, sinn- und zweckorientiert und beruhen auf Kommunikation, Symbolen und Lernen)	☆	●	☆

Bedeutung der Symbole:
● keine oder nur geringe Aussagen zum Prinzip   T thermodynamischer Fokus
○ Teilaussagen zum Prinzip   S strukturell-funktioneller Fokus
☆ zentrale Aussagen zum Prinzip   K kognitiver Fokus

Die Übersicht macht deutlich, daß der Prigoginesche Ansatz sein Schwergewicht auf die thermodynamische Erklärung von Selbstorganisationsphänomenen legt, während er zu Problemen der Kognition, Selbstreferenz und Autonomie wenig beizusteuern hat. Diese sind wiederum Domäne des Autopoiese-Ansatzes. Da Maturana die mathematische Formulierbarkeit seines Ansatzes prinzipiell in Frage stellt (Maturana 1982, S. 184, 235) ist es nicht verwunderlich, daß dieser – insbesondere in Form des »Radikalen Konstruktivismus« – von Sozialwissenschaftlern, auch von Pädagogen, begeistert aufgenommen wurde. Er gestattet in verbaler Weise die kreative Eigenaktivität des lernenden und handelnden Individuums hervorzuheben und die Unberechenbarkeit pädagogischen Erfolgs zu erklären.

Sichtbar wird aber auch, daß die *Synergetik* nicht nur zu der größten Anzahl von Prinzipien, insbesondere zu den strukturell-funktionell fokussierten, Substantielles beizusteuern hat, sondern daß sie mit dem Prinzip der Ordnungsparameter auch den wichtigsten Zugang zum Problem der Kompetenzentwicklung liefert. *Werte* lassen sich in der Synergetik nämlich als *Ordner* individuellen und sozialen Handelns beschreiben (Haken 1996). Andererseits hatten wir Werte oder Deutungen als den *zentralen* Teil individueller Selbstorganisationsdispositionen, also menschlicher Kompetenzen gekennzeichnet, ohne die ein kreatives Denken und Handeln unmöglich wären. Werte oder Deutungen sind deshalb die wichtigsten Bestandteile von Kompetenzen, weil sie das Handeln in eine offene Zukunft hinein, unter prinzipieller Handlungsunsicherheit ermöglichen. Sie wirken mit Wissens-, Fähigkeits-, Erfahrungs- und Willenskomponenten zusammen: Kompetenzen werden von Wissen *fundiert*, durch Werte *konstituiert*, als Fähigkeiten *disponiert*, durch Erfahrungen *konsolidiert*, aufgrund von Willen *realisiert*.

Individueller Wertewandel und korrespondierende Kompetenzentwicklung sind mit Hilfe der Synergetik derart zu erfassen, daß über die bloß verbale Beschreibung hinaus funktional-quantitative Modelle möglich werden, die generalisierte Voraussagen zu Typen und Verläufen von Kompetenzentwicklungen gestatten. Das ist nicht nur von theoretischer, sondern von eminent praktischer Bedeutung für die pädagogische Moderation von Kompetenzentwicklung in offenen und selbstorganisierten Lernarrangements.

Literatur

Arnold, R.: Von der Weiterbildung zur Kompetenzentwicklung. Neue Denkmodelle und Gestaltungsansätze in einem sich verändernden Handlungsfeld. In: Kompetenzentwicklung '97. Berufliche Weiterbildung in der Transformation – Fakten und Visionen. Münster/New York/München/Berlin 1997.

Baitsch, C./Frei, F.: Qualifizierung in der Arbeitstätigkeit. Schriften zur Arbeitspsychologie, Nr. 30. Bern/Stuttgart/Wien 1980.

Baitsch, C.: Kompetenz von Individuen, Gruppen und Organisationen. Psychologische Überlegungen zu einem Analyse- und Bewertungskonzept. In: Denisow, K./ Fricke, W./Stieler-Lorenz, B. (Hrsg.): Partizipation und Produktivität. Zu einigen kulturellen Aspekten der Ökonomie. Bonn 1996.

Berger, P.L./Luckmann, Th.: Modernität, Pluralismus und Sinnkrise. Gütersloh 1995.

Claessens, D.: Instinkt, Psyche, Geltung. 2. überarb. Auflage, Köln/Opladen 1970.

Dohmen, G.: Zum Verhältnis von ›natürlichem‹ und organisiertem Lernen. In: Becker, H. u.a.: Wissenschaftliche Perspektiven zur Erwachsenenbildung. Braunschweig 1982, S. 189–02.

Dux, G.: Die Logik der Weltbilder. Frankfurt/M. 1982.

Ebeling, W./Feistel, R.: Chaos und Kosmos. Prinzipien der Evolution. Heidelberg/ Berlin/Oxford 1994.

Eckert, Th./Schiersmann, Ch./Tippelt, R.: Beratung und Information in der Weiterbildung. Hohengehren 1997.

Elsdon, K.T.: Voluntary Organisations. Nottingham/Leicester 1995.

Elsdon, K.T.: Studying Voluntary Organisations. London 1998.

Erpenbeck, J.: Wollen und Werden. Konstanz 1993.

Erpenbeck, J.: Wende der Kultur, Kultur der Wende. In: Heyse, V./Erpenbeck, J.: Management und Wertewandel im Übergang. Münster/New York 1994, S. 201–260.

Erpenbeck, J./Weinberg, J.: Menschenbild und Menschenbildung. Münster/New York 1993.

Fleischer, H.: Ethik ohne Imperativ. Frankfurt/M. 1987.

Gieseke, W.: Weiterbildungsberatung als Scharnierstelle zwischen Angebot und Teilnahmeentscheidung. In: Nuissl, E. u.a.: Pluralisierung des Lehrens und Lernens. Bad Heilbrunn, S. 92–103.

Haken, H.: Synergetik und Sozialwissenschaften. In: Ethik und Sozialwissenschaften 7 (1996), H. 4, S. 588.

Haken, H.: Synergetik. Eine Einführung. Nichtgleichgewichts-Phasenübergänge und Selbstorganisation in Physik, Chemie und Biologie. Berlin/Heidelberg 1982.

Heyse, V./Erpenbeck, J.: Der Sprung über die Kompetenzbarriere. Bielefeld 1995.

Kade, J.: Gestörte Bildungsprozesse. Bad Heilbrunn 1985.

Kade, J.: Aneignungsverhältnisse diesseits und jenseits der Erwachsenenbildung. In: ZfPäd 39, S. 391–408.

Kade, J.: Entgrenzung und Entstrukturierung. Zum Wandel der Erwachsenenbildung in der Moderne. In: Derichs-Kunstmann, K. u.a. (Hrsg.): Enttraditionalisierung der Erwachsenenbildung. Frankfurt/M. 1996, S. 13–31.

Kemper, M./Klein, R.: Lernberatung. Hohengehren 1998.

Kompetenzentwicklung '96. Strukturwandel und Trends in der betrieblichen Weiterbildung. Münster/New York/München/Berlin 1996.

Kompetenzentwicklung '97. Berufliche Weiterbildung in der Transformation – Fakten und Visionen. Münster/New York/München/Berlin 1997.

Lenk, H.: Von Deutungen zu Wertungen. Frankfurt/M. 1994.

Maturana, H./Varela, F.: Der Baum der Erkenntnis. Bern/München/Wien 1987.

Maturana, H.: Erkennen: Die Organisation und Verkörperung von Wirklichkeit. Braunschweig 1982.

Mittelstraß, J.: Leonardo-Welt. Über Wissenschaft, Forschung und Verantwortung. Frankfurt/M. 1992.

Neber, H.: Selbstgesteuertes Lernen (lern- und handlungspsychologische Aspekte). In: Neber, H./Wagner, C./Einsiedler, W. (Hrg.): Selbstgesteuertes Lernen. Psychologische und pädagogische Aspekte eines handlungsorientierten Lernens. Weinheim/Basel 1978.

Nolda, S.: Interaktion und Wissen. Frankfurt/M. 1996.

Prigogine, I.: Vom Sein zum Werden. Zeit und Komplexität in den Naturwissenschaften. München/Zürich 1979.

Probst, G.J.: Selbstorganisation. Ordnungsprozesse in sozialen Systemen aus ganzheitlicher Sicht. Berlin/Hamburg 1987.

Runkel, W.: Alltagswissen und Erwachsenenbildung. Braunschweig 1976.

Schiefenhövel, W. u.a.: Gemachte und gedachte Welten. Stuttgart 1994.

Schmidt, S.J.: Kognitive Autonomie und soziale Orientierung. Frankfurt/M. 1994.

Schmidt, R.F./Thews, G. (Hrsg.): Physiologie des Menschen. 27. Auflage. Berlin u.a. 1997.

Tietgens, H.: Erwachsenenbildung. München 1981.

Tietgens, H.: Einleitung in die Erwachsenenbildung. 2. Auflage, Darmstadt 1991.

Tietgens, H.: Reflexionen zur Erwachsenendidaktik. Bad Heilbrunn 1992.

Vollmer, G.: Homo sapiens-Denken und Erkennen. In: Schiefele 1994, S. 13–43.

Wienold, H.: Nichts als Geschichten. Von den Schwierigkeiten des Umgangs mit Wirklichkeit und den Grenzen der Pädagogik. Münster 1996.

XI. Von der »Teilnehmerorientierung« zur »Kundenorientierung« – Zur Bedeutung von systematischen Begriffen für pädagogische Feldanalysen

Dieter Nittel

Das Verhältnis von Pädagogik und Organisation galt und gilt in einschlägigen Debatten lange Zeit als notorisch belastet. Institutionelle Strukturen und bürokratische Abläufe gerieten in die Unvereinbarkeit mit pädagogischem, nach Autonomie strebenden Handeln. Dieser nicht auflösbare Gegensatz, der die Diskussion seit 30 Jahren bewegt, brachte ein neues Gegensatzpaar hervor: Kundenorientierung versus Teilnehmerorientierung. Kundenorientierung wird dabei der organisationalen, Teilnehmerorientierung der pädagogischen Perspektive zugeordnet. Über den Weg der Kontrastierung und Konfrontation der unterschiedlichen Handlungslogiken könnte die Chance eröffnet werden, erwachsenenpädagogische Verantwortungsbereiche optimaler zu lokalisieren und somit das pädagogische Profil zu schärfen.

1. Funktionale Differenzierung von Bildungsforschung, Bildungspolitik und Bildungsreform

Vielleicht waren Fritz Borinski, Wolfgang Schulenberg, Hellmut Becker und einige andere die letzten Protagonisten in der deutschen Erwachsenenbildungsgeschichte, die in ihrer berufsbiographischen Entwicklung die unterschiedlichsten Rollenanteile mehr oder weniger unproblematisch miteinander kombinieren konnten: So beschränkte sich ihr Wirkungskreis bekanntlich nicht nur auf Forschungs- und Lehraktivitäten im Kontext der Wissenschaft und auf die Ausübung von Ehrenämtern oder beratende Aufgaben in Verbänden etc.; die genannten Protagonisten der Erwachsenenbildung waren darüber hinaus auch auf der Bühne der Bildungspolitik und der Bildungsreform tätig, außerdem definierten sie sich über ihre gesamte berufliche Lebensspanne hinweg auch als praktizierende Volksbildner, als Katalysatoren von neuen Entwicklungen und last but not least als

161

Intellektuelle, die im Konzert der Kulturkritik ihre Stimme erhoben. Die Leerstellen, die der Tod solcher Protagonisten der Erwachsenenbildung hinterlassen hat, deutet darauf hin, daß in einer modernen, funktional differenzierten Gesellschaft wie der unsrigen solche Lebensleistungen eher selten sind. Die objektiven Gelegenheitsstrukturen, um mit großer Virtuosität und Authentizität in unterschiedlichen Arenen gleichzeitig agieren zu können, scheinen obsolet geworden zu sein. Bildungspolitik, die mit der Erwachsenenbildung befaßte Wissenschaft, die Weiterbildungspraxis sowie die öffentlichkeitswirksame Kulturkritik haben sich über Jahrzehnte hinweg still und heimlich zu mehr oder weniger selbständigen soziale Welten, zum Teil sogar zu Segmenten von in sich selbst ruhenden sozialen Systemen entwickelt. Diese sind mit eigenen Rationalitäten und Entwicklungsdynamiken sowie Zeithorizonten ausgestattet. Wer heute in einflußreicher Funktion in der Bildungsverwaltung tätig ist, spricht oft eine andere Sprache, hat eigene Relevanzmuster ausgebildet als eine Person, die einer hochspezialisierten Frage in der Bildungsforschung nachgeht. Die in den Biographien dieser »grand old men« der Erwachsenenbildung sich noch abzeichnende Chance, durch zielgerichtetes Handeln zur Einheit von Bildungspolitik, Bildungsforschung und Bildungsreform beizutragen – »die Dinge zu bündeln« –, scheint heute auf ein Minimum reduziert zu sein. Die jeweiligen Sphären konstituieren für die jeweils anderen nicht nur Zonen des Austauschs und der Interpenetration (vgl. Münch 1984, Nittel 1996), sondern auch Zonen der Blindheit und der partiellen Fremdheit. Nicht mehr das organisierte Handeln einzelner Menschen scheint heute »Vernunft« und »Fortschritt« zu garantieren, sondern – möglicherweise viel intelligentere – kollektive Steuerungsmechanismen auf der Aggregatebene sozialer Systeme. Wer den Versuch unternimmt, auf den diversen Klaviaturen der bildungspolitischen Gestaltungsarenen, der Forschung und der öffentlichkeitswirksamen Kulturkritik gleichzeitig zu spielen, kann dies heute selbstverständlich tun, aber er schwebt dabei immer in der Gefahr des Dilettantismus. Nun mag es eine nicht geringe Zahl von Personen geben, die diese Entwicklung vorschnell in die Schublade »begrüßenswert« oder die mit der Aufschrift »nicht begrüßenswert« einsortieren und mit der in der Pädagogik üblichen Reaktion der Klage antworten. Aber es spricht gleichzeitig auch einiges für die These, daß die Verselbständigung der sozialen Systeme und der Handlungssphären auch Mechanismen erzeugt, die als intelligente Schutzmechanismen gegenüber dem allseits grassierenden Syndrom der Überforderung und Überlastung gelten können. Jede einzelne soziale Welt erzeugt ja bereits für sich genommen ein enormes Maß an Komplexität und Unübersichtlichkeit, das als solches von einzelnen Akteuren kaum noch zu bewältigen ist. Daß die Akteure auf die Dinge zurückgeworfen werden, die zum genuinen Handlungs- und Verantwortungsbereich gehören, ist zunächst einmal als Datum zur Kenntnis zu nehmen, und die damit verbundenen Ambivalenzen sind zu akzeptieren. Die Doppelwertigkeit der Entwicklung besteht darin, daß sie einerseits zur Reduktion von Gestaltungsmöglichkeiten und Verlust von Einheit, andererseits aber auch zum Schutz vor Zumutungen und vor dem Machbarkeitswahn moderner Gesellschaften beiträgt.

Über den Nutzen von Unterscheidungen

Die in den Biographien evident werdende, letztlich aber auf Ursachen auf gesamtgesellschaftlicher Ebene zurückführbare Tendenz, daß sich die wissenschaftliche Disziplin, die Berufspraxis und die Bildungspolitik voneinander weg bewegen, produziert institutionell betrachtet einen größeren Bedarf nach intermediären Institutionen. Die Strahlkraft einer solchen Ausdifferenzierung von Bildungspraxis, Bildungsforschung und Bildungspolitik hat aber schon längst den wissenschaftlichen Diskurs erreicht. So hängt im Kontext der Sozial- und der Erziehungswissenschaften die soeben angedeutete Entwicklung aufs engste mit der Aufwertung von Unterscheidungen, der sensibleren Zurkenntnisnahme von Distinktionen und der Nutzung kontrastiver Beobachtungsschemata zusammen. Das, was auf dem Tableau biographischer Handlungslinien identifiziert werden kann, findet man gleichsam auch in der Ordnung der wissenschaftlichen Selbstverständigung. Angesichts der verblaßten Ganzheitlichkeitsmythen in der Erwachsenenbildung können wir zum Beispiel durchaus einen Zugewinn an Realitätssinn verbuchen, wenn in der allgemeinen Didaktik und in den Bereichsdidaktiken das Lehren *und* das Lernen, also das Vermitteln *und* die Aneignung (vgl. Kade 1993), die Perspektive der Institutionen und die der Subjekte sorgfältiger voneinander unterschieden wird. Die Wahrscheinlichkeit des Auftretens von »Burning-out-Phänomenen« sinkt, wenn die Zuständigkeit pädagogischer Berufe auf partikulare Aufgaben begrenzt wird, statt ihr professionelles Mandat auf Allzuständigkeit und »Berufung« hin auszurichten (vgl. Giesecke 1987). Insbesondere die bis auf Diesterweg zurückreichende Differenz von Profession und Disziplin (vgl. Tenorth 1990, S. 81) hat sich in den letzten zehn Jahren durchsetzen und die nicht sonderlich ergiebige, weil zirkuläre Debatte über das Theorie-Praxis-Problem ersetzen können (vgl. Wittpoth 1987). Abgesehen davon, daß die wissenschaftliche Disziplin ihren angestammten institutionellen Ort immer weiter vom Handlungszentrum der Berufskultur weg verlagert hat, gibt es eine Fülle weiterer Hinweise, daß sich die Berufskultur bzw. die Profession und die (wissenschaftliche) Disziplin in sozialer und in metatheoretischer Hinsicht voneinander weg bewegen (Krüger/Rauschenbach 1994). Solche Unterscheidungen wie die zwischen Lernen und Lehren, Vermittlung und Aneignung, aufklärende Kommunikation und Handlungsanleitung tragen mit dazu bei, daß die Erwachsenenbildung als wissenschaftliche Teildisziplin bescheidener und zugleich realistischer aufzutreten vermag. In den Erziehungswissenschaften im allgemeinen und in der Erwachsenenbildung im besonderen werden die soeben genannten Differenzen nicht als Defizit betrachtet, sondern auch als Instrument der Erkenntnisgewinnung zu nutzen versucht. Sie bieten die Chance des Abgleichs unterschiedlicher Rationalitätsmuster und einer konstruktiven Bearbeitung der in der Pädagogik weit verbreiteten Pluralität.

Soweit zu den positiven Seiten der Medaille. Es gibt andererseits aber auch antizyklische Entwicklungen, die Vermischung von Ebenen, die man besser trennen sollte. Nach wir vor wird das Verhältnis von Organisation und Profession nicht unter dem Vorzeichen eines konsequenten Verzichts subtiler Einheitssehnsüchte diskutiert. Es soll gezeigt werden, daß die Differenz zwischen Profession und Organisation bzw. zwischen professionellen und organisatorischen Rationalitätsmustern[9] keineswegs ein analytisches Konstrukt darstellt, sondern eng mit den faktischen Problemlagen im Feld korrespondiert. Im Gegensatz zu anderen Vertretern der Erwachsenenbildung, die unausgesprochen oder ausgesprochen für die Auflösung der Spannung von Profession und Organisation plädieren, halten wir an dieser beinahe schon klassischen sozialwissenschaftlichen Unterscheidung fest[10].

2. Die Differenz von Organisation und Profession

In der Erwachsenenbildung konzentrierte sich die einschlägige Debatte – anders als im Bereich der Medizin oder der Sozialarbeit – nicht grundsätzlich auf die angespannte Beziehung zwischen Organisation und Profession, sondern zunächst auf das notorisch belastete Verhältnis von Pädagogik und Organisation, wobei man kurzerhand Pädagogik und Profession als (wahl-) verwandt erklärte. Zurecht wurde in den achtziger Jahre eindringlich darauf hingewiesen, daß die starre Gegensatzanordnung von der Unmittelbarkeit der pädagogischen Arbeit, der authentischen »pädagogi-

---

9 Wenn wir von der »Differenz von Profession und Organisation« sprechen, so stellt dies selbstverständlich eine an dieser Stelle durchaus legitime Verkürzung dar. Wir meinen eigentlich Sinnsystem; also jene Orientierungsmuster, Relevanzkriterien, Deutungsschemata und sonstigen Wissensformen, die entweder mit den professionellen oder den organisatorischen Rationalitätsmustern korrespondieren.

10 Klaus Harney hat vor kurzem eine ähnliche Position eingenommen, als er darauf hinwies, daß »die Bedeutung dieser in der Organisationsforschung als Unterscheidung von Stab und Linie klassischen Bezeichnung innerorganisatorisch differenzierender Steuerungsmechanismen (sich) keineswegs überlebt« habe (Harney 1997, S. 183), sondern in neuer Weise aktuell sei.

schen Beziehung« auf der einen und den bürokratisch institutionellen Rahmenbedingungen auf der anderen Seite, dysfunktional sei. Diese als nicht auflösbar eingestufte Gegensatzanordnung war Quelle vieler Mißverständnisse und des strategischen Umgangs mit Menschen und Dingen. So wurden in manchen Fällen beinahe schablonenhaft die unterschiedlichsten Störungen im Vollzug der pädagogischen Arbeit ohne jeglichen Situationsbezug und ohne jede Detailbegründung darauf zurückgeführt, daß die bürokratischen Zwänge »richtiges pädagogisches Handeln« konterkarieren würden. Insbesondere im Bereich der Schule war über viele Jahre hinweg eine zutiefst ambivalente Haltung dominant: Während man als Lehrerschaft einerseits der Großinstitution »staatliches Schulsystem« das berufliche Prestige und die materielle Existenz verdankte, wurde sie beinahe im gleichen Atemzug als Bremsklotz bei der Verwirklichung des pädagogischen Ethos betrachtet. Solche von der Forschungsseite nicht selten unbesehen adaptierten Klischees über die »gute Pädagogik/Profession« und die »böse Organisation« ignorieren, daß die institutionelle Einbettung die Bedingung für die Möglichkeit pädagogischer Berufsarbeit darstellt. Simplifizierende und klischeehafte Institutionskritik schwebt immer in der Gefahr, den Ast jenes Baumes abzusägen, auf dem die Pädagogik mehr oder weniger komfortabel plaziert ist. Genaugenommen war die Gegensatzanordnung von Pädagogik versus Organisation die Erbschaft der geisteswissenschaftlichen Pädagogik, die seit jeher zwischen dem »eigentlich Pädagogischen« und der als »unrein« schematisierten verwalteten Welt unterschieden hat. Seit der sozialwissenschaftlichen Reformulierung des geisteswissenschaftlichen Erbes geriet auch das alte Schisma von reiner Pädagogik und »schmutziger« Verwaltung ins Wanken.

Der verstärkten Rezeption moderner organisationssoziologischer Ansätze ist es zu verdanken, daß das verzerrte Bild, welches Pädagogen von den eigenen Institutionen machten, nachhaltig korrigiert werden mußte. Die Arbeiten von March (1990), Weick (1976) und Hasenfeld (1972) liefen auf die These hinaus, daß die administrativen Vereinheitlichungsbemühungen, Rationalisierungs- und Kontrollstrategien keineswegs über die von den Klassikern der Organisationssoziologie unterstellte Determinationskraft verfügen und die Handlungsspielräume insbesondere in pädagogischen Großorganisationen stark unterschätzt wurden. Terhart (1986) vertrat die Auffassung, daß die »rechtwinklige Vorstellungswelt der Organisationstheoretiker« mit dem im Bildungssystem vorherrschenden Phänomen des »loose coupling« unvereinbar seien. »›Lockere Verknüpfung‹ oder ›schwache Vernetzung‹ stellen bestenfalls Annäherungen dar. Loose coupling deutet zugleich logische Getrenntheit an; loose coupled systems zeichnen sich durch eine beträchtliche Selbständigkeit ihrer Einzelelemente aus, wobei dies sowohl eine hohe Unsteuerbarkeit und Unberechenbarkeit wie andererseits auch eine hohe Flexibilität bei der Einstellung auf neue Umweltbedingungen impliziert« (Terhart 1986, S. 211). Befunde, daß formale Organisationen im Bildungssystem oft über eine ritualisierte, aber ansonsten inhaltslose Struktur verfügen, ja manchmal sogar nach dem Modell der »garbage can« funktionieren würden, flankierten und bestätigten die Plausibilität des »loose coupling«-Konzeptes. Die dadurch eingeleitete Entmystifizierung der Kontroll-, Sanktions- und Herrschaftsfunktionen von Bildungseinrichtungen führte zur Entschärfung und Entdramatisierung des Schismas von Pädagogik und Organisation. Damit wäre eigentlich auch schon die Ist-Situation der heutigen Diskussion umrissen. Im Bereich der Erwachsenenbildung haben vor allem Ortfried Schäffters Schriften zur Entkrampfung und zur Überwindung polarer Denkstruktur beigetragen (vgl. Schäffter 1992). Der hier angedeutete Fortschritt auf der Ebene der Theorieentwicklung bedeutet aber noch lange nicht, daß das Problem an solches gelöst ist. Die Aufweichung einer starren, gleichsam unversöhnlichen Gegensatzanordnung ist die eine Seite – welche konkrete Form das Gefüge im pädagogischen Feld aus empirischer Sicht hat, steht auf einem ganz anderen Blatt. Mit dem Nachweis, daß Organisationen insofern viel besser als ihr Ruf seien, weil sie ungeahnte, vom Einzelnen selbst kaum wahrnehmbare Handlungs- und Entscheidungsspielräume haben, wurde zunächst einmal der alten Debatte der Stachel der Unversöhnlichkeit gezogen. Mit der Entzauberung der These, Pädagogik und Organisation verhielten sich gleichsam wie Hund und Katze, war jedoch keineswegs automatisch die Gegenthese eines harmonischen Miteinanders begründet. Die Suspendierung einer starren Gegensatzanordnung schließt die Perseveranz einer spannungsreichen Beziehung keineswegs aus.

Die zentrale These einer gespannten Beziehung von Profession und Organisation kann grundlagentheoretisch mit einem kurzen Hinweis auf jenen Klassiker der Soziologen komplettiert werden, welcher der Organisation – für sich genommen – bereits eine janusköpfige Gestalt attestiert hat. Seit Max Weber wissen wir, daß »die bureaukratische Verwaltung (...) Herrschaft kraft Wissen« bedeutet und diese Grundvariante legitimer Herrschaft ein Ideal- und kein Realtypus darstellt. Einerseits bezeichnet Weber »bureaukratische Verwaltung« als »stählernes Gehäuse«, die mit unerbittlicher Konsequenz die eigene Sachlogik abwickelt. Anderseits konstatiert er, daß »die bureaukratische Verwaltung *überall* die – ceteris paribus! – formal-technisch rationalste« und »für die Bedürfnisse der *Massen*verwaltung heute schlechthin unentrinnbar« ist. Man habe »nur die Wahl zwischen ›Bureaukratisierung‹ und ›Dilettantisierung‹ der Verwaltung« (Weber 1964, S. 164). Selbst dann, wenn man auf die Kategorie Profession verzichten würde, wäre mit dem Diktum von Weber die Verpflichtung nicht vom Tisch, die widersprüchliche Funktion bzw. das Doppelgesicht von Bürokratien schonungslos wissenschaftlich zu durchleuchten.

Ganz generell herrscht unter Sozial- und Erziehungswissenschaftlern der Konsens vor, daß das Handeln der Professionen im Zuge gesellschaftlicher Modernisierung immer mehr in Kontexte der bürokratischen Steuerung, der administrativen Zuweisung von Ressourcen und der hoheitsstaatlichen Aufsicht eingespannt wird. Der Zuwachs an staatlicher Kontrolle hat sogar längst den kleinen Kern jener Professionen erfaßt, die in ihren Selbstbeschreibungen als »klassisch« definiert werden und das Moment der »Autonomie« so gerne betonen. Die Bindung der Professionen an Organisationen nimmt vor allem deshalb zu, »weil der Interdependenz- und Organisationsgrad moderner Gesellschaften in Verbindung mit einer umfassenden Verwissenschaftlichung trotz aller Entstaatlichungs- und Deinstitutionalisierungsversuche fortlaufend zunimmt und die Professionen als soziale Welten (...) von diesen Aktivitätsbereichen, Ordnungsquellen und Mittelressourcen immer mehr abhängen« (Schütze 1996, S. 188). Die sich hier abzeichnende Abhängigkeit professionellen Handelns von der organisatorischen Infrastruktur trägt dazu bei, daß es zu einer Zuspitzung der ohnehin schon starken Spannungen zwischen Profession und Organisation kommt und die damit korrespondierenden Paradoxien zusätzliche spiralförmige Bewegungen der Steigerung vollziehen.

Das behauptete Spannungsverhältnis zwischen Profession und Organisation beruht auf widersprüchlichen Komponenten und Mechanismen; einige wenige seien hier benannt. Vom Standpunkt rationalistischer Bürokratietheorien tragen Organisationen wie das Verwaltungssystem einer Volkshochschule zu einer dauerhaft strukturierten, zweckrationalen Allokation von materiellen Ressourcen, Kommunikation und Personal bei, wobei der Organisationszweck von außen gesetzt und juristisch abgesichert wird. Diese Sachlogik evoziert eine recht zuverlässige Konditionalplanung (Luhmann 1973). Eine Profession erhebt in arbeitsteiligen Systemen den Anspruch, selbst zu bestimmen, was als das Wesentliche in seiner Arbeit gelten kann (vgl. Freidson 1979). Es handelt sich um ausgewiesene, zumeist akademische Berufe, die ein bestimmtes Verhältnis nach innen (corps de esprit) aufweisen, Dienstleistungen für ihnen anempfohlene Menschen erbringen, systematisch erzeugtes Wissen auf außeralltägliche Probleme anwenden und ihr Handeln dem Gemeinwohl unterordnen. Der Status einer Profession evoziert eine an Zwecken orientierte Planung (vgl. Luhmann 1973), die naturgemäß große Unschärfen zwischen dem Handlungsziel und dessen Realisierung aufweist. Während Organisationsvertreter einen expertokratischen Habitus verkörpern, sind Professionelle auf den Aufbau eines vertrauensvollen Arbeitsbündnisses mit dem Klientel unter Einbezug emotionaler Aspekte angewiesen. Der kognitive Stil bürokratischer Denkweisen zeichnet sich durch einen generalisierenden Zugriff aus, demgegenüber muß der Professionelle von Situation zu Situation – »jeder Mensch ist anders« – neu entscheiden und fallweise sein Handeln begründen. Beschränkt sich der Organisationsfokus nur auf einen ganz bestimmten Aspekt, ist der Professionelle weitaus stärker auf eine holistische Problem- und Projektsicht angewiesen. Die Aktivitätsbereiche der bürokratischen Steuerungs- und Verwaltungsabläufe orientieren sich per se am Rationalitätskriterium der situations- und fallunabhängigen Expertise und der Herstellung von Gewißheit. Unter Maßgabe des ertragswirksamen Zustandekommens von Produkten soll der »subjektive Faktor« weitgehend suspendiert werden. Genau dies konkurriert wiederum mit der Notwendigkeit von professionellen Handlungsvollzügen: Ungewißheiten und die notorische Unberechenbarkeit der Subjekte müssen nicht nur »ausgehalten« werden, sondern stellen die eigentlichen Herausforderungen an die berufliche Könnerschaft dar. Die ständige Anwesenheit von Kontingenz, des Risikos »Fehlbarkeit« und die Generierung neuer Handlungsbedingungen auf dem professionellen Handlungstableau tragen dazu bei, daß es auf »Kunstfertigkeit« und die Virtuosität des Einzelnen ankommt: Immer wieder aufs Neue muß der Praktiker das aus den Elementen »Intuition, Erfahrungswissen, wissenschaftliche Erkenntnis und hermeneutisches Fallverstehen« bestehende Professionswissen dem Stand seiner berufsbiographischen Entwicklung anpassen und revidieren. Routine und Standardisierung bilden die Quelle für Erfolg auf der Ebene des Organisationshandelns – im professionellen Handeln müssen Routinepraktiken immer wieder kontrolliert und aufwendigen Reflexionsformen unterzogen werden (Supervision). Hier erweisen sich erstarrte Routinen – und das ist nicht nur metaphorisch gemeint – manchmal sogar als tödlich. Der Organisations- und Professionsbezug konstituiert unterschiedliche Sphären der Zugänglichkeit. So kann die personenbezogene Voraussetzungshaftigkeit erfolgreichen Arbeitshandelns, also das von den Akteuren selbst hergestellte Commitment und die Fachkompetenz, nicht durch organisationsbezogene Steuerungs- und Kontrollaktivitäten beeinflußt werden. Umgekehrt ist die Sphäre der Kontrolle, der organisatorischen Verankerung durch professionelles Handeln ebenfalls per se unzugänglich (vgl. Harney 1997, S. 201). Diese Dialektik von Zugänglichkeit und Unzugänglichkeit spiegelt aber eigentlich nur den – für das Alltagsbewußtsein nur schwer nachvollziehbaren – basalen Tatbestand wider, daß sowohl der Beruf als auch die Profession zur Umwelt der Organisation gehören (Harney 1985), also so etwas wie einen Fremdkörper darstellen[11].

---

11 Das erklärt, warum »Berufsstolz«, hohe professionelle Standards und Fachlichkeit in modernen Institutionen eher dysfunktional sind und Personen mit eher durchschnittlicher Kompetenz viel eher »aufsteigen«.

2.1 Die Differenz von Organisation und Profession in der Erwachsenenbildung

Das behauptete Spannungsfeld von Organisation und Profession durchzieht nicht nur die Erwachsenenbildung, sondern alle Felder der organisierten Erziehung und Bildung. Unter dem Eindruck von durchaus exemplarischen Befunde aus diversen pädagogischen Handlungsfeldern schreiben Combe und Helsper in einem einschlägigen Werk zur pädagogischen Professionalität: »Wie die konkreten Feldanalysen zeigen, wächst im Bereich pädagogischer Berufe das Unverständnis, die Kritik und das Unbehagen gegenüber der Gleichförmigkeit der Verwaltungsvorschriften, gegenüber dem oft engen bürokratischen Handlungsrahmen und den fast wie magische Rituale ablaufenden Routineprogrammen der Institutionen mit ihren Zugzwängen. Thematisiert wird die konstitutive Offenheit pädagogischen Handelns, auch die Offenheit für das Experiment, die durch die Einbindung in die Organisationen beeinträchtigt und auf Kontroll- und Effizienzmodi verpflichtet werden kann, die sodann mit dem Mandat des Klientenwohls in Konflikt geraten. Alle pädagogischen Berufe dürften Schwierigkeiten mit den historisch überkommenen, hoheitsstaatlichen Verwaltungsaufgaben haben, weil sie damit in die Zumessung knapper gesellschaftlicher Güter (...) einbezogen sind« (Combe/Helsper 1996, S. 36).

Die Spannung von Organisation und Profession ist in der Erwachsenenbildung insbesondere im Mikrobereich der Interaktion, z. B. in Lehr-Lernprozessen, wirksam. Diese These ist empirisch gut belegt; so wissen wir beispielsweise, daß Kursleiter routinisierte Handlungsschemata anwenden, um die Besprechung von »Verwaltungsangelegenheiten« (Entgelte, Terminabsprachen) häufig zu Beginn einer Kursstunde abzuwickeln. Sie folgen viel eher eingefleischten Konventionen als zielgerichteten Handlungsimpulsen, wenn sie z. B. Organisationsfragen ausdrücklich als nicht zum eigentlichen Lehr-Lerngeschehen gehörig markieren. Sie präsentieren dies handlungsschematisch manchmal in einem Duktus, daß die TeilnehmerInnen Anlaß haben zu glauben, hier handele es sich um ein lästiges, aber notwendiges Übel. Der folgende Satz zu Beginn einer Kursstunde der Kursleiterin: »So nochmal die Anwesenheitsliste ... gut (5 Se. Pause) dann-. würde ich gerne. jetzt mit ihnen. diesen Artikel besprechen. Moral für zwei (...)« stammt aus der Arbeit »Interaktion und Wissen« von Sigrid Nolda. Die Forscherin hat diesen unscheinbaren Satz folgendermaßen interpretiert: »Nach einem Gliederungssignal (›So‹), das eine Zäsur zwischen einer beginnenden Phase darstellt, weist die Kursleiterin in einem prädikatslosen Satz auf die ›Anwesenheitsliste‹ hin – ein den Zuhörern offensichtlich bekanntes Utensil der Organisation. Mit dem Wort ›nochmal‹ wird eine Wiederholung bedeutet; die Liste und das damit verbundene Ritual brauchen also nicht erklärt zu werden. Die Kursleiterin etabliert sich also als diejenige, die den ordnungsgemäßen Ablauf der Veranstaltung sicherstellt. Den Beginn einer neuen Phase markiert sie, indem sie durch das Wort ›gut‹ diesen organisatorischen Akt abschließt und nach einer Pause (...) die Diskussion einleitet« (Nolda 1996, S. 31). In dieser Sequenz, die den Übergang von der Organisationsarbeit zur pädagogischen Arbeit einer Kursleiterin markiert, zeigt sich aber auch ein struktureller Aspekt: daß die Kursleiterin – stellvertretend für die Organisation – eine Aktivität durchführt, die letztlich der Kontrolle des eigenen Arbeitshandelns dient. Mittels Anwesenheitslisten hat die Einrichtung insofern auch eine Kontrolle über die Kursleiter, weil sie auf diese Weise feststellen kann, ob die Pädagogin die Teilnehmer »bei der Stange halten« kann. Das erklärt bis zu einem gewissen Grad die nicht sonderlich positive Einstellungen vieler KursleiterInnen gegenüber Versuchen seitens der Verwaltung, Teile der zur Verfügung stehenden Zeit für die Optimierung der Kontrolle und der Bindung zwischen lehrendem Personal und der Institution nutzbar zu machen (Feedback-Bögen). Ebenso wie in anderen professionellen Settings (Arzt-Patienten-Beziehung) gibt es auch in der Erwachsenenbildung die Tendenz, die Abwicklung von genuinen Organisationsangelegenheiten an einem anderen Ort (Büro, Sparkasse, Vorzimmer) und zu einer anderen Zeit (vorher oder nachher) und mit einem anderem Typ von Personal (KassiererIn) abzuwickeln.

Bildungseinrichtungen gleich welcher Art sind durch die Gleichzeitigkeit von hoher Autonomie und einer partiellen Überbürokratisierung gekennzeichnet. Pikanterweise haben das insbesondere jene Forscher erleben müssen, die (um möglichst dicht an den Ort des Geschehens zu gelangen) teilnehmende Beobachtungen durchführen wollen und viel Zeit und Kraft aufwenden müssen, um sowohl bei der Verwaltung als auch bei den Pädagogen Zugangsgenehmigungen zu erhalten. Sie erfahren, daß der Kurs, das Seminar, der Gesprächskreis strukturelle Ähnlichkeiten mit anderen Arenen des professionellen Handelns (das psychoanalaytische Setting, amtskirchliche Handlungen) hat, kurz: einen relativ geschützten Ort darstellt, der sich gegenüber dem »profanen« Alltag in sozialer, zeitlicher und räumlicher Hinsicht abgrenzt. Es liegt genau auf dieser Linie, daß Außenstehenden außergewöhnliche Begründungsleistungen abverlangt werden, um Zutritt zu dieser außeralltäglichen Sphäre des Handelns zu erhalten. Die Organisation und die Profession haben beide Interesse an der Aufrechterhaltung dieses Schutzes – auch gegenüber den berechtigten Anliegen der Forschung.

Daß Organisationen ihre eigenen Zeitabläufe haben, die nicht immer mit dem (notwendigerweise) großzügigerem Umgang mit der Zeit seitens der professionellen Pädagogen vereinbar sind, zeigen die notorischen Konflikte mit Hausmeistern. Gerade dann, wenn die Diskussion in einem Gesprächskreis am interessantesten zu werden verspricht, geht die Tür auf und es erfolgt der dezente Hinweis, daß das Gebäude in zehn Minuten geschlossen wird. Pädagogen haben in ihrer konkreten Arbeit mit ihrem Klientel unterschiedlichen Lernzeiten und Lernrhythmen Rechnung zu tragen, sie müssen fallweise Entscheidungen treffen – der Hausmeister hat sich an vorgegebenen Zeiten zu orientieren.

Als »das« Thema schlechthin galt (und gilt) in der Berufskultur lange Zeit das vermeintliche Ungleichgewicht zwischen Verwaltungsaufgaben und »echter pädagogischer« Arbeit. Viele Praktiker monieren, daß die disponierenden Aufgaben »einen auffressen würden«, so daß »keine Zeit für richtiges pädagogisches Handeln« bleibe. Manche Vertreter der Wissenschaft von der Erwachsenenbildung neigen dazu, sich ihrerseits über die Klage vieler Praktiker, ihre Tätigkeit habe ein Übergewicht an organisatorischen und administrativen Anteilen, zu beklagen. Selbst Tietgens, der den Anliegen der Berufskultur wie kein Zweiter aufgeschlossen gegenüber steht und bekanntlich als Spiritus rector der Hauptberuflichkeit gelten kann, hat wenig Verständnis gezeigt und darauf hingewiesen: »Auffällig ist aber, daß, wenn demgegenüber das ›Pädagogische‹ reklamiert wird, dies im Sinne der unmittelbaren Lehr-Lern-Situation verstanden wird. Damit schlägt ein überliefertes Denkmuster durch, das auf die Arbeitsplatzsituation in der VHS nicht paßt. (...). Werden nämlich organisatorisch-administrative und unmittelbare pädagogische Tätigkeit einander gegenübergestellt, kommt nicht in den Blick, was die Hauptberuflichkeit ausmacht, weshalb sie gefordert worden ist, was sie für die Qualität des Angebots zu leisten vermag.« (Tietgens 1983, S. 88) Die Klage, daß Professionalität auf Lehr-Lerngeschehen reduziert wird, stellt weniger ein sachgebundenes Gegenargument als viel eher ein Reflex auf die Unentschiedenheit in der erwachsenenpädagogischen Professionstheorie dar, was die Bezeichnung genuin pädagogischer und genuin organisatorischer Kernaktivitäten angeht. Statt eine partikulare berufspolitische Perspektive einzunehmen und die hier angerissenen Einstellungsmuster bei den Praktikern als »falsches Bewußtsein« zu entlarven, sollte die Art, wie mit der eben angedeuteten Dauerklage umgegangen wird, in einer eigens dafür reservierten Reflexionsschleife selbst zum Analysegegenstand erklärt werden. Ganz generell kann gesagt werden, daß der Duktus der Kritik, die Verwaltungsarbeit nehme überhand, insbesondere in solchen beruflichen Milieus weit verbreitet ist, in denen ernsthaft ein professioneller Selbstanspruch und diesbezügliche Ambitionen vertreten werden. Die Klage seitens der Praktiker setzt genaugenommen ein relativ hohes Maß an professionellem Commitment voraus; nur wer eine Vision von »geglückter Beruflichkeit«, von optimaler professioneller Entfaltung hat, kann sich über das Hier und Jetzt beschweren. Die Abwehr der Klage trägt wenig dazu bei, die immer wieder artikulierten leidvollen Erfahrungen der Praktiker als Symptom der kollektiven Erfahrung der berufsbiographischen Fremdbestimmung

zunächst einmal ernst zu nehmen. Das Leiden der Professionellen angesichts der drückenden Überlast von administrativer Arbeit ist – so die Professionstheorie in der Tradition des Symbolischen Interaktionismus (vgl.
Schütze 1992) – eher ein Indiz für die Gleichzeitigkeit von hohen beruflichen Ambitionen, überdurchschnittliche Motivation und der Virulenz von
Paradoxien professionellen Handelns. Der moralische Duktus der »Ge-
genklage« trägt dazu bei, das eigentliche Strukturproblem, das ungeklärte
Verhältnis zwischen Profession und Organisation, zu dethematisieren. Die
Abwehr der Monita und Dauerklage geschieht selbst dann noch mit dem
Standardargument, die planend-disponierende Arbeit habe ja schließlich
auch eine Fülle pädagogischer Folgen und Implikationen[12], wenn sich ab-
zeichnet, daß dieses Argument schon längst bekannt ist. In ihren Klagen
sind die Praktiker sowohl mit dem »common sense«-Verständnis von Professionen als auch mit der soziologischen Grundlagenliteratur in Einklang;
denn sie tun eigentlich nichts anderes als pädagogisch-professionelle Arbeit als projekt- und personenbezogene Dienstleistung zu definieren und
die Kluft zwischen unmittelbarer klientenorientierter Interaktionsarbeit
einerseits und der administrativen Arbeit am Schreibtisch andererseits zu
unterscheiden. Die Monita und Beschwerden seitens der Praktiker haben
so gesehen durchaus einen wahren Kern: Sie gehen intuitiv von einem un-
verkürzten, einem klientenorientierten Bild von professionellem Handeln
aus, das durch die Elemente Interaktionsarbeit, Projektbezug, individueller und/oder kollektiver Fallbezug und die Herstellung vertrauensvoller
Arbeitsbündnisse gekennzeichnet ist. In der diskursiven Auseinandersetzung mit den hier angedeuteten Positionen der Bildungspraxis setzt sich jedoch nicht die abwägende wissenschaftliche Rationalität, sondern die bildungspolitische Opportunität – und die dadurch einhergehende Nähe zur
Organisation – durch. Das Aufgaben- und Tätigkeitsprofil von hauptberuflich tätigen Pädagogen ist ja tatsächlich durch eine Mischung von klientenorientierten, wissenschaftsorientierten, disponierenden und verwaltungs-
bezogenen Handlungsabläufen gekennzeichnet. Statt die Spannung zwischen Profession und Organisation normativ aufzulösen, wäre zunächst
einmal zu fragen, wie das Verhältnis zwischen den postulierten Aufgaben
und Tätigkeitsschwerpunkten und den faktischen Kernaktivitäten beschaffen ist. Was macht beispielsweise das Planen von Bildungsangeboten
genau aus, oder – noch grundsätzlicher – was ist Planen? Welche kognitiven Strukturen werden in diesem Handlungsschema mobilisiert? Der Kla-
geton der Praktiker hätte ebensogut die Frage nach den Bedingungen für

---

12 Natürlich hat auch die Arbeit des Verwaltungsdirektors in einem Krankenhaus Folgen für
    die medizinische Arbeit, aber niemand würde auf die Idee kommen, die Arbeit des Arztes
    mit der eines Verwaltungschefs gleichzusetzen. Das bedeutet, daß die »pädagogische Rele-
    vanz«, die »pädagogischen Implikationen« von reiner administrativer Arbeit für sich noch
    kein Argument zugunsten der Professionalität der Arbeitsvollzüge darstellen.

die Möglichkeit der Klage aufwerfen können: Warum bietet die Organisation den Professionellen nicht ausreichende Handlungs- und Entscheidungsspielräume, um die Klage überflüssig zu machen?

Wir wählen eine andere Perspektive. Statt vorschnell Partei zu ergreifen, wollen wir das strittige Verhältnis von Verwaltungsarbeit und pädagogischer Tätigkeit als nicht entschieden behandeln und eher mit einer fragenden Haltung reagieren: Wie ist es zu erklären, daß unmittelbar nach der Etablierung des Hauptamtlichen pädagogischen Mitarbeiters (HPM) so schnell die genuin professionellen Anteile im Tätigkeitsprofil (wie die Beratung von TeilnehmerInnen, die Betreuung und Fortbildung der KursleiterInnen, Formen der wissenschaftlichen Exploration bei der Programmerstellung und der Programmevaluation) im konkreten Berufsalltag in den Hintergrund gedrängt und die administrative Improvisationskunst und bürokratischen Handlungsmuster in ihrer Relevanz aufgewertet wurden? Lag das nur an den institutionellen Sachzwängen? Hängen die Probleme mit dem Grundkonzept des Hauptamtlichen pädagogischen Mitarbeiters (HPM), seiner Multifunktionalität, der latent darin enthaltenen Gefahr der Überforderung zusammen?

Solche Fragen könnten unter Umständen dazu beitragen, daß das Spannungsverhältnis von Profession und Organisation in der Erwachsenenbildung weder vor dem Hintergrund eines naiven oder gar romantischen Verständnisses von beruflicher Autonomie noch vor einem technokratischen Organisationsverständnis diskutiert werden. Sowohl die Vereinseitigung von professioneller als auch die organisatorische Rationalität ist »an sich gut« oder grundsätzlich »begrüßenswert«. Erst eine radikale normative Enthaltsamkeit verschafft uns die Möglichkeit, die Differenz von Organisation und Profession als Chance der Profilschärfung zu begreifen. Ebenso wie das Kontrastschema »Organisation« der Sphäre der pädagogischen Professionalität Raum zur Abgrenzung und zur Selbstbeschreibung bietet, verschafft das Kontrastschema Profession der Sphäre der organisatorischen Rationalität Stoff, um ihrerseits den »Eigensinn« zu bestimmen. Daß die eben skizzierte Leistung der Profilschärfung in manchen Berufsfeldern (und da gehört die Erwachsenenbildung auch dazu) von ein und derselben Person vollzogen werden muß, macht die Sache nicht einfach, sondern nur noch komplizierter[13].

---

13 Hier liegt die Ursache für manche professionellen Paradoxien (vgl. Nittel 1994, Schütze 1992).

3. Teilnehmerorientierung versus Kundenorientierung

Das Spannungsverhältnis von Profession und Organisation produziert Arenen der Auseinandersetzung und strittige Themen, die entweder längere Zeit auf der Tagesordnung stehen oder nur mittel- und kurzfristig die Gemüter bewegen. Während sich der eben angesprochene Disput über das Verhältnis von Verwaltungsarbeit und genuin pädagogischer Arbeit wie ein roter Faden durch die Geschichte der Erwachsenenbildung der letzten 30 Jahre hindurchzieht, ist die Auseinandersetzung Kunden- versus Teilnehmerorientierung relativ jung.

Der entscheidende Punkt ist nicht, wer hat in der Debatte Kunden- versus Teilnehmerorientierung recht hat, sondern die Frage, was eigentlich das Bewegungsprinzip des Streits ist. Erst wenn den Akteuren bewußt ist, daß der eigentliche Regisseur in diesem Disput die nicht auflösbare Spannung von Organisation und Profession ist, kann die Kontroverse zu einem Einerseits-andererseits-Abgleich führen, der keineswegs mit einem »Konsens« identisch ist.

Der Terminus »Kundenorientierung« stellt eine Reaktion auf tiefgreifende ökonomische und kulturelle Veränderungen globaler Art dar. Zeichnete sich in den früheren Zeiten ein Nachfrageüberschuß bei Waren und Dienstleistungen ab, so steht heute fest, daß auch langfristig mit Angebotsüberschüssen zu rechnen ist. Diese strukturelle Veränderung bewirkt, daß das Hauptaugenmerk der Unternehmen heute nicht mehr der Senkung der Kosten eines problemlos absetzbaren Produkts gilt, sondern der Steigerung der Qualität eines Angebots, das sich seinen Platz auf dem Markt erst erobern muß. Hinter Kundenorientierung verbergen sich also ökonomische Sachzwänge. Gleichzeitig ist diese Maxime eine Art Chiffre für die Entdeckung des Faktors »Interaktion« durch die Ökonomie, ein Schlüsselsymbol in der kulturellen Selbstpräsentation von Unternehmen. Da die Verminderung der Überzahl von Personal in der Produktion gleichsam ausgereizt ist, bleibt eigentlich nur das Handlungstableau der Kundeninteraktion als Ort der Gewinnmaximierung übrig. Über aufwendige Inszenierungen soll demonstriert werden, daß das kompromißlose Ringen um den potentiellen Kunden oberste Priorität der Unternehmensphilosophie genießt. Mit dem Terminus »Kundenorientierung« signalisieren Leiter von Weiterbildungseinrichtungen oder andere Praktiker, daß sie die stillschweigend ausgehandelte Marschrichtung im gegenwärtigen Strukturveränderungsprozeß der Erwachsenenbildung (Vogel 1998, Brödel 1997, Nittel 1996) verstanden und akzeptiert haben: nämlich auf der Angebotsseite einerseits »besser« zu werden, Qualitätsbewußtsein zu demonstrieren, und andererseits mit bedeutend weniger öffentlichen Mitteln auszukommen. Im Windschatten der Qualitätsdiskussion (vgl. Arnold 1997,

Epping 1995) und der Debatte über das selbstorganisierte Lernen (Greif/ Kurtz 1996) definieren sich mehr und mehr Bildungseinrichtungen als Dienstleistungsinstitutionen, und Kundenorientierung dient hier als Parameter für Leitungsfähigkeit und Bürgernähe. Wer von »Kundenorientierung«, »Bildungsmarketing«, »Corporate Design«, »Total Quality Management« oder »Lean-Learning« und ähnlichem spricht und hierbei eine Brise Kritik anfügt, konnte noch vor einiger Zeit relativ sicher sein, sich auf gleicher Höhe mit dem pädagogischen Zeitgeist zu bewegen. Kunde ist der Adressat einer Bildungseinrichtung dann, wenn er die Anmeldeformalitäten abwickelt oder Nutznießer gewisser Marketingstrategien ist. Sobald er sich jedoch informieren oder beraten lassen will, avanciert er vom Kunden zum potentiellen Teilnehmer, weil nun nicht mehr die Organisation zuständig ist, sondern die professionelle Handlungslogik greift.

Teilnehmerorientierung im engeren Sinne bedeutet das Ausrichten der Planung und der Durchführung von Erwachsenenbildungsveranstaltungen an den Bedürfnissen, Erfahrungen und kognitiven Strukturen der Teilnehmer. Es hat sich als sinnvoll erwiesen,»zwischen Teilnehmerorientierung als einem Leitprinzip der Erwachsenenbildung und Teilnehmerorientierung als didaktisch-methodischem Prinzip zu unterscheiden. Ersteres meint die Hinwendung und Orientierung an Teilnehmern auf der Ebene der Zielsetzungen, des Selbstverständnisses von Erwachsenenbildung, und letzteres die konkrete didaktische Umsetzung in die Praxis erwachsenenbildnerischen Geschehens, die als Folge dieser Hinwendung auf der Ebene der Theoriediskussion um Ziele und Inhalte der Erwachsenenbildung angesehen werden kann (...)« (Kempkes 1987, S. 15). Historisch scheint das Prinzip der Teilnehmerorientierung auch schon in der Weimarer Republik orientierungswirksam gewesen zu sein; gleichzeitig hebt es aber das in der Weimarer Volksbildung enthaltene Defizit, über keine operationalisierbare Klientenorientierung zu verfügen, auf. Teilnehmerorientierung ist ein gewachsenes professionelles Prinzip und keine modische Geste, welches das »Zusammenwirken von konkreter Erfahrung und wissenschaftlicher Entwicklung (...) in didaktisch-methodisch relevanter Weise zur Geltung« (Tietgens 1983, S. 6) bringt. Vertreter der Erwachsenenbildung, die Anfang der achtziger Jahre den inflationären Gebrauch des Begriffs der Teilnehmerorientierung kritisiert haben, scheinen den identitätsstiftenden Charakter dieses pädagogischen Prinzips weitgehend übersehen zu haben. Es erfüllt alle Bedingungen eines strategisch wichtigen professionellen Terminus technicus: Der Begriff ist zu vage und abstrakt, um losgelöst vom jeweiligen Kontext eine berufliche Selbstverständigung unter den unterschiedlichsten Gesichtspunkten ebenso wie unter empirischen Aspekten durchzuführen; er ist spezifisch genug, um eine gewisse Exklusivität ausschließlich im Sinnzusammenhang der Erwachsenenbildung behaupten zu können. Professionstheoretisch betrachtet hat die Erwachsenenbildung mit der Etablierung des Prinzips der Teilnehmerorientierung Anschluß zum Klientenbezug klassischer Berufe herstellen können und damit den Boden für die Aufwertung der individuellen und kollektiven Arbeit am Fall (vgl. Kade, S., 1990) beigetragen. Das hat selbstverständlich auch ethische Implikationen, z. B. die, daß die Teilnehmerorientierung die hauptberuflich tätigen Pädagogen darauf verpflichtet, die Interessen des Teilnehmers vor diejenigen der Einrichtung zu stellen. Der Professionelle dient primär den Teilnehmern und erst in zweiter Linie den Interessen der Institution. Die Kategorie bedient sowohl den erwachsenenpädagogischen Möglichkeitssinn, will sagen: die normative Dimension, als auch den erwachsenenpädagogischen Wirklichkeitssinn, will sagen: die empirische Dimension. Teilnehmerorientierung ist der vom utilitaristischen Kalkül mehr oder weniger gereinigte Modus, das gesellschaftliche Mandat der Erwachsenenbildung unter den Bedingungen einer gesteigerten Perspektivenübernahme zu realisieren.

Mit der Konstrastierung verfolgen wir das folgende Ziel: Teilnehmerorientierung bedient die Dimension des professionellen Handelns, während Kundenorientierung den Imperativen des Organisationshandelns verpflichtet ist. Von entscheidender Bedeutung ist, daß die Ebenen unterschieden und die Grenzen gewahrt werden, also keine Vermischungen stattfinden. Der Vergleich von Teilnehmer- und Kundenorientierung eröffnet möglicherweise die Chance, daß über den Weg der Konfrontation mit einem fremden Relevanzsystem eine Schärfung des erwachsenenpädagogischen Profils erfolgt und die optimalere Lokalisierung von unterschiedlichen Verantwortungsbereichen stattfindet.

3.1 Kundenbeziehung versus pädagogisch/professionelles Arbeitsbündnis

Versucht eine Bildungseinrichtung »kundenorientiert« aufzutreten, so steckt dahinter keineswegs nur »bloße Ideologie«, sondern unter Umständen durchaus das ernsthafte Bestreben, das Verhältnis von Angebot und Nachfrage nach Bildung, die Einrichtungsqualität, so optimal wie nur möglich zu gestalten. Die Gemeinschaft der Professionellen kann sich mit solchen Versuchen des schematischen Ausbalancierens von Angebot und Nachfrage aber nicht begnügen. Es gehört zum Standardwissen des makrodidaktisch tätigen Bildungspraktikers, daß es aus pädagogischer Sicht nicht darum gehen kann, die Nachfrage deshalb zu befriedigen, weil diese existiert; Bildungsarbeit verfolgt immer auch das Ziel, neue, den Akteuren möglicherweise noch gar nicht bewußte Bildungsbedürfnisse zu wecken. Während der klassische Organisationsvertreter eigentlich immer nur das Interesse hat, ein spezifisches Bedürfnis des potentiellen Kunden über den

Verkauf des Produkts aus dem eigenen Hause zu befriedigen, formulieren Vertreter von Bildungseinrichtungen demgegenüber das Interesse an einer umfassenden Mobilisierung von Bildungsbedürfnissen, und zwar auch jenseits des vorhandenen Angebots. Die Erwachsenenbildung hat mit den klassischen Professionen das Merkmal gemeinsam, daß die Orientierung an der subjektiven Nachfrage der potentiellen Klienten/Patienten/Ratsuchenden über die Einführung des Topos »objektiver Bedarf« medialisiert wird (vgl. Stichweh 1994). Der Handlungsschritt, den objektiven Bedarf festzulegen, fällt in den ureigensten Kompetenzbereich des Professionellen. Der Erwachsenenbildner hat das ausdrückliche Mandat und die Lizenz, mit den Mitteln einschlägiger Techniken »Bedarfsermittlung« durchzuführen, was selbstverständlich auch eine Distanzierung von modischen Tendenzen und das Erkennen von nicht gerechtfertigtem Bildungsbedarf voraussetzt. Würde ein Arzt sich konsequent an der Logik ökonomischer Märkte oder an subjektiver Nachfrage orientieren, dürfte er eigentlich – frei nach dem Motto: je mehr Krankheit, desto mehr potentielle Patienten, je mehr Patienten, desto mehr Honorar – keinerlei Interesse an gesundheitlicher Prävention und Aufklärung haben; auch würde er im Falle eingebildeter Krankheit (subjektive Nachfrage) vor weitreichenden Interventionen nicht zurückscheuen. In der Erwachsenenbildung zeichnen sich überraschende Parallelen ab. Falls Erwachsenenpädagogen sich an der Logik ökonomischer Märkte ausrichten würden, dürfte z. B. die Teilnehmerberatung nicht so stattfinden, wie es in den Einrichtungen der öffentlich verantworteten Erwachsenenbildung nun einmal gang und gäbe ist. Im Kreis von Weiterbildungsberatern besteht Einigkeit in der Position, daß den Ratsuchenden auch das Angebot »ganz anderer« Anbieter schmackhaft gemacht werden kann, sofern das Kursspektrum der eigenen Institution weder mit der Lernbiographie noch mit den Zukunftsplänen des Ratsuchenden in Übereinstimmung zu bringen ist. Daß das Wohl des Ratsuchenden über dem der Institution rangiert, stellt eine selbstverständliche Handlungsmaxime von Weiterbildungsberatern dar, die mit dem Terminus der »einrichtungsunabhängigen Beratung« umschrieben wird. Die Lizenz des Erwachsenenpädagogen, teilnehmerorientiert zu agieren, verlangt von ihm, mit den Mitteln der fallorientierten Deutungsmusteranalyse (vgl. Arnold 1998) hinter den Ausdrucksgestalten des subjektiven Bildungsbedarfs die »eigentliche« Bildungsmotivation ausfindig zu machen. Die Wasserscheide, die das *berufliche* Orientierungsmuster der Kundenorientierung von der *professionellen* Handlungsmaxime der Teilnehmerorientierung unterscheidet, ist relativ klar bestimmbar: Im Gegensatz zum Verkäufer steht der Pädagoge unter dem Zugzwang, höhersymbolisches, in der Regel wissenschaftliches Wissen auf singuläre Fälle – und subjektive Bildungsbedarfe – zu applizieren (vgl. Tietgens 1986, Schütze 1992).

Mit der Schließung eines Kontraktes zwischen einem Gesellschaftsmitglied und einer Bildungsinstitution, und das kann durch bloße Anwesenheit, durch die Begleichung einer Kursgebühr oder durch das Unterschreiben eines Vertrags geschehen, avanciert ein Weiterbildungsadressat gewöhnlich zu einem Weiterbildungsteilnehmer. Sobald der Teilnehmer ein Arbeitsbündnis mit dem professionellen Pädagogen eingegangen ist, verliert er seinen Kundenstatus. Daß ab diesem Zeitpunkt die Gesetze der Teilnehmerorientierung gelten, hat etwas mit der Struktur pädagogisch-professioneller Beziehungen im Unterschied zu denen in der Geschäftswelt zu tun. Dienstleistungen (für eine bestimmte Kundschaft) in der Warenwelt sind zeitlich limitiert, räumlich begrenzt und in sozialer Hinsicht eindeutig zurechenbar. Der Vollzug von »Dienstleistungen« in der Sphäre des erwachsenenpädagogischen Handelns ist zeitlich nicht genau prognostizierbar (es kommt auf die Lerngeschwindigkeit und die Intelligenz des einzelnen Akteurs an), räumlich ungebunden (der Aneignungskontext ist beim Lernen ein anderer als der Anwendungskontext) und sozial nicht eindeutig zurechenbar. Als Konsument kann ich erwarten, daß ich »kundenorientiert« behandelt werde, das heißt, daß mir außer dem Akt des Begleichens der Geldschuld andere Unannehmlichkeiten, wie z. B. der Transport des gekauften Produkts oder das Öffnen der Tür, abgenommen werden. Dem Teilnehmer in einer pädagogischen Interaktion der Erwachsenenbildung werden demgegenüber systematisch zum Teil beträchtliche Eigenleistungen abverlangt. Nicht auszuschließen, daß TeilnehmerInnen sogar mit regelrechten Zumutungen konfrontiert werden; Fördern ist nur via Fordern möglich. Ganz generell gilt: Der pädagogische Alltag verlangt den Menschen einiges ab, aber genau dies ist ein Strukturmerkmal des pädagogischen Bezugs. Der Teilnehmer muß seine Wahrnehmung und sein psychomotorisches Verhalten dem Lernprozeß anpassen, konzentriert zuhören und unter Umständen längere Zeit stillsitzen, also passiv sein und sich gleichzeitig »aktiv beteiligen«. Er muß einen Teil der eigenen Lebenspraxis den Erfordernissen des Lernprozesses anpassen (Selbststudium, Vorbereitung, Üben), sich »persönlich« und mit seiner ganzen Subjektivität einbringen. Nur durch solche zum Teil aufwendigen Eigenleistungen des Subjekts kann das kontrafaktische Versprechen der »Wissensvermittlung« oder der »Informationsübertragung« überhaupt funktionieren. Kundenorientierung bedeutet, den potentiellen Käufer von Unannehmlichkeiten oder Nebentätigkeiten, die vom Kaufen ablenken könnten, zu entlasten, eine Art Unterforderungssituation herzustellen. Demgegenüber bedeutet Teilnehmerorientierung, die Menschen dort abzuholen, wo sie stehen, also weder eine eindeutige Über- noch eine Unterforderungssituation herzustellen, kurz: immer ein klein wenig mehr von den Teilnehmern zu verlangen, als sie gerade können.

Der Teilnehmer geht mit der Begleichung eines Entgelts formaljuristisch immer auch einen Vertrag ein. Er hat keinen Anspruch auf ein materielles Produkt, sehr wohl aber auf eine Dienstleistung, etwa die, daß ihm bei der Aneignung von Wissen die erforderliche Hilfe und Unterstützung zuteil werden. Mit der Sequenz des Verkaufens in der Verkäufer-Kunden-Beziehung werden der Höhepunkt und gleichzeitig das Ende des Handlungsschemas markiert; die Akteure treffen nach dem Tauschakt Vorbereitungen, die räumliche, soziale und zeitliche Situationsbindungen wieder aufzulösen. Ein solcher »Höhepunkt« existiert in erwachsenenpädagogischen Handlungsabläufen nicht. Anders als in Geschäftsbeziehungen ist die soziale, räumliche und zeitliche Rahmung der Interaktionsbeziehung und der Interaktionsgeschichte innerhalb eines pädagogischen Verhältnisses nie genau abwägbar und antizipierbar. Hier wird diese soziale, räumliche und zeitliche Rahmung durch Kontingenz erschüttert; ja sie muß (wie Analysen über diese Mikrostruktur des pädagogischen Handelns zeigen; vgl. Nolda 1996) immer wieder neu ausgehandelt und gestaltet werden. Wenn ich als Teilnehmer an einer Bildungsmaßnahme partizipiere, so stellt diese Situation nur eine Sequenz in einem nicht enden wollenden Bildungsprozeß dar. Bildungsprozesse bieten eine Überfülle an Anschlußmöglichkeiten. Das diesbezügliche Spektrum reicht vom bloßen Vergessen (Nichtanschluß) bis hin zum Erringen eines neuen, noch anspruchsvolleren Lernplateaus. Die Intransparenz von Aneignungsaktivitäten durch die Subjekte erzeugt die Notwendigkeit, von binären Ursache-Wirkungsschemata abzusehen und statt dessen auf prozeßorientierte Denkweisen umzustellen. Kaufentscheidungen lassen sich als serielle, weitgehend unverbundene Handlungsschritte typisieren; den roten Faden, wie ihn etwa der Begriff des lebenslangen Lernens in der Erwachsenenbildung evoziert, sucht man hier vergebens. Den Gesellschaftsmitgliedern in unserem Kulturkreis wird abverlangt, ihren kontingenten Lern- und Bildungserfahrungen Sinnhaftigkeit abzugewinnen, indem sie die eigene Lebensgeschichte auch unter dem Fokus der Lernbiographie narrativ rekapitulieren können. Das Lernen verändert fortlaufend das Leben, Kaufentscheidungen eher in ganz seltenen Fällen. Die professionelle Lizenz seitens des Erwachsenenpädagogen, Dinge zu tun, die anderen Berufsangehörigen verwehrt sind (vgl. Hughes 1984), entspricht diesem Strukturmerkmal. Diese beinhaltet das Recht, via Vermittlung neuer Wissensbestände oder neuer normativer Orientierungen die Haltung der TeilnehmerInnen zu sich und zur Welt zu beeinflussen – und auf diese Weise mehr oder weniger weit in die Lebenspraxis einzugreifen. Die berufliche Lizenz des Verkäufers ist demgegenüber sehr eng definiert, da sie sich weitgehend auf den Akt des Verkaufens reduziert. Im Kern beinhaltet der Kundenstatus die Erwartungserwartung, daß die Person, die die gekaufte Ware oder Dienstleistung konsumiert, anschließend die gleiche ist wie vor dem Kauf.

Im Verhältnis zu dem recht komplexen und extrem störanfälligen pädagogischen Verhältnis weist die Verkäufer-Kunden-Beziehung einen wesentlich einfacher strukturierten Bauplan auf. Diesem liegt eine komplementäre Rollenkonfiguration zugrunde: der Käufer signalisiert durch Worte oder Gesten Kaufbereitschaft, und der Verkäufer schließt den Handlungsbogen mit dem Akt des Verkaufens bzw. die Entgegennahme des entsprechenden Geldes ab. Rechte und Pflichten sind eindeutig verteilt; und da es sich um eine wechselseitig ergänzende Rollenkonfiguration handelt, weiß der eine durch das, was der andere tut, wie er sich selbst »folgerichtig« zu verhalten hat. Diesem Rollenverhältnis ist ein durch und durch strategischer Charakter eigen, weil die Interessenlage des Käufers (er will viel Ware für möglichst wenig Geld) und die des Verkäufers (er will viel Geld für möglichst wenig Ware) diametral unterschiedlich sind. Natürlich wird das pädagogische Verhältnis auch durch eine Vielzahl strategischer Aktivitätsmuster überlagert, und dies trifft vor allem auf das Handeln in größeren Organisationen zu. Von seiner Grundstruktur beruht pädagogisches Handeln jedoch auf einer kommunikativen Struktur; das Leitmotiv ist Verstehen und nicht die bloße Durchsetzung utilitaristischer Interessen. *Komplementarität* und *strategisches Handeln* sind also die Bauformen im Käufer-Kunden-Setting; während kommunikatives Handeln und das Gebot der Reziprozität die Substanz des (erwachsenen-) pädagogischen Handelns darstellen. In der Geschäftswelt erscheinen das Kaufen und Verkaufen als zwei Seiten ein und derselben Medaille; wie siamesische Zwillinge ist Kaufen an das Verkaufen gebunden. In der Welt der Pädagogik im allgemeinen und der Sphäre der Erwachsenenbildung im besonderen markieren Lehren und Lernen zwei ganz unterschiedliche Handlungsmuster. Denn weder ist Lernen das Ergebnis des Lehrens, noch richtet sich das Lehren am Lernen aus – die Komplementarität wie beim Kaufen und Verkaufen sucht man beim Lehren und Lernen vergeblich (vgl. Diederich 1988, S. 15). Die Architektonik des pädagogischen Verhältnisses in der Erwachsenenbildung ist komplexer und – wie in vielen anderen pädagogischen Feldern ebenfalls – im hohen Maße von Widersprüchen und Paradoxien durchdrungen (vgl. Nittel 1990, 1994).

3.2 Abschließende Bemerkungen

Es sollte in diesem Beitrag aufgezeigt werden, daß der Bewegungsmechanismus der Debatte Teilnehmer- versus Kundenorientierung im Strukturkonflikt von Profession und Organisation zu suchen ist. Darüber hinaus bestand das Anliegen dieses Textes in dem Versuch nachzuweisen, daß die analytische Nutzung der Unterscheidung Profession und Organisation und der davon operationalisierten Differenz Teilnehmer- versus Kundenorientierung die spezifischen Qualitäten und Leistungen von pädagogischer Berufsarbeit hervorhebt und die notwendigen institutionellen Rahmenbedingungen keineswegs abwertet. Das, was den Praktikern im Vollzug ihres Arbeitsalltags Probleme macht, ja sogar Schmerzen bereitet – die Relationierung von professioneller und organisatorischer Rationalität –, wurde hier, im wissenschaftlichen Kontext, als Mittel der Erkenntnisgenerierung genutzt. Eine im Berufsalltag als Quelle von Problemen virulente Differenz kann in einem anderen Kontext also eine ganz andere Bedeutung haben.

Daß der Begriff Kundenorientierung und andere betriebswirtschaftliche Denkmuster das Einfallstor von Tendenzen bilden, so daß das für die Erwachsenenbildung (und andere pädagogische Felder) konstitutive kommunikative Handeln und der damit verbundene Bedarf an Vertrauen durch strategische Handlungslogiken überlagert wird, dürfte heute eher unwahrscheinlich sein. Längst kommt die seitens der Bildungspraxis geäußerte Skepsis gegenüber dem Vordrängen betriebswirtschaftlicher Sprachspiele in kunstvollen Aussagen wie dieser zum Ausdruck: »Kundenorientierung bringt mehr Geld – Teilnehmerorientierung bringt mehr Arbeit.« Es erscheint nicht sinnvoll zu sein, eine Art Freund-Feind-Schema aufzubauen und die Begriffe kontextspezifisch zu nutzen: Der Vorteil bzw. der Bedeutungsüberschuß des Begriffs der Kundenorientierung liegt ja bekanntlich darin, daß er auf eine gesteigerte Form der Dienstgesinnung abhebt, und zwar sowohl was den einzelnen Mitarbeiter einer Bildungseinrichtung als auch die Institution als Ganzes angeht. Er konstituiert einen Kontrast zum eher behäbigen Charakter von manchen Einrichtungen der Erwachsenenbildung, die – das darf nicht unter den Teppich gekehrt werden – manchmal tatsächlich den Charme eines Finanzamts aus den fünfziger Jahren ausstrahlen. Was die organisatorische Sphäre angeht, so überwiegen die positiven Implikationen des Begriffs der Kundenorientierung – nämlich viel offener und freundlicher auf den potentiellen Teilnehmer einzugehen, die »Unwirtlichkeit« der Einrichtungen abzubauen. Vergleichsweise unauffällige Reinterpretationen würden ausreichen, um den semantischen Gehalt dessen, was das Wort »Kundenorientierung« auf der Ebene des professionellen Handelns transportiert, in die einheimische Kategorie »Teilnehmerorientierung« zu überführen.

Kundenorientierung dient als Beschreibungsmuster, um die organisationsbezogene Arbeit zu optimieren; Teilnehmerorientierung bedient die Sphäre der Professionalität. Im Moment scheint diese klare semantische Aufgaben- und Funktionszuordnung aber nicht wirklich akzeptiert zu werden. Denn es spricht einiges dafür, daß die Kundenorientierung schon längst zum ideologischen Bestandteil einer Modernisierungsstrategie avanciert ist, welche die Unbestimmbarkeit, die Risiken und professionelle Fehlbarkeit – also die Sphäre der Professionalität – mit Instrumenten aus der Reservatenkammer der Organisation zu bearbeiten versucht. Sollten diese Tendenzen wirklich machtvoll überhand nehmen, wird die Erwachsenenbildung möglicherweise das gleiche Schicksal ereilen wie die Deutsche Bundesbahn: Diese wurde in den letzten Jahren bekanntlich um ein Vielfaches »kundenorientierter«, aber gleichzeitig immer unpünktlicher!

Literatur

Arnold, R.: Deutungsmuster und pädagogisches Handeln in der Erwachsenenbildung, Bad Heilbrunn 1985.

Berger, P.L./Luckmann, T.: Die gesellschaftliche Konstruktion der Wirklichkeit, 5. Auflage. Frankfurt/M. 1977.

Brödel, R. (Hrsg.): Erwachsenenbildung in der Moderne. Diagnosen, Ansätze, Konsequenzen. Opladen 1997.

Cohen, M.D./March, J.G./Olsen, J.P.: Ein Papierkorb – Modell für organisatorisches Wahlverhalten. In: March J.G., a.a.O., S. 329–373.

Combe, A./Helsper, W. (Hrsg.): Pädagogische Professionalität. Untersuchungen zum Typus Pädagogischen Handelns. Frankfurt/M. 1996.

Dewe, B./Ferchhoff, W./Radtke, F.O. (Hrsg.): Erziehen als Profession. Zur Logik professionellen Handelns in pädagogischen Feldern. Opladen 1992.

DIE Zeitschrift für Erwachsenenbildung, Heft II/1995 (= Themenheft: Wirtschaftlichkeit und Selbstverständnis).

Diederich, J.: Didaktisches Denken. Eine Einführung in Anspruch und Aufgabe, Möglichkeiten und Grenzen der Allgemeinen Didaktik. Weinheim/München 1988.

Epping, R.: Qualitätssicherung in der Beruflichen Weiterbildung – Überlegungen aus pädagogischer Sicht. Vortrag auf der didacta 1995.

Freidson, E.: Der Ärztestand. Berufs- und wissenschaftssoziologische Durchleuchtung einer Profession. Stuttgart 1979.

Giesecke, H.: Pädagogik als Beruf. Grundformen pädagogischen Handelns, Weinheim/München 1987.

Harney, K.: Normung der Qualität in der betrieblichen Weiterbildung: Zwischen betrieblich-organisatorischer und professioneller Handlungslogik. In: Arnold, R. (Hrsg.): Qualitätssicherung in der Erwachsenenbildung. Opladen 1997, S. 185–208.

Harney, K.: Moderne Erwachsenenbildung zwischen Autonomie und Diffusion. In: Zeitschrift für Pädagogik 1993, 39. Jg., H. 3, S. 385–390.

Hasenfeld, Y.: People Processing Organizations: An Exchange Approach. In: American Sociological Review, 37/1972, pp. 256–263.

Hughes, E.C.: The sociological eye. Selected Papers. With a New Introduction by David Riesman and Howard S. Becker, New Brunswick (USA) and London (UK) 1984 (orig. 1971).

Hughes, E.C.: The Study of Occupations, in: Hughes E. C. 1984 (orig. 1971), a.a.O., S. 283-297.

Kade, S.: Handlungshermeneutik. Qualifizierung durch Fallarbeit. Bad Heilbrunn 1990.

Kairat, H.: »Profession« oder »freie Berufe«? Professionelles Handeln im sozialen Kontext. Berlin 1969.

Luhmann, N.: Der Markt als innere Umwelt des Wirtschaftssystems. In: Luhmann, N.: Die Wirtschaft der Gesellschaft, Frankfurt/M. 1994, S. 81–130.

March, J.G. (Hrsg.): Entscheidung und Organisation. Kritische und konstruktive Beiträge, Entwicklungen und Perspektiven. Wiesbaden 1990.

Münch, R.: Die Struktur der Moderne. Grundmuster und differentielle Gestaltung des institutionellen Aufbaus der modernen Gesellschaften, Frankfurt/M. 1984.

Nittel, D.: Teilnehmerorientierung – Kundenorientierung – Desorientierung...? Votum zugunsten einer »einheimischen« Kategorie, unveröffentlichtes Manuskript. Frankfurt/M. 1996.

Nittel, D.: Die Pädagogisierung der Privatwirtschaft und die Ökonomisierung der öffentlich verantworteten Erwachsenenbildung. Versuch einer Perspektivenverschränkung mit biographieanalytischen Mitteln, in: Zeitschrift für Pädagogik 1996, H. 5, S. 420–441.

Nittel, D.: Erwachsenenbildung – »die unentschiedene Profession?« Der Beitrag biographischer Fallanalysen zur beruflichen Selbstaufklärung, in: Der pädagogische Blick 1995, H. 1, S. 35–45.

Nittel, D.: Professionelles Handeln in der Bildungsarbeit – ein Handeln zwischen Logik und Paradoxie, in: Landesverband der Volkshochschulen Nordrhein-Westfalens (Hrsg.): Handbuch Weiterbildung. Düsseldorf 1994, S. 414–435.

Nittel, D.: Ein Arbeitsleben in Paradoxien – Wovon Supervision mit hauptberuflichen pädagogischen Mitarbeitern an Volkshochschulen ausgehen sollte. In: Fuchs-Brüninghoff, E. u.a.: Supervision in der Erwachsenenbildung, Bonn/ Frankfurt/M. 1990, S. 47–63.

Nolda, S.: Interaktion und Wissen. Frankfurt/M. 1996 (= Reihe: DIE Analysen für Erwachsenenbildung).

Schäffter, O.: Arbeiten an einer erwachsenenpädagogischen Organisationstheorie. Ein werkbiographischer Bericht. Frankfurt/M. 1992.

Schütze, F.: Organisationszwänge und hoheitsstaatliche Rahmenbedingungen im Sozialwesen: Ihre Auswirkung auf die Paradoxien des professionellen Handelns. In: Come/Helsper 1996, a.a.O., S. 183–275.

Schütze, F.: Sozialarbeit als »bescheidene« Profession, in: Dewe, B./Ferchhoff, W./ Radtke, F.O. (Hrsg.), a.a.O., S. 132–170.

Stichweh, R.: Wissenschaft, Universität, Professionen. Soziologische Analysen. Frankfurt/M. 1994.

Tenorth, H.-E.: Profession und Disziplin. Bemerkungen über die krisenhafte Beziehung zwischen pädagogischer Arbeit und Erziehungswissenschaft. In: Drerup, H./ Terhart, E. (Hrsg.): Erkenntnis und Gestaltung. Vom Nutzen erziehungswissenschaftlicher Forschung in praktischen Verwendungskontexten, Weinheim 1990, S. 81–97.

Terhart, E.: Organisation und Erziehung. Neue Zugangsweisen zu einem alten Dilemma, in: Zeitschrift für Pädagogik 1986, N2. H. 2, S. 205–223.

Tietgens, H.: Mitarbeiter an Volkshochschulen. Frankfurt/M. 1983 (= Arbeitspapier Nr. 97-12.83 der Pädagogischen Arbeitsstelle des DVV).

Tietgens, H.: Erwachsenenbildung als Suchbewegung. Annäherung an eine Wissenschaft von der Erwachsenenbildung. Bad Heilbrunn 1986.

Vogel, N. (Hrsg.): Organisation und Entwicklung in der Weiterbildung. Bad Heilbrunn 1998.

Weber, M.: Wirtschaft und Gesellschaft. Grundriss der Verstehenden Soziologie, hrsg. von Winckelmann, I., Studienausgabe, 1. Halbband. Köln/Berlin 1964.

Weick, K.E.: Educational Organizations as Loose Coupled Systems. In: Administrative Science Quartely, March 1976, volume 21, No. 1, pp. 1–19.

Wittpoth, J.: Wissenschaftliche Rationalität und berufspraktische Erfahrung. Zum weiterbildenden Studium für Mitarbeiter in der Erwachsenenbildung. Bad Heilbrunn 1987.

XII. Qualität und Professionalität des Personals in der Erwachsenenbildung

Peter Faulstich

Welchen Beitrag die Professionalität des Personals für Qualität in der Erwachsenenbildung tatsächlich leistet, ist nicht so klar, wie es auf den ersten Blick aussieht. Die Kompetenz der in der Erwachsenenbildung Tätigen erweist sich in der Fähigkeit, ein durch entsprechende Qualifizierung erworbenes wissenschaftliches Wissens in lernvermittelnde Tätigkeit umzusetzen. Es sind verschiedene Formen von Beruflichkeit, vom Beamtentum bis zur Freiberuflichkeit, entstanden. Entsprechend eignen sich die Akteure ein unterschiedliches Selbstverständnis an, welches aufbaut auf beruflichem Selbstkonzept und professioneller Berufsethik. Diese sind aber in der Erwachsenenbildung wenig entwickelt, ebenso wie die Aktivitäten entsprechender Berufsverbände, wie sie ansonsten Professionen kennzeichnen.

Professionalität unterstellt höchste Kompetenz. Etwas professionell zu tun, heißt es gut zu machen. Professionalität ist demnach der sicherste Ausweis von Qualität.

So einfach allerdings ist es dann doch nicht. Trotz jahrzehntelangem vereintem Nachdenken und auch Streit von Theoretikern und Praktikern der Erwachsenenbildung, was denn die Professionalität des Personals ausmache, sind Konsens und Gewißheit nicht absehbar. Zu vielfältig sind die Arbeitsbereiche, die Institutionen, die Tätigkeitsfelder, die Erwerbsverhältnisse, die Ausbildungsgänge.

So war lange Zeit öffentliche Erwachsenenbildung, besonders die Volkshochschule, Horizont der Professionalisierungsdebatte. Während die betriebliche Weiterbildung im Weiterbildungsbereich mittlerweile eine zentrale Rolle einnimmt, war sie an Professionalitätsdiskussionen kaum beteiligt. Die Segmentation des Feldes ist geradezu ein Hindernis für die Herausbildung einer eigenständigen Professionalität. Immer noch wird gefragt:

– Gibt es überhaupt ein gemeinsames Tätigkeitsfeld?
– Wie entwickelt sich die Erwerbstätigkeit in der Weiterbildung?
– Welche Kompetenzen sind nötig?

Um sich über die möglichen Antworten Klarheit zu verschaffen, ist es notwendig, sich das gesamte Feld im Zusammenhang von Personal, Professionalität und Qualität zu vergegenwärtigen (Abb. 1). Die Kompetenz der in der Erwachsenenbildung Tätigen erweist sich in der Fähigkeit ein durch entsprechende Qualifizierung erworbenes wissenschaftliches Wissens in lernvermittelnde Tätigkeit umzusetzen. Es sind verschiedene Formen von Beruflichkeit, vom Beamtentum bis zur Freiberuflichkeit, entstanden. Entsprechend eignen sich die Akteure ein unterschiedliches Selbstverständnis an, welches aufbaut auf beruflichem Selbstkonzept und professioneller Berufsethik. Diese sind aber in der Erwachsenenbildung wenig entwickelt, ebenso wie die Aktivitäten entsprechender Berufsverbände, wie sie ansonsten Professionen kennzeichnen.

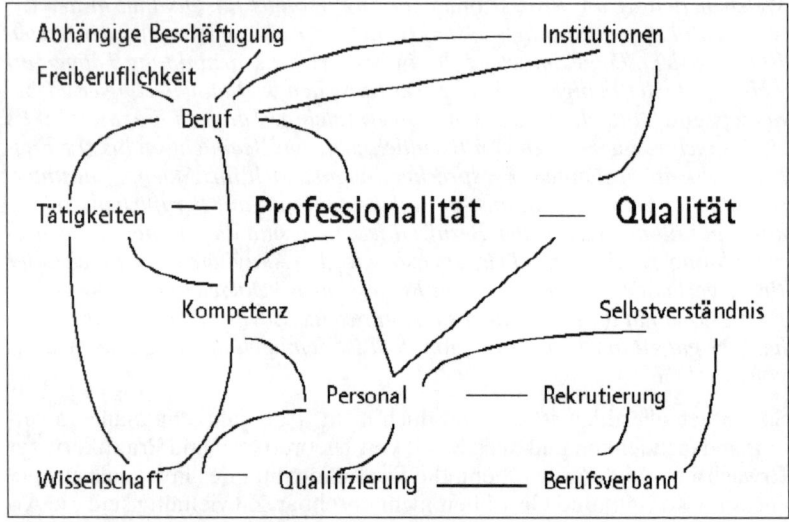

Abb. 1: *Mind Map: Qualität Professionalität Personal*

Die scheinbare Selbstverständlichkeit, mit der besonders »Lehrkräfte als Schlüsselfaktor der Weiterbildungsqualität« benannt werden (Krekel/ Beicht 1995, S. 137), verfliegt beim Nachdenken und noch schneller beim Versuch empirischer Analyse. An Qualitätskriterien werden genannt: Berufs- v.a. Lehrerfahrung, Unterichtsgestaltung bezogen auf Methoden- und Medieneinsatz und Theorie/Praxis-Verhältnis (ebd. S. 144-146). Diese pauschalen Kriterien helfen ebensowenig weiter wie normative Anforderungen z. B. in den FuU-Qualitätsstandards:

5. Personal

5.1 Qualifikation des Leiters und der Lehrkräfte
Die Ausbildung und die Berufserfahrung des Leiters und der Lehrkräfte der Einrichtung müssen eine erfolgreiche berufliche Bildung erwarten lassen.
Die Lehrkräfte müssen fachlich und pädagogisch geeignet sein.

5.2 Hauptberufliche pädagogische Mitarbeiter
Ein Träger, der keine hauptberuflichen, pädagogischen Mitarbeiter in seinen Maßnahmen einsetzt, bietet in der Regel keine Gewähr für eine erfolgreiche berufliche Bildung
Für eine reibungslose Maßnahmedurchführung ist durch eine entsprechende Vertretungsregelung im Urlaubs- oder Krankheitsfall Sorge zu tragen.

Abb. 2: Bundesanstalt: Anforderungskatalog 1996

Somit versucht die Anstaltsbürokratie die Weiterbildungsrealität zu regeln mit unzureichenden Mitteln in einer ebenso entschiedenen wie unklaren Sprache. Offen bleibt, was denn fachliche und pädagogische Eignung ausmacht, die eine erfolgreiche berufliche Bildung erwarten lassen. Also muß man doch über Tätigkeiten (1), Beruflichkeit (2), Kompetenzen (3) und Selbstverständnis (4) des Personals weiter nachdenken, um daraus Ansätze einer andragogischen Praxeologie (5) zu begründen und resultierende Strategien aktiver Professionalisierung (6) einzuschätzen.

1. Tätigkeiten und Arbeitsschwerpunkte

Gekennzeichnet durch den Entwicklungsstand »mittlerer Systematisierung« (Faulstich.u.a. 1991) ist die Erwachsenenbildung ein uneinheitliches, vielfältiges Tätigkeitsfeld. Es ist hochgradig differenziert in einer Vielzahl spezifischer Institutionen und Aktivitäten. Aus den anfallenden Tätigkeiten werden unterschiedliche Aufgabenbündel geschnitten und zusammengefaßt.

Die herkömmliche Aufgabenbeschreibungen orientierten sich an der Arbeit in der Volkshochschule. Frühzeitig wurden ausführliche Listen von Arbeitstätigkeiten zusammengestellt. In den »Blättern zur Berufskunde« der Bundesanstalt für Arbeit ist schon 1964 ein Heft »Leiter und pädagogischer Mitarbeiter an Volkshochschulen« – verfaßt von Hans Tietgens – erschienen. Er nennt als Funktionsbereiche: Reflexion der Zielsetzung, Analyse der Bedingungen, Erkundung des Bedarfs, Planung des Angebots, Vorbereitung des Programms, Organisation der Durchführung, Beratung der Mitarbeiter und Teilnehmer, Kontrolle der Wirkung, unmittelbare pädagogische Tätigkeit (ebd., S. 7/8).

Später erst wurden entsprechende Übersichten für das Personal in der betrieblichen Weiterbildung ermittelt (Arnold/ Müller 1992). Dies hat sich dann verbreitert mit der Aktivitätsausweitung hin zu Personalentwicklung. In einer Analyse von Stellenausschreibungen der wichtigsten überregionalen Zeitungen wurden 1998 als Aufgabengebiete ermittelt: Konzeptionierung von PE-/OE-Maßnahmen, Bedarfsermittlung, Konzeptionierung von Trainings, Durchführung, Erstellen von Medien und Schulungsunterlagen, Führungskräftebetreuung, Coaching, Potentialanalysen, Personalauswahl, Evaluation, Controlling (Muskatiewitz/ Wrobel 1998, S. 190).

Mit dem widersprüchlichen Prozeß der Institutionalisierung und gleichzeitiger Entgrenzung von Erwachsenenbildung hat sich auch eine schrittweise Differenzierung der Aufgaben für das Personal ergeben. Es haben sich drei unterschiedliche Tätigkeitsschwerpunkte herausgebildet:

- **Planen/ Leiten:** Dies reicht von Verhandlungen mit Unternehmen und Behörden über die Sicherstellung der Rahmenbedingungen in der eigenen Institution, Akquisition von Fördermitteln, Bedarfsermittlung, der Entwicklung von Programmen und Konzepten, Schreiben von Berichten, bis zur Mitarbeit in Gremien, zum internen Personalmanagement und zur Kostenkalkulation.

- **Lehren:** Dies umfaßt Unterrichten in Seminaren und Kursen, Teamen, Moderieren von Workshops, Arrangieren von Lernmöglichkeiten, bis zum Entwicklung von Seminarkonzepten, Medien und Unterlagen und zur didaktischen und curricularen Planung sowie Evaluierung;

- **Beraten:** Dies geht von Bedarfsentwicklungen, über die Beratung von Institutionen, Adressaten und Teilnehmenden, Coaching, bis zur Erstellung von Datenbanken und Informationssystemen. Dazu gehört auch die Öffentlichkeitsarbeit für die Institution bzw. die Darstellung der Leistungen im Unternehmen und für Adressaten und Kunden.

Diese Tätigkeitsschwerpunkte werden nun in einer neuen Entwicklungsphase teilweise wieder reintergiert. Die Trennung von Planen und Unterrichten löst sich auf, wenn Lernen als selbsttätige Aneignung begriffen wird, das makro- und mikrodidaktisch vermittelt wird. Statt Erzeugen von Kenntnissen und Fähigkeiten in fremden Köpfen tritt Unterstützen von Selbstlernen in den Vordergrund.

Gleichzeitig gibt es aber auch Gegentendenzen. Finanzprobleme bei den Erwachsenenbildungsträgern aber auch in der betrieblichen Weiterbildung führen zu einem Abbau festangestellten hauptberuflichen Personals. Dabei verbleiben Organisations- und Managementfunktionen in den Unternehmen als Kernaufgaben der Stammbelegschaften, während Trainings-, Coachings-, Moderationsaktivitäten externalisiert und dann von außen eingekauft werden. So werden die Tätigkeitsbündel von Weiterbildungsaufgaben auch wieder desintegriert.

Angesicht dieser gegenläufigen Tendenzen, Ungleichzeitigkeiten und Offenheiten der Anforderungen sind perspektivisch gesicherte Antworten über die Tätigkeitsprofile des Erwachsenenbildungspersonals kaum möglich. Absehbar wird es allerdings, obwohl dies Professionalisierungsintentionen entgegenläuft, bei einer Gemengelage unterschiedlicher Aufgabenprofile bleiben. Möglich ist aber eine Akzentsetzung in einem Aufgabenkern von Lernvermitteln. Insgesamt ist die Rolle des Personals in der Erwachsenenbildung immer weniger zu fassen als Weitergabe gesicherten Wissens, sondern Tätigkeitszentrum wird Moderieren und Arrangieren von Lernmöglichkeiten.

1.1 Beruflichkeit zwischen abhängiger Beschäftigung und Selbständigkeit

Das Ausüben solcher Tätigkeiten wurde lange Zeit als nebenberufliche oder sogar ehrenamtliche Aktivität gedacht und belassen. Erst mit der Ausweitung der Erwachsenenbildung in den sechziger Jahren wurde Hauptberuflichkeit ein Thema, bei dem es darum geht, durch den Verkauf der Leistung »Weiterbildung-Vermitteln« sein Einkommen zu verdienen. Es wurde gleichzeitig ein entsprechender Stellenzuwachs erwartet oder zumindest erhofft. Dies allerdings ist so nicht eingetreten. Nichtsdestoweniger ist eine »Verberuflichung« der Erwachsenenbildung erfolgt, allerdings nicht als abhängige Beschäftigung von Festangestellten. Nunmehr ist eine andere Variante dominant: Verstärkt bezieht Honorarpersonal seinen hauptsächlichen oder sogar ausschließlichen Lebensunterhalt durch Weiterbildungsaktivitäten. Insgesamt ist die Zahl der Personen, die ihr Haupteinkommen in der Erwachsenenbildung verdienen, erheblich. Auf der Grundlage – zugegebenermaßen waghalsiger – Hochrechnungen von institutionenspezifischen und regionalen Erhebungen kann man auf 80 000 kommen (Faulstich 1996, S. 59).

Verglichen mit Lehrern oder gar Hochschullehrern sind die in der Erwachsenenbildung Tätigen arbeitsrechtlich deutlich diskriminiert. Da nur ein Teil der Angebote in staatlicher Trägerschaft stattfindet, ist der Beamtenstatus die Ausnahme – z. B. bei Lehrenden des zweiten Bildungsweges, der Abendschulen und der Kollegs. Dies gilt auch im Volkshochschulbereich für einen Teil der Leiter und des hauptberuflichen Personals. Angestelltenverträge sind hier weiter verbreitet.

Nun ist aber die Expansion der »Vollzeitstellen« dem Umfangswachstum der Erwachsenenbildung keineswegs proportional gefolgt. Wie in kaum einem anderen Wirtschaftsbereich dominiert in der Weiterbildungsbranche der Einsatz von Honorarkräften. Schätzungen unterstellen, daß etwa 5% (Jütting 1987) fest Eingestellte sind, während reziprok eine Untersuchung des »Bildungsmarktes Frankfurt« belegt, daß 86,7% möglicher Arbeitsplätze durch »Freie« abgedeckt werden (Dröll 1998, S. 313).

Der lange Zeit vorherrschende Typ von Dozenten nahm unterrichtende Aufgaben wahr als Experte eines Themas in »Nebentätigkeit« oder als gesellschaftlich Engagierte im ›Ehrenamt‹. Dies wurde damit begründet, daß das breite Themenspektrum es unabdingbar mache, das Potential einer großen Zahl von Personen einzubeziehen, ohne diese arbeitsrechtlich an die Organisation zu binden. Mittlerweile ist aber ein »neuer Typ« hervorgetreten, der Dozententätigkeiten als Hauptberuf ausübt und ansieht und der sein Einkommen manchmal bei verschiedenen Trägern durch Bündeln von Kursen erwirbt, die er plant und durchführt.

Die Fixierung auf die Stellen im öffentlichen Dienst hat lange den Blick dafür verstellt, daß es einen Grad an Hauptberuflichkeit gibt, der sich nicht in Normalarbeitsverhältnissen niederschlägt. Hinweise konnte man zwar schon frühzeitig finden in der Formel vom »Hauptberuf: Nebenberuflicher« (Zybura 1982, S. 117). Dieckmann u.a. haben bereits 1980 für die Berliner Volkshochschulen belegt, daß 29% aller Dozenten fünf und mehr Kurse wöchentlich gaben und damit 56% aller unterrichtenden Tätigkeiten bestritten.

Als Hauptberufliche in der Erwachsenenbildung können diejenigen angesehen werden, die ihre überwiegende Erwerbstätigkeit einbringen, unabhängig davon, ob sie Arbeitnehmerstatus haben oder formal als Selbständige gelten. Insofern gibt es einen wesentlich höheren Anteil hauptberuflichen Personals, als wenn man nur Stellen zählt.

Diese Lage ist für die Volkshochschulen schon lange aufgedeckt, trifft aber auch andere Erwachsenenbildungsträger und im Rahmen von Externalisierungsprozessen zunehmend auch die betriebliche Weiterbildung, die auf einen expandierenden Trainermarkt zurückgreift. »Die Masse des Unterrichts wird von Lehrkräften abgedeckt, die in ungeschützten Beschäftigungsverhältnissen hauptberuflich arbeiten« (Dröll 1997, S. 366) So ergibt sich das Ergebnis, daß bezogen auf das Veranstaltungsvolumen eine »faktische Hauptberuflichkeit« vorherrscht.

Der Status des Honorarpersonals ist wirtschaftsrechtlich schwer zu fassen (vgl. Grenzdörfer 1998). Es erbringt seine Leistung nicht im Rahmen eines Arbeitsvertrages, obwohl dies oft ungeklärt ist und immer wieder zu Rechtsstreitigkeiten führt. Die Konstruktion beruht aber auf einem Dienstvertrag. So sieht es formal so aus, als ginge es um den Verkauf einer Dienstleistung an den Träger. Allerdings würde das bedeuten, daß die Weiterbildungseinrichtung nicht nur irgend eine Nebenleistung hereinnimmt, sondern ihre eigene Kernleistung kauft. Außerdem ist die Dozententätigkeit keine Dienstleistung für die Einrichtung, sondern – wenn schon – für die Teilnehmenden. Darüber hinaus wird meist nicht eine einzelne Leistung, sondern eine Kette in Folge der Kurse beansprucht. Daraus würde der Status von Scheinselbständigkeit folgen. Dagegen versuchen sich die Träger zu schützen. Das Modell des selbständigen Dienstleistungsunternehmers jedenfalls trifft auf Dozenten- und Traineraktivitäten nur beschränkt zu.

Eine andere Interpretation der Statusproblematik würde dem Weiterbildungsträger nur die Rolle der Vermittlung eines Vertrages zwischen Dozenten und Teilnehmenden zuweisen. Ein solches Agentur-Modell greift z. B. im Kunst- und Kulturbereich, setzt aber eine wesentlich stärkere Position der Dozenten und selbstverantwortetes Engagement bei der zu erbringenden Leistung voraus. Das Verhandlungspotential von »Freien Mitarbeitern« auf Honorarbasis müßte gewichtiger sein.

Ein weiteres wirtschaftsrechtliches Konzept kommt wohl der gegenwärtigen Lage vieler Dozenten, Trainer, Coachs und Berater am nächsten. Vergleichbar wäre ihr Status dem von Beschäftigten, die alle zu Fremdunternehmen gehören, deren Tätigkeiten von einem Unternehmen koordiniert werden, welches nur aus einem Planungsstab besteht (Grenzdörfer 1998, 27). In diesem Subunternehmer-Modell erhalten die Dozenten Entgelt für bestimmte Aufgaben im Rahmen der Leistungserstellung. Institutionen der Erwachsenenbildung oder betriebliche Bildungsabteilungen würden so zu fraktalen Dienstleistungsunternehmen mit einer zentralen Holding und einer Korona von Zulieferern.

Wie auch immer man rechtlich den Status dieser Lehrenden interpretiert, solche Formen von Erwerbstätigkeit werden sich absehbar verstärken. Also hat eine »Verberuflichung« dann doch stattgefunden, aber eben nicht als abhängige Beschäftigung und schon gar nicht im öffentlichen Dienst.

Strukturell ergeben sich personenunabhängig negative Konsequenzen aus der Honorarsituation für die Institutionen, das Personal und letztlich für die Teilnehmenden (Dröll 1998, 305):

– Fehlende Kündigungsfristen und mangelnde Arbeitsplatzsicherung verhindern oder erschweren zumindest eine Identifikation mit der auftraggebenden Einrichtung.

– Die juristische Konstruktion schließt eine Einbindung in die Organisationsstrukturen und internes Engagement aus.

– Erzwungen wird eine Mehrfachbeschäftigung bei verschiedenen Auftraggebern. Es resultieren zersplitterte Arbeitszeiten und Terminstreß.

– Da nur der gehaltene Unterricht bezahlt wird, werden Vor- und Nachbereitung eingeschränkt. Eine Betreuung der Teilnehmenden über das Kursgeschehen hinaus wird nicht honoriert.

– Aus der fehlenden Arbeitsplatzsicherheit ergibt sich eine hohe Personalfluktuation. Häufiger Personalwechsel bedeutet Vergeudung von Kompetenz für die Einrichtungen und für die Teilnehmenden unabgesicherte Lernsituationen bis hin zum Kursabbruch.

– Die Selbständigkeit bedeutet für das Honorarpersonal, daß die Sicherung und Weiterentwicklung der eigenen Kompetenz ihnen zeitlich und finanziell selbst überlassen bleibt.

Die negativen Konsequenzen der marginalen Stellenschaffung bleiben ein wichtiger Impuls, die Relation in Richtung von mehr Dauerstellen zu verschieben. Auch das Postulat, in geeigneten Bereichen mehr »Weiterbildungslehrer« einzustellen (Beinke u.a. 1981) bleibt im Prinzip weiter sinnvoll. Gleichzeitig greift aber auch in der Realität der Weiterbildung ein sich insgesamt verstärkender Trend zu einem »dualen Arbeitsmarkt«. Das Erwerbspersonenpotential wird aufgespalten in kleiner werdende Stammbelegschaften mit dauerhaften Beschäftigungsverhältnissen und in wachsende Randbelegschaften. Dazu gehören Zeitverträge, Probearbeitsverträge, geringfügige Beschäftigte, Jobber, »freie« Mitarbeiter. Das Honorarpersonal in der Erwachsenenbildung spielt also eine – meist unfreiwillige – Vorreiterrolle in »neuer Selbständigkeit«. Tatsächlich stellen sie einen Beschäftigungspuffer dar, der einen flexiblen Personaleinsatz ermöglicht (Faulstich 1998, 237). In fast allen Arbeitsmarksegmenten findet sich diese Auflösung des Normalarbeitsverhältnisses. Institutionen der Erwachsenenbildung – auch der betrieblichen Personalentwicklung – werden in dieser Tendenz zu fraktalen Lern-Agenturen mit einen fluktuierenden Dozenten-, Trainer-, Moderatoren- Animateurs-Pool. Dies führt zu Risiken für die organisationale Identität.

Alles in allem ergeben sich aus diesen Erwerbsverhältnissen für das Personal ambivalente Trends zwischen beliebiger Verfügbarkeit einerseits und Selbstverwirklichungsmöglichkeiten andererseits. Für einige erscheint Selbständigkeit durchaus als Zukunftswunsch. Wenn man eine abstrakte Position einnimmt, die sich außerhalb der ökonomischen Formation stellt, ist schließlich »abhängige Beschäftigung« keineswegs Idealmodell menschlicher Arbeit. Für einige »alternative Unternehmen« ist dies schon lange Orientierungsgröße. »Selbständigkeit« wird in dieser optimistischen Variante als Chance für Selbstverwirklichung gesehen. Die Debatten um die euphemistische Vokabel »Existenzgründung« versuchen dies ideologisch zu nutzen.

Erstaunlich sind die Ergebnisse, die als Resultat empirischer »Gründungsforschung« zitiert werden, daß nämlich die Motive Unabhängigkeit und Entscheidungsfreiheit eine klar dominierende Rolle spielen gegenüber Unzufriedenheit und Arbeitslosigkeit (Braun 1998, 2). So scheint »Selbständigkeit« auch als Weg aus der Job-Sklaverei. Es wirken aber immer divergierende Motive. Sicherlich ist ein Vermeiden kognitiver Dissonanz im Spiel. In der pessimistischen Variante ist Honoraraktivität eher eine Notlösung. »Freiberuflichkeit« wird deshalb aufgenommen, weil eine feste Stelle nicht absehbar ist. Angesichts der Unsicherheit, ungeklärten

Zukunftserwartungen verbunden mit finanziellen und sozialen Problemen ist das nachvollziehbar.

Allerdings ist auch hier die Lage nicht eindeutig. In der empirischen Analyse von Lothar Arabin über »Unterrichtende an hessischen Volkshochschulen« gaben 32% der »hauptberuflich Nebenberuflichen« an, in der Kursleitertätigkeit zu »überwintern« und 38% hatten Erwartungen auf eine Stelle an der Volkshochschule (Arabin 1995, 119).

Völlig riskant wird die Perspektive für die Professionalität, wenn vermehrt wieder auf den Stellenwert des Ehrenamts in der Erwachsenenbildung hingewiesen wird. Zwar sind auch solche Aktivitäten, besonders im kirchlichen Bereich und in der Wohlfahrtspflege unverzichtbar. Angesichts der unabgesicherten Hauptberuflichen und des geringen Anteils an Stellen drohen hier Gefahren für die Stabilität und die Qualität der Angebote. Ideologisch verbrämt wird dies zusätzlich mit dem schillernden Begriff der Bürgerarbeit.

2. Kompetenzen der Lernvermittler

Bei der Professionalisierungsdiskussion in der Erwachsenenbildung waren zwei Argumentationsstränge verknüpft: Fragen nach der Beruflichkeit als Festangestellte und Probleme der Professionalität als Kennzeichen von Kompetenz. Als die Kommission Erwachsenenbildung der DGfE 1987 nach dem »Ende der Professionalisierung« fragte, war das Problem schief gestellt, da Verberuflichung mit Stellenschaffung gleichgesetzt wurde. Auch die Formel »Professionalität ohne Profession« (Otto 1997) übersieht, daß es eben nicht ausschließlich um Stellen für abhängig Beschäftigte geht.

Es wurde fehlende Stellenausweitung beklagt, obwohl doch gerade bei den ehrwürdigsten aller Professionen – den Ärzten und den Juristen – Selbständigkeit immer schon vorliegt. Dies ist auch Konsequenz daraus, daß Professionen doch besondere Berufe sind, die eine gesellschaftliche Verantwortung tragen – ein Mandat, eine Lizenz -,die sie vom Status »normaler« Arbeitnehmer abheben. Die daraus resultierende, durchaus problematische Dienstgesinnung der Professionellen unterscheidet sie von anderen Dienstleistungsberufen. Die Frage ist dann, ob die Aufgabe, Weiterbildung zu vermitteln, ein solches gesellschaftliches Mandat beinhalten kann und welche Kompetenzen dies begründen können. Kern müßte dann eine professionelle Ethik der Erwachsenenbildung sein.

Angesichts einer Situation, in der das Profil des Personals in der Erwachsenenbildung changiert zwischen Management und Unterricht, ist dies schwer beantwortbar. Oft wird unterstellt, die »eigentliche« Haupttätigkeit beziehe sich auf unmittelbare Lehr-/Lernsituationen. Dagegen sind die Ebenen andragogischen Handelns verglichen mit Schule immer schon verschoben von Mikrodidaktik (Unterricht, Kurse durchführen) hin zu »Makrodidaktik« (Lernmöglichkeiten entwickeln und bereitstellen). Umgekehrt wird dadurch, daß das hauptberufliche Personal in Institutionen der Erwachsenenbildung sogar vorwiegend planend und organisierend, informierend und beratend tätig ist, der Blick darauf verstellt, daß es eine zentrale Funktion von Erwachsenenbildung – als Teil des Bildungswesens – ist, signifikante kulturelle Traditionen und gleichzeitig innovative Tendenzen, Themen die sich als Wissensbestände und -umbrüche darstellen, aneigenbar zu machen. Kernkompetenz in der Erwachsenenbildung ist demnach Lernvermitteln. Wenn man dies festhält, wird ein Zentrum des auf den ersten Blick disparaten, vielfältigen Aktivitätenspektrums der in der Erwachsenenbildung Tätigen deutlich. Nur so läßt sich ein gemeinsames Tätigkeitsfeld und ein entsprechendes Kompetenzprofil begründen.

Beantwortet werden muß dabei auch die Frage, was die besondere Leistung des Personals in der Erwachsenenbildung ist und wie sich diese unterscheiden vom Heilen und Helfen durch Ärzte und Therapeuten. In von Therapiekontexten her entstandenen Professionskonzepten, die vor allem ausgehend von Oevermanns Begrifflichkeit der »stellvertretenden Deutung« in der Diskussion um die Erwachsenenbildung rezipiert worden sind, wird die Dimension der Inhalte unterschlagen. Der Begriff der stellvertretenden Deutung suggeriert – wie Stichweh hervorhebt – ein zweistelliges Verhältnis von Professionellem und Klienten, während »Vermittlung« eine Dreistelligkeit der Beziehung und damit die intermediäre Position des Professionellen deutlicher hervortreten läßt. Insofern ist es zentrale Aufgabe des Personals in der Erwachsenenbildung, die Distanz zwischen Thematik und Adressaten zu überbrücken, zwischen Lerngegenstand und Lernenden zu vermitteln.

Daraus resultieren entsprechende Anforderungen an Kompetenzen der Lernvermittler. Es hat sich eingebürgert, neben fachlichen Elementen, nach methodischer, sozialer und reflexiver Kompetenz zu fragen.

1. **Fachkompetenz:** Dies stellt sich für die Erwachsenenbildung in zweifacher Hinsicht: Zum einen ist Erwachsenenbildung immer auch Aneignen von Kenntnissen. Lernvermittler brauchen daher selber eine fundierte Basis wissenschaftlichen Wissens über die Themen der zu bearbeitenden Handlungsfelder. Zum andern gibt es aber auch eine spezifische Fachkompetenz bezogen auf andragogische »Wissensbestände« als eine fachliche Metakompetenz. Dies betrifft Wissen über das Erwachsenenbildungssystem, Institutionen der Weiterbildung sowie Lehren und Lernen.

2. **Methodenkompetenz:** Bei diesem Aspekt geht es vor allem um Kompetenzen in didaktischer, kommunikativer, organisatorischer und empirischer Hinsicht.

3. **Sozialkompetenz:** Die besondere Situation in der Erwachsenenbildung ist es, daß gleichberechtigte Personen in gemeinsames Lernen eintreten. Damit sind auch Verhaltensweisen und Umgangsstile notwendig, welche gleichberechtigtes Handeln ermöglichen. Es geht um den Umgang mit Konflikten, Kommunikation und Kooperation.

   Solche handlungsbezogenen Kompetenzen setzen voraus, daß die Lernvermittler über ihre eigene Situation und Position reflektieren. Dies erfordert eine zusätzliche Ebene der Selbstklärung.

4. **Reflexive Kompetenz:** Die eigene Position, mögliche Kontroversen und das Verhältnis zur Organisation sind zu hinterfragen:

   – Position und Interessentransparenz: Die Lernvermittler sind selbst agierende Individuen. Sie haben eigene Interessen, die mit ihren Herkunftsmilieus, ihren biographischen Erfahrungen und gesellschaftlichen Perspektiven verbunden sind. Diese Interessenstandpunkte müssen für sich selbst geklärt und ihre Differenz zu anderen Positionen deutlich gemacht werden.

   – Kontroversen und Konflikte: Die Lernvermittler müssen in der Lage sein, unterschiedliche Standpunkte zu behandeln und zu erörtern. Dabei müssen divergierende Optionen und Alternativen eingebracht und die eigene Position relativiert werden können.

   – Aktionskontext und Organisationsdistanz: Die Lernvermittler in der Erwachsenenbildung sind auch Repräsentanten der Institution, in der sie arbeiten. Trotzdem liefe es der Intention von Bildung zuwider, wenn sie als bloße Funktionäre lediglich das Organisationsinteresse vertreten würden. Lernen in der Erwachsenenbildung braucht andragogische Autonomie als Freiraum zur Klärung kontroverser Positionen, Interessen und resultierender Konflikte.

   Es ist wahrscheinlich, daß die Kombination solcher Kompetenzen bei den Akteuren in der Weiterbildung, ihr Erwerb und ihre Ausübung sehr unterschiedlich bleiben werden.

2.1 Selbstverständnis und professionelle Ethik

Professionalisierte Arbeitstätigkeit begründet sich auf dem Kern von Kompetenz und auf dem Selbstverständnis der als Experten Handelnden (Stichweh 1994, S. 362–378). Auf dieser Grundlage entwickelt sich ein auf die Arbeitstätigkeiten bezogenes professionelles Ethos. Dem entspricht vielfach ein ambitioniertes Selbstverständnis und eine besonders pointierte, moralisch akzentuierte Dienstgesinnung.

In der Wirklichkeit der Weiterbildung gerät eine solche Haltung in eine merkwürdige Paradoxie. Einerseits geht es angesichts der Offenheit der Handlungssituationen um die Suche nach orientierenden Wertesystemen, andererseits um Verwertbarkeit der Lernvermittlung. Beides scheint in krassem Gegensatz. Die eingefahrene Kontroverse um Identität und Qualifikation resultiert aus dieser Widersprüchlichkeit.

Unmittelbare, kurzschlüssige Zweckhaftigkeit ist nun aber für Erwachsenenbildung keineswegs ein angemessenes Handlungsmuster. Der Rationalitätstyp des Zweckhaften ist nur einer unter mehreren möglichen, einordenbar in eine umfassende ethische Diskussion. Eine Typologie ethischer Positionen hätte mindestens zu unterscheiden zwischen einer materiellen Ethik, welche sich auf Werte, wie z. B. Freiheit, Gerechtigkeit oder Gleichheit, bezieht, und einer formalen Begründung von Handlungsregeln, wie sie z. B. im kategorischen Imperativ oder der »goldenen Regel« vorliegen. Die neuerdings hauptsächlich diskutierte Diskursethik (Apel 1990) versucht, Kriterien für die Verbindlichkeit von Handeln durch das Herstellen von Konsens zu begründen.

Nun muß man, um einige Maximen professionellen Handelns in der Personalentwicklung und für Bildungskonzepte anzugeben, sich keineswegs auf diesen Grundlagenstreit beziehen. Vielmehr sind alle Versuche für eine Letztbegründung von Ethik über das Kriterium Wahrheit zum Scheitern verurteilt. Da individuelle Wünsche und gesellschaftlich notwendige Moral letztlich unharmonisierbar sind, besteht für den Einzelnen immer die Chance auszubrechen. Sobald Gemeinschaft nicht mehr gilt, ist »Machiavellismus« angesagt: Verleumden, Betrügen, Lügen, Beherrschen, Bekämpfen, Vernichten, Ermorden (vgl. Spagniol 1995).

Ethische Probleme sind von Anfang an keine individuellen, sondern immer schon kollektive Fragen für ihren Geltungsbereich. Es ist aber möglich, sich auf einige plausible und über weite Strecken tragfähige Maximen zu verständigen, ohne daß diese endgültig sein müssen (vgl. a. Hegselmann 1990). Daraus resultiert ein Handeln auf vorläufigem, unsicherem Grund. Allerdings sind, um moralisches Handeln zu begründen, noch zwei weitere Voraussetzungen zu berücksichtigen: 1. daß ethisches Handeln nur denkbar ist unter der Voraussetzung von Freiheit, daß also Handeln nicht erzwungen wird; 2. daß ethische Reflexionen nur möglich sind auf der Ebene von Bewußtheit – Nachdenken darüber, was getan werden soll.

Professionelles Handeln ist deshalb besonders auf ethische Prinzipien angewiesen, weil es nicht determiniert ist. Die im Prozeß des Lernens sich ergebenden Entscheidungen und Handlungen aller Beteiligten sind weder aus ökonomischen Kalkülen noch aus institutionellen Katechismen ableitbar. Wenn es um Bildung geht, besteht eine prinzipielle Offenheit im Vollzug, die immer moralische Prämissen impliziert. Es gibt mit dem Begriff Bildung – im Sinne der Entfaltungsmöglichkeiten von Personen – einen

Wert, auf den sich zahlreiche Akteure beziehen können. Dies wäre eine Möglichkeit, um individuelles Handeln und organisatorische und gesellschaftliche Voraussetzungen zusammenzubringen. Es ist allerdings schwierig, angesichts der Auseinandersetzung um die Auflösung tragfähiger Grundannahmen, hier einen Konsens zu erzielen. Deshalb scheint es leichter, sich über einige Grundsätze ethisch reflektierten Handels in der Erwachsenenbildung zu verständigen.

Dies vorausgesetzt ergeben sich eine Reihe von durch Plausibilität gestützte Maximen, welche auch für Bildungskonzepte und Personalarbeit handlungsorientierend sein können:

– **Transparenz:** Entscheidungen und Handlungen ergeben sich im Alltag der Weiterbildung oft routinisiert. Moralische Prämissen, welche dem Einzelhandlungen zu Grunde liegen, bleiben häufig unaufgedeckt. Es kommt darauf an, Prinzipien des Handelns zu identifizieren und zu reflektieren.

– **Konsistenz:** Wenn widerstrebende Anforderungen, Interessen und Motive bestehen, müssen diese auf Vereinbarkeit geprüft und soweit wie möglich abgestimmt werden.

– **Konsequenz:** Entscheidungen haben Konsequenzen für einen selbst und für andere. Wünsche und Bedürfnisse werden berührt; Positionen in der Hierarchie und Konstellationen in der Kooperation werden verändert. Antizipierendes Handeln heißt also, sich vorab seiner Konsequenzen zu vergewissern.

– **Realistik:** In Alltagsituationen wird längst nicht immer das getan, was vom Standpunkt reflektierter Moral aus getan werden sollte. Häufig ist ein kurzfristiges und enges Selbstinteresse dominant gegenüber langfristigen moralischen Überzeugungen und überwiegt als Handlungsmotiv. Deshalb ist es realistisch, davon auszugehen, daß Heiligkeit ebenso wie Heldentum einen Ausnahmefall darstellt.

– **Interessen:** Wertentscheidungen werden immer auch bezogen auf die Interessen der jeweiligen Akteure gefällt. Dabei handelt es sich um ein Verhältnis von realen Situationen und psychischen Konstellationen, Motiven, welche in oft undurchschaubaren Beziehungen zu einander stehen und sich vielfältig überlagern. Entscheidungsdruck entsteht immer dadurch, daß vollständige Information und unbegrenzte Rationalität eben nicht gegeben ist, sondern abzuwägen ist zwischen den Gewichten einzelner Interessen bezogen auf Einkommen, Macht und Ansehen.

– **Konflikt:** Aufgrund der unterschiedlichen Positionen wirken unauflösbar unterschiedliche Interessen. Diese sind nur in Ausnahmefällen einlinig zu harmonisieren. In der Regel gibt es sowohl überschneidende als auch konkurrierende Interessen. Diese werden im negativen Fall entschieden durch Machtkonstellationen. Genau dies kann aber zu kontraproduktiven Effekten führen, weil die verschiedenen Gruppen über verschiedene Informationen und Motive verfügen. Längerfristig ist es daher notwendig, Formen der Konfliktaustragung zu finden, welche der Organisation insgesamt dienen.

- **Horizonte:** Die Reichweite rationaler und kritischer Reflexion ist bezogen aus die betroffenen Einheiten und auch bezogen auf die überblickte Zeitspanne sehr unterschiedlich. Viele der Konflikte entstehen durch die Differenz zwischen individuellen und organisatorischen Interessen. Das Organisationsinteresse ergibt sich keineswegs aus der Addition der vielen Einzelbedürfnisse.
- **Toleranz:** Dieser oft als moralisches Prinzip eingeführte Grundsatz hat durchaus plausible Grundlagen. Wenn es so ist, daß Entscheidungen immer gekennzeichnet sind durch Ungesichertsein und Unbestimmtheit, ist es, mindestens so lange nicht Krieg angesagt ist, durchaus vernünftig, sich nicht gegenseitig zu vernichten.

Für das Personal in der Erwachsenenbildung ergibt sich ein Spannungsfeld zwischen kurzfristigen ökonomischen Kalkülen und langfristig »vernünftigen« moralischen Maximen. Dabei handelt es sich keineswegs um »idealistische Postulate«. Vielmehr ist es durchaus plausibel zu begründen, daß eine Orientierung an erreichten kulturellen Standards die Zukunftsfähigkeit der Institutionen sichern kann. Insofern geht es darum, inwieweit ein Rahmen gefunden werden kann, der Bedingungen setzt, um die zerstörerischen Konsequenzen kurzfristiger, instrumenteller Rationalität zu verhindern.
Es gibt einige Entwürfe von Ethikkatalogen für die Erwachsenenbildung. Bemerkenswert dabei ist, daß Vorreiter die kommerziellen Trainerorganisationen sind. So hat z. B. der Bund Deutscher Verkaufsförderer und Trainer (BDVT) ein »Berufsbild« vorgelegt, das »Grundwerte und Ethik« umfaßt.

3. Andragogische Praxeologie

Tätigkeitsfelder, Berufstätigkeit, Kompetenzen und Selbstverständnis der in der Erwachsenenbildung Tätigen sind sehr unterschiedlich. Desto wichtiger ist es, eine gemeinsame Grundlage zu diskutieren und zu fundieren. Erwachsenenbildung wird in dieser Sicht als dynamisches Geschehen aufgefaßt, in dem Strategien andragogischen Handelns reflektiert und situativ angewendet werden. Dies umfaßt immer schon normative wie faktische Aspekte. Es geht um ethikbegründetes und wissenschaftsorientiertes Handeln in der Weiterbildung.

– Andragogisches Handeln ist eine Form des sozialen Handelns, indem es sich immer am Handeln anderer orientiert.

– Hauptaufgabe andragogischen Handelns ist es, »Lernen zu vermitteln«, wobei die Selbsttätigkeit der Teilnehmenden eingebracht werden kann.

– Die Interaktionspartner in der Erwachsenenbildung sind gleichberechtigte Individuen. Da Erwachsenenbildung in Lebensläufe interveniert, muß sie ihre Verantwortung ethisch reflektieren.

– Die in der Erwachsenenbildung Tätigen sind nicht »Erziehende« sondern »Vermittelnde« für das Lernen der Teilnehmenden.

Tätigkeiten in der Erwachsenenbildung sind also spezifische Formen des Handelns, welche wissenschaftliches Wissen reflektieren. Dies läßt sich letztlich nur fundieren auf der Grundlage einer – noch anstehenden – wissenschaftstheoretischen Diskussion. In pragmatischer Perspektive werden Theorieentwicklung und Praxisbegründung zusammengeführt. Eine – noch auszuführende – andragogische Praxeologie geht aus von einigen grundlegenden Orientierungen:

– **Handlungsorientierung:** Es geht nicht vorrangig darum, Kenntnisse weiterzugeben, sondern den Teilnehmenden zu ermöglichen, selber handeln zu können.

– **Teilnehmerorientierung:** Wichtig ist es für die »Lernvermittelnden« in der Erwachsenenbildung, sich über die Ausgangsbedingungen bei den Teilnehmenden klar zu werden. Es geht darum, anzuknüpfen an deren Erfahrungen, Deutungen und Einstellungen. Diese sind verfestigt im jeweils vorfindbaren Habitus. Erwachsenenbildung ist immer schon Anschlußlernen, ausgehend von den Personen der Teilnehmenden, gekennzeichnet durch ihre jeweiligen Milieus und Biographien.

– **Interessenbezug:** Die Lernziele der Erwachsenenbildung ergeben sich in einem Prozeß des Aushandelns zwischen den Erwartungen des Trägers, dem Selbstverständnis der in der Erwachsenenbildung Tätigen, den Anforderungen der Tätigkeitsbereiche und den Erwartungen der Adressaten und Teilnehmenden. Dabei müssen die verschiedenen Positionen reflektiert werden.

– **Problembezug:** Die Lerninhalte der Erwachsenenbildung sind verbunden mit den konkreten Handlungsmöglichkeiten in der Arbeits- und Lebenswelt. Die Themen sind deshalb nicht als vorgegebene Wissensbestände sondern bezogen auf spezifische Handlungsanforderungen der Teilnehmenden relevant.

– **Methodenoffenheit:** Wenn eines aus der manchmal überschäumenden Methodendiskussion gesichert unterstellt werden kann, so ist es, daß Vielfalt die Lernmöglichkeiten verbessert. Dabei geht es nicht darum, ein ausgefeiltes Methodenarsenal an den Teilnehmenden auszuprobieren, sondern für die jeweiligen Lernziele und Gegenstände die adäquaten Methoden einzusetzen.

Diese Orientierungen können allerdings nur als erste Hinweise einer andragogischen Praxeologie betrachtet werden. Diese reflektiert wissenschaftliche Theorien und ethische Begründungen bezogen auf das Handeln in der Erwachsenenbildung.

3.1 Aktive Professionalisierung

Ein strategisches Konzept fortschreitender Professionalisierung muß auf der Grundlage einer andragogischen Praxeologie die Professionalitätsaspekte verstärken:
- Ausbildungswege klären und professionelle Kompetenzen verdeutlichen,
- Beruflichkeit als Grundlage der spezifischen Leistung der Profession aushandeln und damit die Marktmacht der professionellen Akteure steigern,
- Selbstverständnis und professionelle Ethik klären,
- Interessenorganisationen schaffen.

Bisher allerdings sind die Qualifizierungsansätze und Studienmöglichkeiten für die Erwachsenenbildung noch keineswegs auf solche Zusammenhänge hin begründet. Die Zugangswege zum Tätigkeitsfeld sind nach wie vor sehr verzweigt. Diese Vielfalt entspricht einerseits der Vielzahl von Aufgaben; andererseits ist sie aber auch Ausdruck einer defizitären Situation, bezogen auf Professionalität, Stellenausstattung und Kontinuität der Tätigkeiten des Personals in der Erwachsenenbildung, welche dann in der Folge hinsichtlich Quantität, Qualität und Stabilität der Einrichtungen und Angebote die Interessen potentieller Adressaten nur beschränkt ausfüllt.

Wichtigste Ausbildungsmöglickeit ist das Studium der Diplom-Pädagogik. Seit nun fast 30 Jahren gibt es die Möglichkeit, an Hochschulen »Erwachsenenbildung« zu studieren. Von Anfang an ist die Studienrichtung Erwachsenenbildung auf erhebliche Vorbehalte gestoßen und als »akademisch«, »praxisfern« und »realitätsfremd« kritisiert worden. Es wurde vor allem skeptisch eingewandt, daß sowohl Praxisbezug im Hinblick auf die anfallenden Funktionen fraglich sei, als auch die Fachkompetenz für lehrende Tätigkeiten fehle. Besonders die potentiellen Anstellungsträger zeigten eine deutliche Zurückhaltung bei der Rekrutierung. Die Diskussion um eine Revidierung der Studienrichtung Erwachsenenbildung im Rahmen des Diploms Pädagogik drehte sich zunächst hauptsächlich um den Versuch einer Verbesserung der Berufschancen durch ein stärker praxisbezogenes Studium.

Wenn man sich nochmals die Warnungen ab 1969 vergegenwärtigt und die entsprechenden Katastrophenszenarien für das Studium der Diplom-Pädagogik Schwerpunkt Erwachsenenbildung rekapituliert, so erscheinen sie nachträglich als teilweise berechtigt, aber weit überzogen. Es geht den Dipolm-Pädagogen nicht schlechter als vergleichbaren gesellschaftswissenschaftlichen Berufen. Zugegebenermaßen ist dies z.T. dem Zynismus geschuldet, der durch die Erosion akademischer Normalarbeitsverhältnisse insgesamt entstanden ist. Das bedeutet nicht, daß Entwarnung geben werden kann, sondern mehr Gelassenheit und mehr Klarheit sind angebracht.

Vor allem sollte auf die eingetretenen Verschiebungen im Tätigkeitsfeld reagiert werden. Das Studium muß sich einstellen auf veränderte Anforderungen. Dabei geht es vor allem darum, die Wissensbereiche aufzunehmen, welche die zentrale Funktion des Lernvermittelns und die resultierenden Aspekte andragogischer Praxeologie betreffen. Dies meint sicherlich auch Ansätze der Betriebswirtschaft, der Organisations- und Planungstheorie. Allerdings heißt das nicht, sich den modischen Diskussionen um Management und Marketing ungebrochen anzuschließen.

Zwingend ist auch eine interne Strategie, damit eine Profilierung, Vereinheitlichung und Ausgestaltung des Studienschwerpunkts Erwachsenenbildung erfolgen kann. Leitlinien der weiteren Diskussion könnten sein: Verbindlichkeit der Inhalte; Transparenz der Inhalte, Formen und Organisation; Erhöhung von Kombinations- und Profilchancen; hochschulübergreifende Vereinheitlichung; innerfachliche Akzeptanz; Verbesserung der Ausstattung.

Modelle von Vollzeit- und Teilzeitformen müssen ermöglicht werden. Auf einen beträchtlichen Teil der Studierenden trifft schon jetzt zu, daß sie während ihres Studiums Erfahrungen in ehrenamtlicher oder freiberuflicher Tätigkeit bei Trägern und Einrichtungen sammeln. Dies findet nicht nur in Form von Praktika sondern auch als reguläre Arbeitstätigkeit statt. Zumindest für diese Studierenden ist Lernen an der Hochschule »berufsbegleitend«.

Damit wird einerseits der Tatsache Rechnung getragen, daß Prozesse der Berufseinmündung sich meist nicht mehr in einem großen Schritt aus dem Wissenschaftsbereich in festangestellte Arbeitstätigkeit, sondern oft stufenweise vollziehen. Andererseits sind feste Stellen – gar im öffentlichen Dienst – zunehmend die Ausnahme. Auch in der Erwachsenenbildung greift das Modell der »neuen Selbständigen«, was allerdings oft nicht mit einem Zugewinn an Autonomie, sondern mit veränderter Abhängigkeit in »Scheinselbständigkeit« und erhöhtem individuellen Risiko verbunden ist.

Ein geklärtes Kompetenzprofil ist Voraussetzung, um Einmündungsmöglichkeiten zu verbessern. Es muß deutlich sein, was die Leistungen der Absolventen ausmacht und welche Erwartungen daran zu stellen sind. Dies ist einerseits Aufgabe der Hochschulen, andererseits unterstreicht dies den Stellenwert von Interessenorganisationen der Profession. Allerdings ist auch hier keine einlinige Strategie angebracht. So ist es einerseits notwendig den Stellenanteil in den Institutionen zu erhöhen. Entsprechende gewerkschaftliche Positionen müßten Tarife aushandeln und sichern. Dies wird aber absehbar nur für einen Teil der in der Erwachsenenbildung Tätigen zutreffen. Insofern müssen auch Funktionen einer berufsverbandliche Organisation übernommen werden, welche Honorare der Freiberuflichen abstützt.

Diese Strategien aktiver Professionalisierung können sich ergänzen, wobei letztlich entscheidendes Kriterium sein muß, die Qualität der Erwachsenenbildung für die Teilnehmenden zu verbessern. Wenn das Personal in der Erwachsenenbildung nicht nur Vorreiter für die Auslösung der Normarbeitsverhältnisse sein soll, müssen Formen gefunden werden, welche eine gemeinsame Professionalität neu denken und stützen.

Literatur

Apel, K.-O.: Diskurs und Verantwortung. Frankfurt/M. 1990.

Arabin, L.: Unterrichtende an hessischen Volkshochschulen. Frankfurt/M. 1996.

Arnold, R./Müller, H.-J.: Berufsrollen betrieblicher Weiterbildner. Berufsbildung in Wissenschaft und Praxis 21 (1992), H. 5, S. 36–41.

Beinke, L./Arabin, L./Faulstich, P.: Der Weiterbildungslehrer. Weil der Stadt 1981.

Bergeest, M.: »Bildungsmanagement« oder Megadidaktik ?
In: Derichs-Kunstmann, K./Faulstich, P./Tippelt, R.: Qualifizierung des Personals in der Erwachsenenbildung. Beiheft zu Report. Frankfurt/M. 1996. S. 162–167.

Braun, G.: »Erzwungene« Selbständigkeit und Existenzgründung – Zukunftsmodelle für pädagogische Professionalität? Magdeburg 1998.

Bund Deutscher Verkaufsförderer und Trainer e.V.: Berufsbild TrainerIn und BeraterIn BDVT. Köln 1997.

Combe, A./Helsper, W.: Pädagogische Professionalität. Frankfurt/M. 1996.

Derichs-Kunstmann, K./Faulstich, P./Tippelt, R.(Hrsg.): Enttraditionalisierung in der Erwachsenenbildung. Frankfurt/M. 1997.

Dröll, H.: Weiterbildungsmarkt Frankfurt. Dissertation. Kassel 1997.

Faulstich, P.: Höchstens ansatzweise Professionalisierung. In: GEW (Hrsg.) Die Bildungsarbeiter. Weinheim 1996. S. 50–80.

Faulstich, P./Graeßner, G.: Grundständige Studiengänge Erwachsenenbildung/Weiterbildung und Weiterführende Studienangebote für Weiterbildnerinnen und Weiterbildner. Bielefeld 1995.

Faulstich, P./Teichler, U./Bojanowski, A./Döring, O.: Bestand und Perspektiven derWeiterbildung. Weinheim 1991.

Gewerkschaft Erziehung und Wissenschaft: Freie Mitarbeiter. Essen 1996.

Gieseke, W. u.a.: Ethische Prinzipien für die Erwachsenenbildung. Kassel 1990.

Grenzdörfer, K.: Stakeholder-Prozesse in der Weiterbildung. Bremen 1998.

Hartmann, H./Hartmann, M.: Vom Elend der Experten: Zwischen Akademisierung und Deprofessionalisierung. Kölner Zeitschrift für Soziologie und Sozialpsychologie 34 (1982), S. 193–223.

Hartmann, L.M.: Volkshochschulen und Volksprofessuren. In: Filla, W. u.a.(Hrsg.): Aufklärer und Organisator. Wien 1992, S. 179–181.

Hegselmann, R.: Worin könnte moralische Bildung bestehen? In: Holzapfel, G. (Hrsg.): Ethik und Erwachsenenbildung. Bremen 1990, S. 16–40.

Holzapfel, G. (Hrsg.) Ethik und Erwachsenenbildung. Bremen 1990.

Koring, B.: Erwachsenenbildung und Professionstheorie. Überlegungen im Anschluß an Oevermann. In: Harney, K./Jütting, d. h./Koring, B. (Hrsg.): Professionalisierung der Erwachsenenbildung. Frankfurt/M. u.a. 1987, S. 358–400.

Krekel, E.M./Beicht, U.: Lehrkräfte als Schlüsselfaktor der Weiterbildungsqualität. In: Bardeleben, R.v. u.a.(Hrsg.): Weiterbildungsqualität. Bielefeld 1995, S. 137–149.

Lückehe, W./Otto, V.: Volkshochschule. Bonn 1973.

Muskatiewitz, R./Wrobel, M.: Weiterbildungsszene Deutschland 97/98. Bonn 1998.

Oevermann, U.: Professionalisierung der Pädagogik – Professionalisierbarkeit pädagogischen Handelns. Vortrags-Transkript. Berlin 1981.

Otto, V. (Hrsg.): Professionalität ohne Profession: Kursleiterinnen und Kursleiter an Volkshochschulen. Bonn 1997.

Schlutz, E./Siebert, H.: Ende der Professionalisierung? Bremen 1988.

Schulenberg, W. u.a.: Zur Professionalisierung der Erwachsenenbildung. Braunschweig 1972.

Spagniol, L. u.E.: Machiavelli für Manager. Frankfurt/M. 1995.

Stichweh, R.: Wissenschaft, Universität, Professionen. Frankfurt/M. 1994.

Tietgens, H.: Professionalität für die Erwachsenenbildung. In: Gieseke, W. u.a. (Hrsg.): Professionalität und Professionalisierung. Bad Heilbrunn 1988, S. 28–75.

Weitsch, E.: Lehrerfrage der Volkshochschule. In: Freie Volksbildung (1926), H. 1., S. 237–244.

Wittpoth, J.: Erwachsenenpädagogische Professionalität. In: Arnold, R. (Hrsg.): Qualitätssicherung in der Erwachsenenbildung. Opladen 1997, S. 63–78.

Zybura, H.: Hauptberuf: Nebenberuflicher. In: Dahm, G. u.a.(Hrsg.): Management und Verwaltung. Werkstatt Weiterbildung 1. München 1982, S. 117–130.

XIII. Möglichkeiten und Grenzen der Evaluation multimedialer und telekommunikativer Lehr-Lernarrangements

Dieter Euler

Ausgehend von wiederholt vorgetragenen Zweifeln an der Evaluierbarkeit komplexer Lehr-Lernarrangements wird der Frage nachgegangen, was dies für die Erkenntnisgewinnung im Hinblick auf ein Lernen mit Multimedia und Telekommunikation bedeutet. Dazu wird zunächst skizziert, was sich im Einzelnen hinter multimedialem und telekommunikativem Lernen verbergen kann. Anschließend werden zwei konkrete Realisationsformen des multimedialen Lernens aufgenommen und hinsichtlich der aufgebauten Evaluationserfahrungen reflektiert. Eine Rückbindung der erzielten Ergebnisse an die Ausgangsfrage runden den Beitrag ab.

Ausgangspunkte

Schulmeister behauptet im Rahmen seiner umfänglichen Monographie über multimediale Lernsysteme die » Nicht-Evaluierbarkeit von Multimedia« (Schulmeister 1996, S. 387) – eine These, der sich in jüngster Zeit in zumeist vorsichtiger Diktion auch andere Autoren anschließen (vgl. beispielsweise Hasebrook 1995, S. 101; Weidenmann 1997, S. 203 f.). Die These wurde mit Blick auf die Untersuchungen über die Effekte des computerunterstützten bzw. multimedialen Lernens vorgetragen, doch würde sie zutreffen, so hätte dies durchaus Konsequenzen für die Lehr-Lernforschung insgesamt. Ließe sich die These stützen, so wären die zahlreichen Befunde aus der Evaluation multimedialer Lehr-Lernarrangements letztlich verzweifelte Antworten auf die – überspitzt formuliert – verzweifelt vorgetragenen Fragen nach verallgemeinerungsfähigen wissenschaftlichen Aussagen mit praktischem Gestaltungswert.

Auf den ersten Blick erscheint die These absurd. Schließlich gehören Evaluationsuntersuchungen zum festen Inventar der Lehr-Lernforschung, wenngleich über ihre Leistungsfähigkeit – wie bei nahezu jeder Facette der wissenschaftlichen Forschung – durchaus unterschiedliche Bewertungen bestehen. Der These von der Nicht-Evaluierbarkeit steht demnach eine verbreitete Evaluationspraxis gegenüber, deren Existenz zumindest die prinzipielle Evaluierbarkeit immer wieder neu zu belegen scheint. Ist vor diesem Hintergrund vielleicht weniger die grundsätzliche Möglichkeit (d. h. die Forschungstheorie), sondern eher die praktische Umsetzung (d. h. die Forschungspraxis) Gegenstand eines Zweifels an der Möglich-

keit einer didaktischen Evaluation? Oder geht es weitergehend um eine
fundamentale Kritik an der wissenschaftlichen Leistungsfähigkeit (etwa
i.S.e. mangelnden Generalisierbarkeit der Ergebnisse) sowie an der praktischen Verwertbarkeit (etwa i.S.e. mangelnden Brauchbarkeit für didaktisches Handeln) von Evaluationsergebnissen? Schulmeister begrenzt seine
Kritik nicht auf die Evaluationspraxis, sondern setzt sie durchaus grundsätzlich an. Ich will die Überlegungen im folgenden von seiner Person lösen und prinzipiell fragen, welchen Nutzen die Evaluation komplexer
Lehr-Lernarrangements für den Erkenntnisgewinn sowie für die Praxisgestaltung in der Didaktik haben kann.

Die Argumentation verläuft in folgenden Schritten:

1. Zunächst will ich skizzieren, was sich im Einzelnen hinter multimedialem und telekommunikativem Lernen verbergen kann.
2. Es schließen sich zwei Fallbetrachtungen an, die einen Einblick in den
   Ansatz und die Ergebnisse wissenschaftlicher Evaluationen über Teilbereiche des multimedialen und telekommunikativen Lernens vermitteln.
3. Die Fallbetrachtungen werden auf grundsätzliche Aspekte hin reflektiert, um auf dieser Grundlage eine zusammenfassende Betrachtung
   der Möglichkeiten und Grenzen der Evaluation komplexer Lehr-Lernarrangements für den didaktischen Erkenntnisgewinn sowie für die didaktische Praxisgestaltung zu erzielen.

1. Nutzungskonzepte des multimedialen und telekommunikativen Lernens

Nichts ist leichter, als sich im Feld des multimedialen und telekommunikativen Lernens schwierig auszudrücken. Daher will ich mein Verständnis
nicht über technische Details, sondern aus einer pädagogischen Anwen-
dungsperspektive aufbauen. Multimediales und telekommunikatives Lernen bedeutet dabei zunächst, daß sich der Lernende zur Unterstützung seines Lernens der technischen Hilfsmittel Lehr- und Informationssoftware
sowie Telekommunikationsnetze bedienen kann:

Als multimedial aufbereitete Lerngegenstände stehen unterschiedliche
Varianten einer Lehr- bzw. Informationssoftware zur Verfügung, die häufig
auch miteinander verknüpft sind (vgl. im einzelnen Euler 1992, S. 17 ff.,
67 ff.). Als »klassische« Varianten einer *Lehrsoftware* sind Tutorials, Drill-
and-Practice- sowie Simulationsprogramme zu nennen. *Informationssoftware* stellt elektronisch gespeicherte Informationen zur Verfügung, die
i. d. R. zwar nicht originär für das Lehren und Lernen generiert wurden,

gleichwohl aber sinnvoll in Lehr-Lernprozesse integriert werden können. Hierzu zählen im wesentlichen kommerziell betriebene oder frei zugängliche Hypermedia-Software bzw. Informationsbanken sowie elektronische Bücher oder Zeitschriften.

Lehr- bzw. Informationssoftware sollte den beiden Mindestkriterien einer multicodalen Präsentation und *lerner*gesteuerten Interaktion genügen:

1. Unter dem Präsentationsaspekt können die Lehrinhalte in verschiedenen Codierungen auf einer einzigen Benutzerplattform dargeboten werden, nämlich als geschriebener und gesprochener Text, in Form statischer oder bewegter Bilder und Grafiken sowie in Form von Zahlen. Darin besteht ein wesentlicher Unterschied zu anderen Lehrmedien, die Informationen nur in einzelnen dieser Symbolsysteme darzustellen vermögen.

2. Unter dem Interaktionsaspekt kann der Lernende (in mehr oder weniger engen Grenzen) mit dem Lehrmedium in einen Austausch treten. So kann er beispielsweise Art und Folge der Lehrinhalte selbst steuern, zu einzelnen Inhalten Hilfen abrufen oder über Rückmeldungen des Programms Erkenntnisse über seinen momentanen Lernstand gewinnen.

Telekommunikationsnetze ermöglichen zum einen den schnellen Zugriff auf räumlich entfernt liegende Lehr- und Informationssoftware. Zum anderen schaffen sie die Grundlage, um sich mit anderen Personen beispielsweise via E-Mail, chat- und newsgroups im Kontext des Lehrens und Lernens auszutauschen. Telekommunikationsnetze können so konzipiert werden, daß sie für alle interessierten Anwender offen zugänglich sind; sie können aber auch als sogenanntes »intranet« auf einen definierten Benutzerkreis, z. B. innerhalb einer Universität, einer Schule oder einer Unternehmung begrenzt werden.

Dieses multimediale und telekommunikative *Technikpotential* wird konkreter und somit auch besser einschätzbar, wenn es in mögliche Anwendungstypen überführt wird. Ich will daher das skizzierte Technikpotential aufnehmen und in einem nächsten Schritt das wirtschaftspädagogisch relevante *Anwendungspotential* sichtbar machen. Insgesamt sollen die folgenden idealtypischen Nutzungskonzepte unterschieden werden:

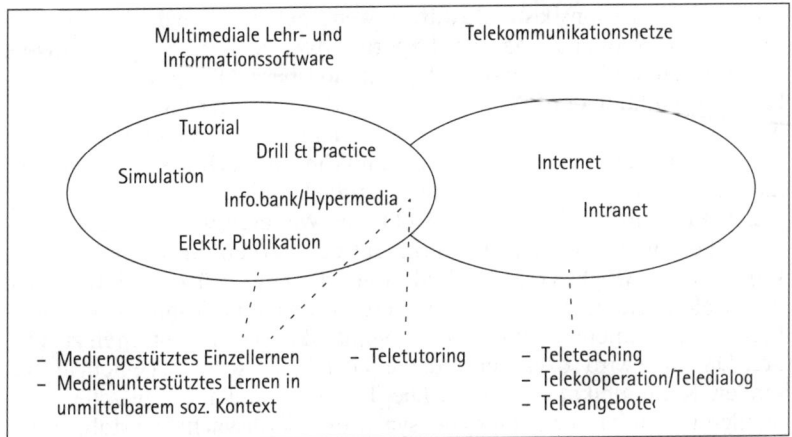

Abb. 1: *Idealtypische Nutzungskonzepte des multimedialen und telekommunikativen Lernens*

Hinsichtlich der Nutzung einer der fünf unterschiedenen Grundvarianten von Lehr- und Informationssoftware (unabhängig davon, ob diese über ein Speichermedium lokal verfügbar ist oder ob auf sie über Netze zugegriffen wird) wird zumeist zwischen zwei unterschiedlichen Sozialformen unterschieden. Zum einen dient die Software als Grundlage für ein medien*ge*stütztes Einzellernen, d. h. analog zum Lernen mit einem Buch werden Inhalte durch einen Lernenden mit Hilfe einer Lehr- oder Informationssoftware individuell erarbeitet, geübt oder gefestigt. Zum anderen kann die Lehr- oder Informationssoftware in ein komplexeres Lehr-Lernarrangement eingebettet sein und ein medien*unter*stütztes Lernen im unmittelbaren sozialen Kontext fördern. In diesem Fall werden maßgebliche Phasen des Lernprozesses über die soziale Kommunikation zwischen Lehrenden und Lernenden oder in einer Gruppe von Lernenden getragen; die Lehr- oder Informationssoftware übernimmt lediglich einzelne didaktische Funktionen, so etwa die anschauliche Präsentation einer Gruppenaufgabenstellung oder die Bereitstellung geeigneter Inhalte für die Diskussion und Entscheidungsbildung in der Gruppe.

Die Nutzung von Informationssoftware vollzieht sich i. d. R. im Rahmen der Lösung von problemhaltigen Lernaufgaben. Die on- oder offline durchgeführte Informationsbeschaffung erfüllt dabei die didaktische Funktion, eine Problemstellung auf der Basis von möglichst aktuellen und authentischen Informationen zu bearbeiten. So wäre beispielsweise im Rahmen des Wirtschaftslehreunterrichts eine Geschäftsreise zu planen oder ein Vergleich der aktuellen wirtschaftspolitischen Programme zweier Parteien oder Staaten vorzunehmen. Neben einer Auswertung der gespeicherten Informationsbestände wäre es weitergehend auch denkbar, gezielt Informationen über E-Mail bei Experten bzw. Institutionen zu erfragen. Voraussetzung einer sinnvollen Informationsbeschaffung sind vorausgehende Aktivitäten der Problemfindung und -strukturierung sowie nachgehende der Informationsbewertung und -selektion. Aus den groben Skizzen deutet sich an, daß mit diesem Nutzungskonzept auch das Informationsmonopol des Lehrenden erschüttert werden kann.

Das Konzept des Teletutoring stellt eine Weiterentwicklung des klassischen Fernunterrichts dar. Es verbindet das Lernen mit einer Lehrsoftware mit der Möglichkeit, bei Bedarf auf die Unterstützung durch einen personalen Teletutor oder durch andere Lernende im Rahmen einer »virtuellen Lerngemeinschaft« via Telekommunikation zurückgreifen zu können. Das Netz wird sozusagen zum medialen Notausgang bei einem auftretenden Kommunikationsbedarf. Die Telekommunikation zwischen Lernenden und Teletutor kann dabei synchron oder asynchron erfolgen. Mit der Verbindung von Multimedia und Telekommunikation ist prinzipiell auch das Potential gegeben, die Lehrmedien für einen weitergehenden Austausch mit dem Autor zu öffnen. Wie schon beim Fernunterricht kann das Telelernen durch Präsenz-Lehrgänge flankiert und ergänzt werden. Entsprechende Pilotprojekte gibt es derzeit insbesondere im Bereich der arbeitsplatzbezogenen Weiterbildung. Zudem kann die Kommunikation zwischen den Lernenden beispielsweise über sog. »Klassenlisten« angeregt werden, d. h. die Lernenden finden eine Liste anderer oder ehemaliger Teilnehmer an dem Telelehrgang und können auf Wunsch via E-Mail gezielt Kontakt zu den Mit-Lernenden aufnehmen.

Während der Ausgangspunkt des Lernens beim Teletutoring i. d. R. die selbstgesteuerte Auseinandersetzung mit einer Lehrsoftware darstellt, wird der Lernprozeß beim Teleteaching hochgradig durch einen Lehrenden gesteuert. Der Lehrende ist jedoch nicht lokal präsent, sondern er kommuniziert mit den Lernenden über die Telekommunikationsnetze. Je nach eingesetzter Technik erfolgt die technische Kommunikation wiederum asynchron oder synchron, wobei die synchrone Kommunikation derzeit noch hohe technische Anforderungen stellt, wenn audiovisuelle Kommunikationsformen einbezogen werden sollen (vgl. Zimmer 1997, S. 112). Teleteaching kann vom Schreibtisch aus (»Desktop-teaching«) oder aus einem Seminarraum bzw. Studio heraus erfolgen. Aktuell werden zahlreiche Pilotanwendungen erprobt, die das wirtschaftspädagogische Potential in Berufsbildung und Personalentwicklung erkennbar machen. So werden beispielsweise Anwendungen in der Universität mit der Vorstellung verbunden, die Studierenden seien dann nicht mehr auf die Lehrangebote ihrer eigenen Hochschule begrenzt, sondern sie könnten bei mehreren Vertretern ihres Fachgebietes studieren und sich ihren individuellen Lehrplan aus den weltweiten Lehrangeboten zusammenstellen.

Während die bisherigen Nutzungskonzepte unmittelbare Bezugspunkte zum Lernen und Lehren aufweisen, ist der didaktische Bezug bei der Telekooperation bzw. beim Teledialog weniger direkt. In dieser Variante werden die Telekommunikationsnetze verwendet, um über eine größere räumliche Distanz entweder gemeinsam an einem Projekt zu arbeiten oder um sich über ein gemeinsam interessierendes Thema auszutauschen. Prototyp für den Fall einer Telekooperation ist im schulischen Bereich die gemeinsame Entwicklung und Veröffentlichung einer Schülerzeitung zwischen Schülern aus Partnerschulen verschiedener Länder (vgl. Denkler-Hemmert 1997). Anwendungsbeispiele für den Teledialog über das Netz reichen von »elektronischen Brieffreundschaften« zwischen Schülern aus verschiedenen Ländern (vgl. Wittmann 1997, S. 57) bis hin zum Dialog zwischen Schülern, die in verschiedenen Ländern das gleiche Unterrichtsthema behandeln. Exemplarisch sei hier der Austausch zwischen deutschen und israelischen Schülern über den Holocaust genannt, der eingeleitet wurde über die Lektüre von Kurzgeschichten von Ida Fink, die als polnische Jüdin das Warschauer Ghetto und schließlich den Holocaust überlebte (vgl. Hansen 1997). Umstritten sind demgegenüber Formen des Teledialogs, die über den Austausch von Sachinformationen hinausgehen und den Charakter einer sozio-emotionalen Beratungssituation annehmen. Entsprechende Anwendungsbeispiele reichen von Online-Varianten der aus der Regenbogenpresse bekannten »Lebensberatung« bis hin zu Netzangeboten und Newsgroups, die emotionale Unterstützung der einen oder anderen Art oder gar eine psychotherapeutische Beratung auf der »virtuellen Couch« verheißen. Letztlich können diese Anwendungsformen als Weiterführung der klassischen Telefonseelsorge verstanden werden (vgl. auch Sacher 1997, S. 18 f.).

Tele›angebote‹ umfassen die Bereitstellung von Informationen durch Lehrende und Lernende für einen größeren Interessentenkreis. Die Angebote reichen von der Gestaltung einer Homepage im Internet über die Freigabe von Arbeitsunterlagen (z. B. Unterrichtsentwürfe) bis hin zur Einbringung von Thesen und Meinungen zu kontroversen Sachverhalten. Mit einem solchen Informationsangebot können zahlreiche Motive verbunden sein, etwa der Wunsch nach Selbstdarstellung oder die Hoffnung, einen Ausgleich für die erbrachten Vorleistungen zu erhalten.

Die skizzierten Nutzungskonzepte haben den Charakter von *Idealtypen*, die auf die jeweiligen Bedingungen einer didaktischen Praxis hin auszulegen und zu konkretisieren sind. Im Ergebnis entstehen *spezifische LehrLernarrangements*, die *als Realisationsformen (treatments) idealtypischer Nutzungskonzepte* verstanden werden können. Der Weg von einem Nutzungskonzept zur Umsetzung in Lehr-Lernarrangements kann durch didaktische Theorien angeleitet sein. An einem Beispiel veranschaulicht: Das Nutzungskonzept des Teletutoring gibt als konstitutive Elemente vor, daß das Lernen durch die Bereitstellung einer Lehrsoftware sowie flankierender Möglichkeiten eines Austauschs mit einem Teletutor unterstützt werden soll. Welche Lehrsoftware in welcher Ausprägung verwendet wird, in welcher Form der Teletutor erreichbar ist, in welche übergreifenden didaktischen Überlegungen das Teletutoring eingebettet wird, welche institutionell-organisatorischen Rahmenbedingungen berücksichtigt und welche ignoriert werden sollen – all dies sind didaktische Entscheidungen in der Umsetzung des Nutzungskonzepts.

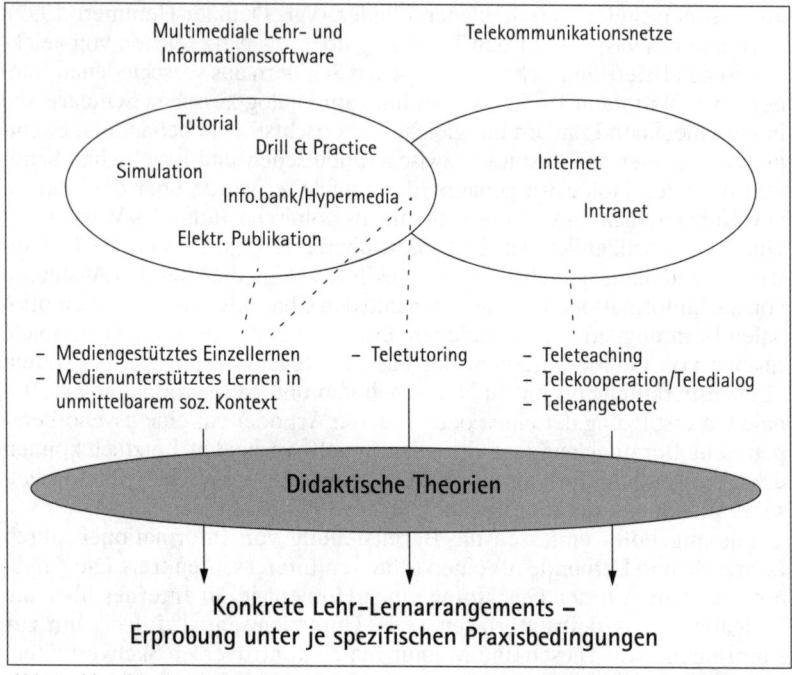

Abb. 2: *Vom idealtypischen Nutzungskonzept zum konkreten Lehr-Lernarrangement*

Aus dem Zusammenhang von Konzeption und Realisationsform folgt, daß die Nutzungskonzepte nur in der Ausprägung spezifischer Lehr-Lernarrangements einer empirischen Überprüfung zugänglich sind, d. h. nur konkrete Realisationsformen evaluiert werden können. Da sich zudem die Rahmenbedingungen bei der Erprobung eines Lehr-Lernarrangements von Fall zu Fall ändern können (z. B. aufgrund veränderter Lernvoraussetzungen bei den Lernenden), ist die Evaluation strenggenommen immer nur auf einen historischen Einzelfall bezogen. Vor diesem Hintergrund stellt sich die Frage, inwieweit noch allgemeine Aussagen aus den Einzelfällen generiert werden können.

2. Fallbetrachtungen aus der Evaluationspraxis

Die nachfolgenden Fallbetrachtungen sollen einen Einblick in den Ansatz und die Ergebnisse wissenschaftlicher Evaluationen über Teilbereiche des multimedialen und telekommunikativen Lernens vermitteln, um auf dieser Grundlage den Nutzen solcher Evaluationen sowohl für die didaktische Erkenntnisgewinnung als auch für die Praxisgestaltung diskutieren zu können. Ausgewählt wurde eine typische US-amerikanische Untersuchung, in der ein multimediales Lehr-Lernarrangement mit einem alternativen Arrangement vergleichend evaluiert wurde; ein Projekt aus dem DFG-geförderten Schwerpunktprogramm »Lehr-Lernprozesse in der kaufmännischen Erstausbildung«, das unterschiedliche methodische Arrangements einer computerunterstützten Unternehmenssimulation (Realisationsformen) im Hinblick auf die Förderung kognitiver und motivationaler Ziele evaluiert.

2.1 Vergleichende Evaluation alternativer Lehr-Lernarrangements: Selbstorganisiertes Lernen mit interaktiver Bildplatte vs. lehrergesteuertes Lernen im Klassenverband

Bosco/Wagner verglichen in ihrer Evaluationsstudie zwei unterschiedliche Lehr-Lernarrangements zum Thema » Umgang mit gefährlichen Materialien« in der Automobilproduktion, von denen eines einen engen Bezug zu multimedialem Lernen aufweist (vgl. Bosco/Wagner 1988):
– Die multimediale Variante bestand aus einer Sequenz von drei interaktiven Bildplatten, d. h. einer tutoriellen Lehrsoftware, die sowohl eine multicodale Präsentation als auch eine lernergesteuerte Interaktion ermöglicht. Die Software wurde von den Lernenden selbstorganisiert bearbeitet, wobei bei Rückfragen ein Trainer im Hintergrund zur Verfügung stand.
– Die »konventionelle« Variante bestand aus einer Lehreinheit, in der eine Lehrperson »with a reputation of being effective« mit Unterstützung durch Videodarstellungen und einem Trainingshandbuch den gleichen Inhalt vermittelte.

Bezogen auf die beiden alternativen Arrangements, die von allen der in die Untersuchung einbezogenen 209 Arbeiter von General Motors absolviert wurden, erfolgte u. a. eine Auswertung im Hinblick auf die folgenden Zielgrößen:
1. Lerneffektivität;
2. Einstellung gegenüber dem Lehr-Lernarrangement;

3. Zeitbedarf zur Erreichung der Lehrziele.

Das Untersuchungsdesign war wie folgt aufgebaut:
- Durchführung der ersten Trainingseinheit in einem der beiden Lehr-Lernarrangements (wobei etwa die Hälfte mit dem multimedialen und die andere Hälfte mit dem » konventionellen« Arrangement begann),
- Messung von Lerneffektivität, der Einstellung gegenüber dem absolvierten Arrangement und der Lernzeit im Hinblick auf die erste Einheit,
- Durchführung einer zweiten Trainingseinheit in dem jeweils anderen Arrangement,
- Messung von Lerneffektivität, der Einstellung gegenüber dem absolvierten Arrangement und der Lernzeit im Hinblick auf die zweite Einheit.
- Abschlußinterview.

Als zentrale Ergebnisse der Evaluation wurden u.a. berichtet:
- Unter Leistungskriterien war das multimediale Arrangement effektiver, gemessen an der Zahl der Fehler im Leistungstest (durchschnittlich 3,0 gegenüber 5,7 im » konventionellen« Arrangement).
- Die Einstellung der Lernenden gegenüber dem multimedialen Arrangement war deutlich positiver als diejenige gegenüber dem »konventionellen«. Bezogen auf eine Interessenskala bewerteten 65% das multimediale Arrangement mit »very interesting« und 33% mit »ok«. Die Werte des »konventionellen« Arrangements lagen demgegenüber bei 49 bzw. 47%. Weiterhin bewerteten 59% das multimediale Arrangement mit »very good«, 30% mit »good« – gegenüber 37 bzw. 40% bei dem »konventionellen« Arrangement.
- Hinsichtlich des Zeitbedarfs lagen die Durchschnittswerte etwa gleich (ca. 34 Minuten), wobei die Bandbreite bei dem multimedialen Arrangement größer war (zwischen 20 und 74 Minuten für eine Einheit), d. h. die individuellen Lernvoraussetzungen haben sich vermutlich in unterschiedlichen Lernzeiten niedergeschlagen.
- Im direkten Vergleich der beiden Arrangements drückten ca. 80% eine Präferenz für das multimediale Arrangement aus.

Eindeutige Befunde, so scheint es! Zugleich handelt es sich um ein spezifisches Evaluationsfeld im Hinblick auf Lerninhalt, Zielgruppe, zeitlichen und institutionellen Rahmen der Erprobung u.a.m., so daß die Frage im Hinblick auf die empirische Reichweite bzw. die Übertragbarkeit der Befunde auf andere Anwendungskontexte etwa in Schule oder Universität offen bleibt. Zudem sind die Ursachen für die differentiellen Effekte in der Vergleichsbetrachtung nicht aufgeklärt: Sind die Unterschiede u.U. weniger auf das zugrundeliegende Nutzungskonzept des jeweiligen Lehr-Lernarrangements, sondern mehr auf die konkrete Ausprägung des lehrerzentrierten Unterrichts bzw. der interaktiven Bildplatte zurückzuführen? Hatte vielleicht die Klassenzusammensetzung eine Gruppendynamik zur

Folge, die die Lernleistung und die emotionale Befindlichkeit beim »konventionellen« Arrangement beeinträchtigte? Unterlag das multimediale Arrangement einem Neuigkeitseffekt bei den Teilnehmern, der ihre Bewertung positiv beeinflußte? Gab es im Untersuchungsablauf reaktive Effekte, die die Aussagen der Teilnehmer beeinflußt haben? Vor diesem Hintergrund ließe sich argumentieren, daß die Untersuchung eine Vielzahl von Fragen offenläßt, die für die Einschätzung der Ergebnisse und vor einer vorschnellen Generalisierung zu beantworten wären.

2.2 Vergleichende Evaluation unterschiedlicher Ausprägungen einer computerunterstützten Unternehmenssimulation

Eine Gruppe um Mandl untersuchte im Rahmen eines DFG-Projektes unterschiedliche Ausprägungen einer computerunterstützten Unternehmenssimulation in Form des Planspiels »Jeansfabrik« (vgl. Stark u.a. 1996). Als Zielgruppe standen insgesamt 60 Industriekaufleute des 2. und 3. Ausbildungsjahres in einer Münchener Berufsschule zur Verfügung, die in vier gleichgroße Gruppen aufgeteilt wurden. Die Auszubildenden »wurden zufällig auf die vier Zellen eines 2 x 2 – faktoriellen varianzanalytischen Designs aufgeteilt«. Mit dem ersten Faktor wurde der Lernkontext (multipler Lernkontext: von Spielrunde zu Spielrunde Veränderung der Marktbedingungen im Planspiel; uniformer Kontext: gleichbleibende Bedingungen), mit dem zweiten die Unterstützung bei der Reflexion der Spielrundenergebnisse (geleitetes Problemlösen: Vorgabe systematischer Reflexionsschritte entlang eines Problemlösungsschemas; ungeleitetes Problemlösen: keine Vorgaben) variiert.

Die so entstandenen vier Varianten des Planspiels im Sinne unterschiedlicher Lehr-Lernarrangements wurden im Hinblick auf die folgenden Zielgrößen evaluiert:
1. Als kognitive Zielgrößen wurden aufgenommen:
   - Sachwissen (Wissen über betriebswirtschaftliche Inhalte des Planspiels);
   - Handlungswissen (Fähigkeit zur flexiblen Wissensanwendung);
   - Steuerungsleistung (Erwirtschafteter Unternehmensgewinn im Planspiel);
2. Als motivationale Zielgrößen sind ausgewiesen:
   - Subjektive Selbsteinschätzung im Hinblick auf die kognitiven Größen;
   - Akzeptanz des Planspiels;
   - Intrinsische Motivation, sich mit dem Planspiel auseinanderzusetzen.

Die Arrangements wurden von den Auszubildenden in zwei Sitzungen absolviert, zwischen denen ein Zeitraum von einer Woche lag. In beiden Sitzungen wurden jeweils drei Spielkontexte à 30 Minuten bearbeitet. Nach der letzten Spielrunde wurden Daten über die kognitiven und motivationalen Zielvariablen erhoben.

Als zentrale Ergebnisse der Evaluation lassen sich u. a. hervorheben:

– In der Ansprache der kognitiven Zielgrößen wurden im Hinblick auf die vier Arrangements gegenläufige Effekte festgestellt. Während sich beispielsweise der Aufbau von Sachwissen in dem Arrangement »geleitetes Problemlösen – multiple Lernkontexte« schlecht entwickelte, schneidet das Arrangement »geleitet – uniform« im Hinblick auf diese Zielgröße gut ab. Demgegenüber war der Effekt auf die Zielvariable »Steuerungsleistung« genau umgekehrt.

– Die Motivationsgröße »Selbsteinschätzung des Lernerfolgs« lag am günstigsten bei dem Arrangement »ungeleitet – uniform« ; genau dieses Arrangement führte aber auch zu dem schlechtesten Wert im kognitiven Bereich im Hinblick auf den Aufbau von Handlungswissen.

– Die schlechtesten Ergebnisse im Hinblick auf alle einbezogenen Zielvariablen erzielte das Arrangement »ungeleitet – multipel«.

– Intrinsische Motivation und Planspielakzeptanz liegen günstig bei dem Arrangement »geleitet – multipel«, ungünstig bei »geleitet – uniform«.

– Als ein wesentliches Fazit wird hervorgehoben, daß die Zielgrößen nicht gleichzeitig in optimaler Form mit einem spezifischen Lehr-Lernarrangement gefördert werden können.

Auch diese Evaluation führte demnach zu einer Vielzahl differenzierter Aussagen, die im Hinblick auf das multimediale Nutzungskonzept einer computerunterstützten Unternehmenssimulation die Frage nach dem generellen Wert für Erkenntnisgewinnung und Praxisgestaltung aufwirft. Auch hier ließe sich wieder hinweisen auf die Variablen, die innerhalb des Designs nicht berücksichtigt worden sind und die Verallgemeinerbarkeit der Aussagen potentiell einschränken könnten. Zu denken wäre beispielsweise an die Lernvoraussetzungen der Auszubildenden (etwa im Hinblick auf ihr Vorwissen über den Planspielinhalt, ihre Erfahrungen mit der Methode des Planspiels sowie der Bedienung von Informationstechniken), den Komplexitätsgrad des Planspiels, die Dauer des Spiels (Anzahl und Dauer der Spielrunden) sowie an weitere didaktische Gestaltungsparameter des Planspieleinsatzes (z. B. Größe, Zusammensetzung und Dynamik der Spielgruppe; Informationsdarstellung im Planspiel). Zudem wird die Frage der Generalisierbarkeit auch im Hinblick auf die Größe der Untersuchungsgruppe (15 pro Arrangement) aufgeworfen.

2.3 Zusammenfassung: Möglichkeiten und Grenzen der Evaluation multimedialer und telekommunikativer Lehr-Lernarrangements

Die beiden Untersuchungen können als durchaus typisch für Evaluationen im Bereich des multimedialen und telekommunikativen Lernens betrachtet werden. Es werden zumeist mit einer relativ kleinen (d. h. nicht nach konventionellen Repräsentativitätskriterien ausgewählten) Teilnehmergruppe (quasi-)experimentelle Erprobungen spezifischer Lehr-Lernarrangements im Hinblick auf ausgewählte Zielgrößen vorgenommen. Dabei werden entweder unterschiedliche Nutzungskonzepte (vgl. Fallbetrachtung 1) oder verschiedene Ausprägungen eines Nutzungskonzepts (vgl. Fallbetrachtung 2) miteinander verglichen. Das Grunddesign empirischer Evaluationsuntersuchungen im hier diskutierten Kontext läßt sich dabei wie folgt skizzieren:

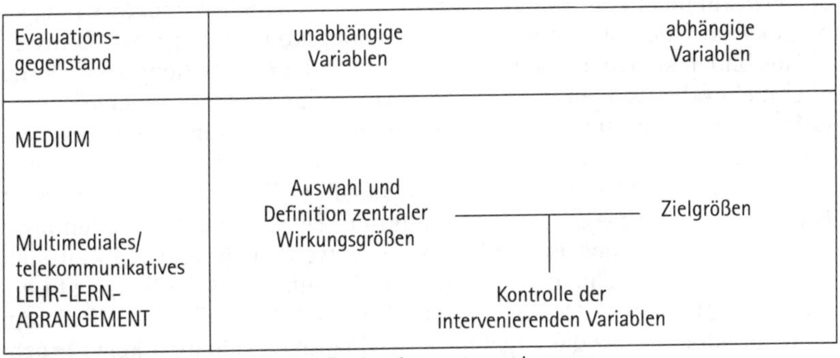

Evaluations-gegenstand	unabhängige Variablen	abhängige Variablen
MEDIUM		
Multimediales/ telekommunikatives LEHR-LERN-ARRANGEMENT	Auswahl und Definition zentraler Wirkungsgrößen ─────── Kontrolle der intervenierenden Variablen	Zielgrößen

Abb. 3: Grunddesign empirischer Evaluationsuntersuchungen

Es wird ein Evaluationsgegenstand bestimmt, in unserem Kontext entweder ein spezifisches Medium (z. B. eine tutorielle Lehrsoftware) oder ein Lehr-Lernarrangement. Bezogen auf diesen Gegenstand werden die unabhängigen Variablen definiert, d. h. die Wirkungsgrößen des Gegenstands, über deren Ausprägung eine differentielle Wirkung auf die definierten abhängigen Variablen (Zielgrößen) erwartet wird.

Es werden Vergleichsgruppen gebildet, die sich im Hinblick auf die unabhängigen Variablen voneinander unterscheiden (Experimental- und Kontrollgruppe). Hinsichtlich der nicht variierten Variablen sollten sich die beiden Gruppen ceteris-paribus nicht voneinander unterscheiden, d. h. die möglichen Einflüsse intervenierender Variablen sollten kontrolliert bleiben.

Die Ausprägung der abhängigen Variablen wird zu bestimmten Zeitpunkten in den beiden Gruppen gemessen, die Ergebnisse werden statistisch ausgewertet. Aus den Ergebnissen werden Aussagen über die Wirkungszusammenhänge der Variablen interpretiert.

Die Evaluationsergebnisse haben aufgrund der i. d. R. kleinen Teilnehmerzahl sowie der Eingrenzung der Variablen zumeist den Charakter einer Fallstudie, die eine Orientierung über das prinzipielle Potential einer spezifischen Realisationsform des multimedialen und telekommunikativen Lernens *in einem spezifischen didaktischen Anwendungskontext* (Zielgruppe, Inhalt, institutionell-organisatorische Rahmenbedingungen u.a.) erlaubt. Vor diesem Hintergrund ist es nicht erstaunlich, daß im Hinblick auf die gleichen Wirkungsgrößen eines Mediums bzw. eines Lehr-Lernarrangements in unterschiedlichen Untersuchungen gegensätzliche Ergebnisse erzielt werden und viele Untersuchungen mit der Forderung nach weiterer Untersuchungen enden, in denen man hinsichtlich nicht berücksichtigter Variablen weiter zu differenzieren habe. Aufgrund der niedrigen Probandenzahl sowie der Vielzahl nicht kontrollierter Variablen bleiben die Ergebnisse strenggenommen auf den spezifischen Untersuchungskontext begrenzt. Darüber hinaus bilden sie jedoch den Hintergrund für die Entwicklung von Thesen über mehr oder weniger vergleichbare Anwendungsfelder bzw. heuristische Orientierungs- und Interpretationsangebote zur Gestaltung von Lehr-Lernarrangements in diesen Feldern. Bildhaft ausgedrückt: Evaluationsbefunde können nicht exakt bestimmen, wann genau ein Baum im Jahr die ersten Blüten tragen wird – doch können aufgrund entsprechender Erkenntnisse ggf. Orientierungshinweise darüber gegeben werden, in welchem Zeitraum mit der Blüte zu rechnen ist und welche Wirkungsgrößen (Temperaturen, Alter des Baumes o.a.) den genauen Zeitpunkt beeinflussen. In diesem Sinne erlaubten etwa die Ergebnisse der Planspielevaluation keine bruchlose Übertragung auf die Ausbildung in anderen Ausbildungsberufen, doch ließen sie sich als einen Ausgangspunkt für die Entwicklung von Vermutungen über die Analyse und Gestaltung lernförderlicher Planspiel-Arrangements in einer ähnlich strukturierten Anwendungspraxis heranziehen.

Welche Konsequenzen ergeben sich, wenn eine Kontrolle aller Wirkungsgrößen in einem didaktischen Feld illusorisch erscheint, eine Aufklärung der Variablen daher immer unzulänglich bleiben wird? Schulmeister zieht die Konsequenz, sich auf die formative Evaluation konkreter Lehr-Lernarrangements zu beschränken und die Versuche aufzugeben, die Überlegenheit einzelner Nutzungskonzepte gegenüber anderen verallgemeinernd empirisch nachweisen zu wollen.

Ich würde nicht so weit gehen, mich einzig auf die Untersuchung der Effektivität spezifischer Lehr-Lernarrangements zu begrenzen und jeden Anspruch auf verallgemeinernde Aussagen aufzugeben. Dazu wäre es notwendig, spezifische Einzeluntersuchungen in den Kontext eines Forschungsprogramms einzubinden, das sich auf die Bildung fallübergreifender Theorien konzentriert. In Anlehnung an die Überlegungen von Lakatos über die Progressionsbewegungen in Forschungsprogrammen (vgl. im einzelnen Euler 1994, S. 249 ff.) wird davon ausgegangen, daß sich die Theoriebildung i.S.e. iterativen Präzisierung und Ausdifferenzierung eines theoretischen Bezugsrahmens vollzieht. Dabei beginnen die Untersuchungen mit der Ausweisung einer Leitfrage, die sozusagen eine erste Orientierung für die nachfolgenden Suchprozesse vorgibt. Auf dieser Grundlage werden relevante Einzelbefunde immer wieder mit dem theoretischen Bezugsrahmen verbunden, d. h. es wird gefragt, inwieweit sich die Partialbetrachtungen über einen Bereich des Bezugsrahmens mit vorgängigen Befunden verbinden lassen. Die Grundlegung, Ausrichtung und iterative Präzisierung eines theoretischen Bezugsrahmens sollen die Theoriebildung auf einen Untersuchungszusammenhang hin verpflichten. In Anlehnung an Glaser/Strauss (sie sprechen von einem »analytischen Bezugsrahmen«) kann das prinzipielle Vorgehen gedacht werden als ständiger Wechsel von Fragen an das Untersuchungsfeld, der Suche nach und Überprüfung von möglichen Antworten, Einordnung der generierten Informationen in den aufgebauten Bezugsrahmen, kritische Reflexion des so aktualisierten Bildes über das Untersuchungsfeld und Formulierung weitergehender, entweder konvergent-differenzierender oder divergent-transzendierender, Fragen an das Untersuchungsfeld (vgl. Glaser/Strauss 1984, S. 93).

Gleichermaßen bedeutsam erscheint mir bei der Ausweisung der Ergebnisse entsprechender Untersuchungen, daß die begrenzte Reichweite der Befunde zum Ausdruck kommt und die Erkenntnisse nicht als Anweisungen, sondern als Anregungen zu verstehen sind. Dies könnte beispielsweise dadurch unterstützt werden, daß (insbesondere gegenüber einer im Umgang mit empirischen Methoden unerfahrenen Öffentlichkeit) auf die Grenzen des Stichprobenumfangs und den potentiellen Einfluß von nicht kontrollierten Variablen hingewiesen wird.

Ist Multimedia nun evaluierbar? Die Antwort lautet: »Ja« – mit der Einschränkung, daß die Ergebnisse i. d. R. weniger als Gebrauchsanleitung für effektives Handeln, sondern mehr als Sprungbrett für die Entwicklung weitergehender, eigener Ideen zu verwenden sind.

Literatur

Ballin, D./Brater, M.: Handlungsorientiert lernen mit Multimedia. Nürnberg 1996.
Bosco, J./Wagner, J.: A Comparison of the Effectiveness of Interactive Laser Disc and Classroom Video Tape for Safety Instruction of General Motors Workers. In: Educational Technology, June 1988, S. 15–22.

Brater, M./Maurus, A.: Über einige Grenzen multimedialen Lernens – Erfahrungen mit dem Modellversuch » IKTH«, in: Berufsbildung in Wissenschaft und Praxis 2/1997, S. 36–41.

Cognition and Technology Group at Vanderbilt: Anchored instruction and its relationship to situated cognition. In: Educational researcher 1990, S. 2–10.

Cognition and Technology Group at Vanderbilt: Technology and the design of generative learning environments. In: Educational Technology 1991, H. 5, S. 34–40.

Collins, A./Brown, J.S./Newman, S.E.: Cognitive apprenticeship: Teaching the crafts of reading, writing and mathematics, in: Resnick, L.B. (Hrsg.): Knowing, learning, and instruction, Hillsdale/NJ 1989, S. 453–494.

Denkler-Hemmert, I.: Hallo Partner-Schule! In: Pädagogik 1997, H. 3, S. 24–27.

Diepold, P.: Auf dem Weg zu einem Internet-gestützten, integrierten Informations- und Kommunikationssystem Bildung, in: Erziehungswissenschaft 1997, H. 16, S. 24–52.

Dietrich, R./Bock, C.: Didaktisches Design für teletutorielles Training. In: Bundesinstitut für Berufsbildung (Hrsg.): Berufliche Bildung – Kontinuität und Innovation, Dokumentation des 3. BIBB-Fachkongresses vom 16. – 18. Oktober 1996 in Berlin. Berlin 1997, S. 699–705.

Duffy, T.M./Jonassen, d. h. (Hrsg.): Constructivism and the technology of instruction: A conversation, Hillsdale/NJ 1992.

Euler, D.: Didaktik des computerunterstützten Lernens. Nürnberg 1992.

Euler, D.: Didaktik einer sozio-informationstechnischen Bildung. Köln 1994.

Glaser, B.G./Strauss, A.L.: Die Entdeckung gegenstandsbezogener Theorie: Eine Grundstrategie qualitativer Sozialforschung. In: Hopf, C./Weingarten, E. (Hrsg.): Qualitative Sozialforschung, 2. Auflage, Stuttgart 1984, S. 91–111.

Hesse, F.W./Grasoffky, B./Hron, A.: Interface-Design für computerunterstütztes kooperatives Lernen, in: Issing, L.J./Klimsa, P.: Information und Lernen mit Multimedia. Weinheim 1995, S. 253–267.

Klimsa, P.: Multimedia aus psychologischer und didaktischer Sicht. In: Issing, L.J./Klimsa, P.: Information und Lernen mit Multimedia. Weinheim 1995, S. 7–24.

Lowyck, J./Elen, J.: Transitions in the Theoretical Foundation of Instructional Design. In: Duffy, T.M./Lowyck, J./Jonassen, d. h. (Hrsg.): Designing Environments for Constructive learning. Berlin-Heidelberg 1993, S. 213–229.

Pyter, M./Issing, L.: Textpräsentation in Hypertext. Empirische Untersuchung zur visuellen versus audiovisuellen Sprachdarbietung in Hypertext, in: Unterrichtswissenschaft 1996, H. 2, S. 177–186.

Sacher, W.: Multimedia-und was wird aus der Schule?, Schulpädagogische Untersuchungen Nürnberg Nr. 4. Nürnberg 1997.

Schulmeister, R.: Grundlagen hypermedialer Lernsysteme. Bonn u.a. 1996.

Spiro, R.J./Jehng, J.C.: Cognitive flexibility and hypertext: Theory and technology for the nonlinear and multidimensional traversal of complex subject matter. In: Nix, D./Spiro, R.J. (Hrsg.): Cognition, education, and multimedia: Exploring ideas in high technology, Hillsdale/NJ, S. 163–205.

Spiro, R.J. u.a.: Cognitive Flexibility, Constructivism, and Hypertext: Random Access Instruction for Advanced Knowledge Acquisition in Ill-structured Domains. In: Duffy, T.M./Jonassen, d. h. (Hrsg.): Constructivism and the technology of instruction: A conversation, Hillsdale/NJ 1992, S. 57–75.

Stark, R./Gruber, H./Graf, M./Renkl, A./Mandl, H.: Komplexes Lernen in der kaufmännischen Erstausbildung: Kognitive und motivationale Aspekte. In: Beck, K./Heid, H. (Hrsg.): Lehr-Lern-Prozesse in der kaufmännischen Erstausbildung, Beiheft 13 zur Zeitschrift für Berufs- und Wirtschaftspädagogik. Stuttgart 1996, S. 23–36.

Weidenmann, B.: »Multimedia«: Mehrere Medien, mehrere Codes, mehrere Sinneskanäle? In: Unterrichtswissenschaft 1997, H. 3, S. 197–206.

Wittmann, H.: Vom Vokabeltrainer zur Datenautobahn, in: Christ, W. (Hrsg.): Computer & Multimedia für moderne Fremdsprachen. Hrsg. vom Verband zur Förderung neuer Unterrichtsverfahren Nürnberg, S. 49–58.

Zimmer, G.: Interaktives multimediales Fernlernen – Eine neue Perspektive für die bedarfsorientierte Weiterbildung, in: Müller, L./Royer, P./Upmeyer, A. (Hrsg.): Fernlehre und Fernlernen mit Hilfe neuer Informationstechniken. Chancen für Berlin/Brandenburg. Berlin 1995, S. 17–22.

Zimmer, G.: Mit Multimedia vom Fernunterricht zum Offenen Fernlernen. In: Issing, L.J./Klimsa, P.: Information und Lernen mit Multimedia. Weinheim 1995, S. 337–352.

Zimmer, G.: Konzeptualisierung der Organisation telematischer Lernformen. In: Aff, J. u.a.: Zwischen Autonomie und Ordnung – Perspektiven beruflicher Bildung. Köln 1997, S. 107–121.

Stichwortverzeichnis

Dieses Stichwortverzeichnis ist nach inhaltlichen Gesichtspunkten erarbeitet worden. Deshalb werden nicht alle Auftrittshäufigkeiten einzelner Begriffe dokumentiert, sondern in der Regel nur solche Belegstellen aufgeführt, in denen inhaltlich Substantielles zu dem jeweiligen Begriff ausgesagt wird (z.B. Definition, Argumentationsbezug usw.) und dieser nicht lediglich verwendet wird.